Normas restrictivas sobre aborto en América Latina

This book is part of the Peter Lang Regional Studies list.
Every volume is peer reviewed and meets
the highest quality standards for content and production.

PETER LANG
New York • Bern • Berlin
Brussels • Vienna • Oxford • Warsaw

Ana Cristina González-Vélez

Normas restrictivas sobre aborto en América Latina

Una mirada desde la biolegitimidad

PETER LANG
New York • Bern • Berlin
Brussels • Vienna • Oxford • Warsaw

Library of Congress Cataloging-in-Publication Data

Names: González-Vélez, Ana Cristina, author.
Title: Normas restrictivas sobre aborto en América Latina: una mirada desde la biolegitimidad / Ana Cristina González-Vélez.
Description: New York: Peter Lang, 2020.
Includes bibliographical references.
Identifiers: LCCN 2020000220 | ISBN 978-1-4331-7465-0 (hardback)
ISBN 978-1-4331-7466-7 (ebook pdf)
ISBN 978-1-4331-7467-4 (epub) | ISBN 978-1-4331-7468-1 (mobi)
Subjects: LCSH: Abortion—Law and legislation—Latin America. | Abortion—Social aspects—Latin America.
Classification: LCC KG966.A26 . G66 2020 | DDC 342.808/4—dc23
LC record available at https://lccn.loc.gov/2020000220
DOI 10.3726/b16215

Bibliographic information published by **Die Deutsche Nationalbibliothek.** **Die Deutsche Nationalbibliothek** lists this publication in the "Deutsche Nationalbibliografie"; detailed bibliographic data are available on the Internet at http://dnb.d-nb.de/.

The paper in this book meets the guidelines for permanence and durability of the Committee on Production Guidelines for Book Longevity of the Council of Library Resources.

80 Broad Street, 5th floor, New York, NY 10004
www.peterlang.com

Printed in the United States of America

Dedico este texto a todas las mujeres que han sufrido como consecuencia de la existencia de normas restrictivas esperando que esta contribución al debate sirva para devolver legitimidad a sus vidas.

Cuando estaba escribiendo la tesis que dio origen a este libro, murió Simone Veil en Francia. La mujer que, entre otras muchas cosas, fue sobreviviente del nazismo y defensora de la Ley de aborto en los años 70. Ser demócrata cristiana no le impidió defender un reclamo que buscaba dar respuesta a la realidad del aborto. Aunque aquella Ley fue importante en muchos sentidos, tuvieron que pasar años hasta eliminar la normativa que mandaba a las mujeres a reflexionar 7 días antes de realizarse el aborto. La misma que después fue repetida en tantas regulaciones, incluida la de Uruguay en 2012. Y no cuento esto como un desvío delirante del objeto de mi trabajo sino porque sin aquella, y muchas otras desde entonces, la salida que propongo en esta tesis no sería posible. Esa y tantas otras luchas me permiten afirmar que lo que está por detrás del repertorio de normas que castigan y restringen el acceso al aborto, es la subvaloración de la vida de las mujeres como biografía y por tanto de su capacidad moral.

Índice

Lista de tablas

Reconocimientos

Este libro está basado en la tesis de doctorado "La economía moral de las normas restrictivas sobre aborto en América Latina: vidas ilegítimas o de cuando la propia norma es la violación" que defendí en el programa de posgrado en bioética, ética aplicada y salud colectiva de la Escuela Nacional de Salud Pública Sergio Arouca, Fundación Oswaldo Cruz. Programa que se lleva a cabo en asocio con la Universidad Federal de Río de Janeiro, la Universidad del Estado de Río de Janeiro y la Universidad Federal Fluminense. La tesis fue aprobada en el año 2018.[1]

Muchas personas, de distintas maneras, me ayudaron a dar forma a este libro. A través de sus ideas, sus recomendaciones, sus reacciones o textos. Pero también a través de su afecto e incluso compartiendo conmigo su espacio físico mientras me dedicaba a escribir. A todas, mi enorme gratitud. Lucy Garrido, Juanita Durán, Beatriz Quintero, Siri Gloppen, Maria Luiza Heilborn, Schuma Schumaher, Mónica Muñoz, Silvina Ramos, Paola Bergallo, Rebecca Cook, Lynn Morgan, Débora Diniz, Sergio Rego y Arantza Campos. Los primeros manuscritos fueron realizados en el País Vasco y en Asturias. Los detalles finales los escribí durante una visita a Northampton, Massachusetts y durante una estadía en Manantiales, Uruguay en el 2019.

Nota

1. La banca estuvo conformada por: Prof.ª Dr.ª Maria Aglaé Tedesco Vilardo (Tribunal de Justiça do Estado do Rio de Janeiro), Prof.ª Dr.ª Marilena Cordeiro Dias Villela Corrêa (Universidade do Estado do Rio de Janeiro), Prof.ª Dr.ª Débora Diniz Rodrigues (Universidade de Brasília) y Maria Helena Barros de Oliveira (ENSP/FIOCRUZ). Fue mi orientador el Prof. Dr. Sergio Tavares de Almeida Rego (ENSP/FIOCRUZ) y mi coorientadora la Prof. Dra. Arantza Campos (Facultad de Derecho, Universidad del País Vasco).

Prólogo

Este libro presenta una mirada crítica sobre la persistencia de un conjunto amplio y variable de normas restrictivas sobre aborto en América Latina, las mismas que se fundamentan, como aquí se explica ampliamente, en el menor valor que se otorga —en la ecuación moral que producen las normas—, a la vida de las mujeres que al abortar rehúsan el destino de la maternidad. Desde esta mirada crítica se afirma que esa subvaloración es un elemento clave en la economía moral del aborto. En otras palabras, el libro plantea que el debate sobre aborto, tanto como las normas que lo regulan y lo crean como delito, están atravesados por un conjunto de valoraciones morales a partir de las cuales como aquí se sostiene, las normas son informadas por la biolegitimidad,[1] noción central de este libro y su tesis principal.

Muchas son las contribuciones que se encuentran en la literatura para comprender por qué la persistencia del delito y por qué se sigue usando el poder punitivo del Estado[2] para normarlo a la manera de excepciones. Esta literatura y las discusiones sobre aborto han sido prolíficas como puede apreciarse en la bibliografía revisada en cada capítulo del libro, destacándose en términos argumentales dos aspectos ampliamente debatidos y que rivalizan acerca de lo moral y lo justo: la defensa de la vida del feto —el argumento bandera en contra del aborto y su liberalización—, y la defensa de la autonomía reproductiva de las mujeres —el argumento bandera para impedir que se le restringa—. En relación a los debates en torno al *feto*, como genéricamente se le refiere en esta disputa, los argumentos apuntan al inicio de la vida misma[3] y la persona humana en una narrativa que con frecuencia, equipara la vida con la persona —corporificada en una criatura inocente—;[4] y apuntan también a las inconsistencias que resultan de la defensa absoluta de la vida del feto como persona,[5] al papel del estado en la protección de la vida prenatal,[6] al papel de la tecnología en la configuración del feto como "personaje,"[7] y a la "guerra de absolutos" y la rivalidad a la que da lugar esta férrea defensa de la vida del feto por sobre la vida de la mujer,[8] entre otros.

En cuanto a los argumentos relativos a la autodeterminación como el apelo último por la liberalización del aborto, pueden destacarse: la centralidad del cuerpo y el fenómeno de la reproducción para la libertad de las mujeres,[9] la presunción de violencia en la relación sexual y el embarazo no deseado[10] y el cuestionamiento del papel del estado en la regulación del aborto.[11] Otros debates en esta línea abarcan la defensa de la privacidad,[12] la vida libre de tortura,[13] la excepcionalidad como característica de las regulaciones sobre aborto,[14] el papel de la moral en el debate sobre aborto[15] y el control sobre los cuerpos;[16] el papel del patriarcado;[17] y la centralidad de la vida biológica,[18] entre otros.

Ninguno de estos aborda el debate desde la biolegitimidad ni utiliza el análisis de las normas restrictivas para construir el argumento teórico que propone este libro. La existencia de una economía moral sobre aborto —es decir la existencia de un conjunto de valores, normas, reglas y leyes— que regula la vida moral de las mujeres, en especial, en el ámbito de la reproducción, y en la que otros sistemas de opresión como la clase, la etnia y la raza llevan a grados más o menos intensos de valoración hacia las vidas de distintas mujeres y hacia distintos tipos de vida: la biológica o la biográfica.

Con el fin de ubicar al lector en este debate, el resto de este prólogo presenta las líneas más importantes de la literatura que discuten los argumentos a favor y en contra del aborto legal, resaltando algunos aspectos críticos para el diálogo propuesto alrededor de la noción de biolegitimidad (Capítulo 3).[19]

La cuestión del feto[20]

De un modo general quienes se oponen a cualquier forma de liberalización del aborto, claman al Estado la protección absoluta de la vida prenatal (cualquiera sea su forma) por considerar que es un imperativo moral evitar el "asesinato de criaturas inocentes". De esta narrativa se derivan varias consecuencias que resumo en los párrafos siguientes para afirmar que la estrategia de quienes se atrincheran en esta defensa ha sido la de haber trasmutado la defensa por el inicio de la vida desde la concepción, en una defensa por la persona humana en que se ha convertido la vida prenatal en el imaginario y en la narrativa sobre aborto.[21] Esta transmutación ha sido tributaria de los avances en la tecnología y en particular de la sonografía y los adelantos en materia de cirugía genética que introdujeron al feto como un personaje central en el debate público, a través de la "primera foto del bebé" y de su representación como "paciente" intrauterino.[22]

La protección de esa vida prenatal, "engendrada" en el discurso,[23] —bien sea que se la nombre como un valor, como una vida humana o como una persona— es la razón última en la que descansan las restricciones sobre aborto en América Latina como puede apreciarse por ejemplo en los códigos penales y en la manera como encuadran este delito (véase el Capítulo 2).[24] Es en nombre de *esa vida* que el Estado define el momento (con frecuencia ligado a la noción de viabilidad)[25] y las formas en que condicionará, negará, limitará y castigará el delito de aborto, un delito que se cataloga dentro de los delitos contra *la persona, la vida o la integridad*. De esta manera la defensa de la vida aparece como un potente espacio de poder y también de producción de conocimiento en tanto genética que hace circular identidades mediante las que la "naturaleza se convierte en algo artificial de la misma manera que la cultura se convierte en algo natural".[26] Nuevos sujetos se construyen en la interfase entre biología y derecho y devienen *ciudadanía biológica*, tornando al feto cada vez más central en función de esa forma de vida. Y es en nombre de esa centralidad otorgada a la vida biológica que este libro propone la tesis de la menor biolegitimidad de la que gozan las mujeres que rehúsan el destino de la maternidad.

De otro lado, quienes esgrimen sus tesis en esta defensa de la vida prenatal, suelen minimizar o ignorar todas las consecuencias que tendría para la sociedad y para el derecho, la afirmación de que esta forma de vida se trata de una persona.[27] Pero además crean un fuerte antagonismo que suele plantearse como una guerra en la que se enfrentan dos personajes: la mujer o madre y el feto.[28] En lugar de un "derecho para dos" como sugiere brillantemente Tamar Pitch, la puesta en escena de una rivalidad entre la mujer mala y asesina y el "bebé" inocente, se presenta como una "guerra de absolutos".[2930]

Como afirma Luigi Ferrajoli, el aborto es al mismo tiempo una cuestión moral y jurídica en la que la primera cobra centralidad en función del debate sobre el feto, en cuanto a si su tutela es obligada moralmente en cierta forma según la ley.[31] Esta tutela se encuentra en dos grandes posiciones explicadas por este autor italiano, más o menos de la siguiente manera. Quienes argumentan desde (1) la confusión, establecen una "recíproca implicación entre derecho y moral (bajo la máxima: si algo es inmoral como hacer daño al feto entonces hay que prohibirlo y castigarlo), y quienes lo hacen desde (2) la separación, defienden la recíproca autonomía entre cuestiones jurídicas y morales". Para Luigi Ferrajoli, la Iglesia Católica es la exponente de la argumentación desde la confusión, mientras que desde la separación menciona a una gama diversa de autores como Hobbes, Locke, Mill, Bentham, Bobbio y Hart, que consideran que "la reprobación moral (del daño al embrión por ejemplo) no es razón suficiente para la prohibición".[32] En la separación de la moral y el derecho se propone investigar la "lesividad" como criterio para imponer sanciones o punición, dejando a este campo solo aquellas conductas que ocasionan *daños a terceros* para favorecer la convivencia entre libertades, respetando la máxima Kantiana según la cual "las personas son fines en sí mismas".[33] En este contexto el autor discute el significado de la idea de persona y explica que la justificación de la prohibición se asienta fuertemente en la aceptación paulatina de una narrativa que, aunque apoyada en la *vitalidad* del embrión, se torna una prescripción más que una aserción. La noción de persona es un término del lenguaje moral y su calificación no se deduce de un hecho como la viabilidad, por lo que soluciones como la que ofrecen los modelos de plazos se entienden básicamente como "tiempos" que buscan un acuerdo político entre posiciones antagónicas que les permitan a las mujeres al mismo tiempo tomar decisiones.[34] En efecto como afirma Alejandro Madrazo la prohibición de la Corte norteamericana —la primera en introducir la noción de viabilidad— sobre algunas formas de aborto tardío buscan proteger la vida prenatal de lo que *parece ser una persona*. Y es del estado de esa vida prenatal del que depende la forma en que se aborde "quién es el afectado y de qué formas por la ley de aborto".[35]

Según el Partido Socialismo e Liberdade, la decisión Alemana de los años 70 fue central para establecer la protección del feto o de la vida en desarrollo o la vida potencial por parte del Estado marcando a partir de esta protección, las condiciones de decisión de la mujer. En esta misma línea, el concepto de viabilidad se introduce como un "marcador" en la emergencia de esa personalidad jurídica, pues inauguró con *Roe v Wade*, el marco de los trimestres como una innovación para la interpretación jurídica.[36]

En este contexto, el discurso de la protección fetal pretende, como explican Alejandro Madrazo y otras autoras, que se reconozca el derecho a la vida desde la concepción.[37] Implícitamente, si solo las personas tienen derechos, esta "narrativa" pretende atribuir personalidad jurídica a la vida prenatal.[38] Narrativa que ha impactado profundamente la forma en que ha tenido lugar el debate en torno al aborto, tanto para quienes la defienden como para quienes la niegan, siendo que estos últimos terminan convertidos por efecto de esta narrativa en sujetos *despreciables* que niegan la humanidad contenida en la vida fetal.[39]

Quienes la defienden prefieren ignorar las consecuencias legales que tendría el asumir que el feto es en efecto una persona. Preguntas como las que se plantean Yanira Zúñiga y Alejandro Madrazo reflejan cuán insostenible es la radicalidad de este argumento confirmando porque en cierta manera, quienes lo defienden, también lo ignoran. Veamos el tipo de preguntas que habría que responderse: ¿La nacionalidad corresponde al lugar a donde la "persona" fue concebida o a lugar en dónde nace? ¿Debería el feto tener un pasaporte propio? ¿Debería asumir los daños involuntarios que pueda acarrear sobre la salud de la mujer? ¿Deberían ir a la cárcel todas las mujeres que intenten abortar por tentativa de homicidio?[40] Responder estas preguntas implicaría al decir de Madrazo, que la vida prenatal se convirtiera en objeto del derecho y no solo en objeto de la regulación. En resumen, "la personalidad prenatal permite y demanda una narrativa sobresimplificada en la que las diferencias entre los estadios de la vida prenatal y ésta y los individuos son borrosas".[41]

Pero además de producir jerarquización, el argumento de la vida prenatal, en palabras de Madrazo, conlleva separación. Es así como el feto, entidad separada de la mujer, convierte el embarazo no en una "condición en la que ella se encuentra, sino en un proceso que le sucede al feto".[42] Esa separación se plantea desde esta trinchera como un antagonismo que ha nutrido la guerra de absolutos en que se ha transformado la batalla[43] por la legalización del aborto que convierte a la mujer y al feto en adversarios potenciales.[44] Como afirma Boltanski, considerar el cuerpo de la mujer como el lugar de *dos* personas tendría también implicaciones extraordinarias e inconcebibles como las que fueron mencionadas antes, agregando por ejemplo, que todos los abortos espontáneos tendrían que ser contabilizados como mortalidad infantil o incluso que para evitarlos, los embriones fecundados deberían ser trasladados a un útero que sea seguro o menos peligroso y más aún que podría servir como argumento para obligar a las mujeres a tomar medicinas que impidan los abortos espontáneos.[45] Y ese carácter confrontacional, a su vez, se inserta en un sistema de valores —patriarcales— contrafácticos desde su diseño como explica Blanca Rodríguez-Ruiz, en tanto ignoran el "profundo carácter relacional que tienen las decisiones sobre aborto en la vida de las mujeres" y el hecho de que la maternidad es una experiencia, de un modo general, valorada por las mujeres.

Resta ahondar en el lugar que la tecnología ha ocupado en la centralidad del argumento de la vida prenatal. El comienzo de la vida, entendido por Morgan,[46] como aquel en que una "nueva carne" se transforma en una forma socialmente significativa, revela todo sobre las visiones que compiten en torno a la idea de persona. Estas visiones, desde finales del siglo XX, se transformaron indudablemente por el ritual de la ultrasonografía en donde una sombra gris —ininteligible para un lego— da paso a la *primera foto* que es entregada a los *futuros padres*: "the baby's first picture".[47] Además de un efecto socializante de esa nueva vida, continúa la autora, la ultrasonografía se ha pensado para estimular los lazos emocionales de los padres con el feto —que incluyen la disuasión a las mujeres que han pensado abortar— y se ha convertido en una práctica para la que no se solicita ningún consentimiento porque al fin de cuentas se trata del primer hecho externo que transforma al feto en persona. Las tecnologías vienen para entregar evidencia alimentando las prácticas y discursos de la ciencia médica, como las evaluaciones sobre la viabilidad fetal, al mismo tiempo que se ven condicionadas por el estatus y las prácticas institucionales relativas al nacimiento y la muerte.[48] Y así concluye la autora haciendo referencia a Sarah Franklin, devenimos personas como resultado en parte de una ecuación de poder, en la que el mismo término individuo significa UNO que no admite división cuando lo representa un hombre, o en contraste significa DOS y es divisible si lo representa la mujer embarazada.[49] Y la tecnología ha hecho su parte y ha permitido la separación del feto de la madre.[50]

Un último trazo es notable en esta narrativa. Quienes defienden la pre-eminencia de la vida prenatal asignan la "vocería" de esa vida "al estado, al médico, al padre," más nunca a la mujer.[51] De ahí que Ferrajoli argumente que la persona del embrión debería ser confiada a la autonomía moral de la mujer en tanto la persona es el ser nacido y en todo caso "destinado por la madre a nacer".[52]

De manera similar Boltanski plantea que existen en realidad, desde la experiencia de las mujeres que se embarazan —como una experiencia única con el propio cuerpo— desde la gramática con la que "engendran" la vida, "dos tipos de feto, los auténticos y los tumorales". Los primeros existen en tanto la mujer da su asentimiento, su palabra, y su deseo para que esa nueva carne, exista y de esta manera la integra a un proyecto y la destina a nacer. Los segundos, resultan de la operación contraria[53] (traducción propia). Las afirmaciones de Boltanski por su parte, coinciden con afirmaciones que desde la ciencia hicieron científicos como Gardner que sostienen que la constitución de una persona no está determinada por el material genético pues cada etapa trae información nueva: "el óvulo fecundado no es desde luego un ser humano empacado con anticipación. No hay ningún plan corporal, ningún anteproyecto, ningún ser minúsculo preformado esperando a desarrollarse [...] La persona particular que podría llegar a ser aún no está ahí"[5455] (traducción propia).

La cuestión de la mujer

La defensa de la autonomía de las mujeres ha dominado el campo argumental de quienes defienden la liberalización del aborto, bien sea que reclamen por causales, por plazos o por la eliminación del delito.[56] Bien sea que reclamen la protección de la salud, el derecho a vivir libre de tortura, la privacidad, la igualdad y el libre desarrollo de su personalidad entre otros, o bien sea que denuncien la violencia sexual que precede una buena cantidad de los embarazos no deseados y que es inherente al orden patriarcal, pero en ninguno se debate sobre la biolegitimidad. Ingente literatura se ha producido de este lado y siendo la autodeterminación un asunto profundamente ligado a la conquista de la ciudadanía plena de las mujeres, este también ha sido un importante hilo discursivo de las disputas al interior del derecho liberal, de las disputas contra el orden de género y la moral patriarcal, o de la ética feminista, y por ello, en cierta manera, los trazos de este debate pueden encontrarse en todas las páginas de este libro. Acá me remito entonces, de la misma manera que hice con la cuestión del feto, a resumir los términos del debate en torno al aborto y la libertad a partir de algunos trabajos paradigmáticos y sobre todo de algunos que me resultan más desafiantes para proponer la tesis sobre la cuestión de la biolegitimidad de la vida de las mujeres que se desarrolla en este texto.

La libertad de las mujeres en materia reproductiva —su autodeterminación— su *no* libertad, está "sustentada por un derecho de matriz y carácter machista" que determina la persistencia del delito del aborto.[57] El punto alrededor del cual orbita todo este debate, a mi juicio, se encuentra resumido en el libro: Tamar Pitch, *Un derecho para dos: la construcción jurídica de género, sexo y sexualidad* (Madrid: Trotta, 2003), en los siguientes términos.

La autonomía individual —esa libertad de ser uno mismo y disponer del futuro y del proyecto de vida— a diferencia de la de los hombres, es una autonomía que en el caso de las mujeres está *condicionada*, pues les está prohibido el dominio de su cuerpo. Un cuerpo que es territorio de conflictos y sujeto de discursos públicos (jurídicos, éticos y políticos), tanto como de prácticas médicas, intervenciones, reglas, disciplinas, controles. Un cuerpo objeto de derechos de otros.[58]

En otras palabras, ninguna como la libertad femenina está tan ligada, directa o indirectamente con el cuerpo, un cuerpo sexuado biológicamente para la reproducción. De esta manera la libertad de las mujeres es directa e indirectamente una libertad del cuerpo[59] y es una libertad paradigmática en doble sentido: en cuanto tal libertad es la inmunidad del cuerpo frente a restricciones y en cuanto la mujer constituye el paradigma del otro, y por ello su opresión es paradigmática de todas las desigualdades que persisten.[60]

La regulación del aborto es para muchas autoras, un acto de desconfianza frente a las mujeres[61] o, en otras palabras, el reclamo en el aborto se refiere a la capacidad moral de estas para tomar decisiones sobre sus cuerpos, especialmente, si como entiende Pitch el derecho que lo castiga, pone en conflicto a la madre con el feto, en lugar de reivindicar que "el acontecimiento de la concepción e incluso su eventual deseo no implica un proyecto y menos aún un deseo de maternidad".[62][63]

Si la maternidad es una experiencia de las mujeres, a ellas corresponde desde su "subjetividad moral" el destino del embarazo (la misma con que han abortado históricamente y siguen abortando pese a las prohibiciones y el castigo con que se las amenaza) pues "se llega a ser persona a través de la mediación femenina [...] y sólo a la madre se le puede confiar la tutela del embrión. 'O sea que la persona es el ser nacido o el ser destinado por la mujer a ser persona' y por tanto a nacer: el que desea, reconoce y nombra".[64] De otro modo no solo se les sustrae el poder de decidir qué hacer una vez que se ha concebido, sino que se niega de raíz la plenitud moral del sujeto femenino y la "potencialidad de la experiencia de ser una y dos".[65]

En esta misma línea, Ferrajoli explica que el derecho de la mujer a decidir no es solo una "libertad positiva (abortar) sino negativa de no ser constreñida contra su voluntad a una maternidad impuesta". Por ello, las prohibiciones y normas restrictivas en general, no se limitan a un "hacer (no abortar) sino que obligan a una opción de vida que es la maternidad". La penalización del aborto se trata de una prohibición que genera una obligación, ser madre, que les quita a las mujeres su autonomía, el control sobre su cuerpo, un principio básico en la ética contemporánea.[66] De ahí que, ligado a la libertad, una buena parte de los argumentos a favor de la liberalización incluyan en su repertorio la defensa de la igualdad jurídica para las mujeres que tal como ha sido construida por la tradición liberal del Estado moderno no da cuenta de la diferencia sexual, sino que, por el contrario, se abstrae de ella.[67]

Podríamos decir que el castigo del aborto conlleva la indiferencia frente a las "diferencias" y revela sujeción y homologación de la mujer al hombre. En este sentido la protección de la igualdad supondría catalogar como falsa la afirmación de la universalización de la igualdad (que en el plano jurídico por ejemplo ignora o discrimina al sujeto mujer) y valorar las diferencias mediante un "sistema de garantías que aseguren su efectividad".[68] Ignorar la diferencia sexual —de la cual es constitutiva la experiencia del embarazo— en esta línea argumental, viola la igualdad.[69] Desde la perspectiva de este autor, la autodeterminación es un derecho fundamental solo de las mujeres —y por tanto constitutivo de la igualdad para ellas— que exige formas de protección específicas y diferenciales para su garantía. Sin embargo, sostiene Ferrajoli, este derecho no se encuentra reconocido en ninguna legislación y ni siquiera su ejercicio está totalmente despenalizado. Por el contrario, está sujeto a legalizaciones más o menos controladas que han servido para expropiar a las mujeres, víctimas del uso del derecho penal que las ha instrumentalizado violando su dignidad, su igualdad, y la no discriminación.

De esta manera, la afirmación Hobessiana de que la única igualdad jurídica está en el derecho a la vida, que "es el único derecho fundamental garantizado por el contrato social" supone para Ferrajoli que todas las diferencias —empezando por la sexual— quedan abandonadas a las dinámicas naturales y destinadas a convertirse en desigualdades,[70] como sucede en el caso de la prohibición del aborto.[71]

Otra de las líneas argumentales que sustentan la liberalización, fue desarrollada por Catharine A. MacKinnon, en su clásico texto *Hacia una teoría feminista del Estado*. En este libro la autora explica las distintas formas en que una serie de arreglos sociales desiguales, que son anteriores a la creación de la norma, la permean y determinan haciendo que, en muchos casos, la norma legitime esos arreglos y así, "las relaciones de *iure* estabilizan relaciones de facto".[72] En el caso del aborto, el control masculino que se expresa, por ejemplo, en su penalización, se sostiene entre otras en el hecho de que la mayoría de las mujeres que quedaron embarazadas después de una relación sexual con un hombre, no querían concebir (en estos casos incluso muchas fueron violadas).[73]

El modo en que el punto de vista masculino interpreta una experiencia es el mismo modo de interpretarla de la política estatal. Una vez tras otra, el Estado protege el poder masculino encarnando y garantizando el control masculino sobre la mujer en todos los ámbitos, amortiguando derechos, apareciendo de *iure* para prohibir sus excesos cuando es preciso para su normalización.[74]

Para MacKinnon las discusiones entre sexualidad y reproducción son inseparables porque de lo contrario —como sucede hasta hoy— pareciera que la relación que antecede a la concepción es normalmente voluntaria. La política del aborto ha ignorado como se quedan embarazadas las mujeres: mediante un coito en condiciones de desigualdad.

Pero también argumentos en torno al embarazo forzado o a su continuación forzada como formas de tortura, en particular cuando se trata de gestaciones de fetos con diagnóstico de incompatibilidad con la vida extrauterina como la anencefalia;[75] o el respeto a la privacidad de las mujeres;[76] o la dignidad;[77] o la protección de su salud tan invocada para despenalizar el aborto denominado terapéutico en casos como el de Chile[78] por citar algunos ejemplos recientes, se encuentran en los hilos de la larga madeja que configura este debate.

Finalmente, los trabajos de Deutscher muestran que las normas que organizan —en un rango variable de excepciones— los sistemas legales en torno al aborto, regulan y regularizan la excepción. "No una excepción derivada de la suspensión del sistema legal sino de algo, el aborto, que existe en un estado de suspensión o excepción a su propia ilegalidad"[79] (traducción propia). Suspender la aplicación de las leyes que penalizan el aborto —donde el régimen legal es la prohibición— supone que el sistema de excepcionalidad se perpetúe, revelando la peculiar forma en que la biopolítica cobija la reproducción de las mujeres.[80] Esa excepcionalidad, continúa la autora, es una de las técnicas características de la biopolítica en el siglo XX que en el tema del aborto plantea una "competencia" de la mujer con los derechos del feto, en la cual ella es soberana pero comparte esa soberanía con el Estado, constituyéndose de esta manera un control de su vida por la política.[81]

Este libro entra, por un lado, en la conversación antes propuesta, introduciendo la pregunta por el menor valor de la vida biográfica de las mujeres y por el otro la pregunta sobre la centralidad de la vida biológica para informar las normas restrictivas sobre aborto como una línea argumentativa que es novedosa. Adicionalmente, plantea que en las normas restrictivas sobre aborto en América Latina se encuentra el fundamento de la afirmación sobre esa menor biolegitimidad que se otorga a la vida de las mujeres. A partir de esta premisa, se desarrolla la idea de que las normas restrictivas operan como un dispositivo de la moral patriarcal que determina lo que está bien, lo que puede y no puede hacerse cuando se trata del aborto, en una economía moral[82] que regula la vida y la existencia, lo que se acepta o no, lo que tiene o no tiene valor, las vidas que valen la pena vivir y las que no.

Bibliografía

Agamben, Giorgio. *Homo Sacer: el poder soberano y la nuda vida*. Valencia: Pre-textos, 2013.

Amorós, Celia. *Hacia una crítica de la razón patriarcal*. Barcelona: Anthropos Editorial, 1991.

Amorós, Celia. "Notas para una teoría nominalista del patriarcado". *Asparkía. Investigació Feminista*, no. 1 (1992): 41–58. http://www.e-revistes.uji.es/index.php/asparkia/article/view/412/331.

Boltanski, Luc. *The foetal condition: a sociology of engendering and abortion*. Cambridge: Polity Press, 2013.

Bourdieu, Pierre. *La dominación masculina*. París: Anagrama, 1988.

Bourdieu, Pierre. *O poder simbólico*. Traducido por Fernando Tomaz. Lisboa: DIFEL, 1989.

Butler, Judith y Athena Athanasiou. *Dispossession: the performative in the political. Conversations with Athena Athanasiou*. Cambridge: Polity, 2013.

Casper, Monica J. *The making of the unborn patient: a social anatomy of fetal surgery*. New Brunswick, NJ: Rutgers University Press, 1988.

Chile. Ley no. 21030. Regula la despenalización de la interrupción voluntaria del embarazo en tres causales. Diario Oficial, 23 de septiembre de 2017. https://www.leychile.cl/Navegar?idNorma=1108237.

Corte Interamericana de Derechos Humanos. *Caso Baena Ricardo y otros Vs. Panamá. Sentencia de 2 de febrero de 2001* (Fondo, Reparaciones y Costas). http://www.corteidh.or.cr/docs/casos/articulos/Seriec_72_esp.pdf.

Deutscher, Penélope. "The inversion of exceptionality: Foucault, Agamben, and 'Reproductive Rights'". *South Atlantic Quarterly* 107, no. 1 (2008): 55–70. https://read.dukeupress.edu/south-atlantic-quarterly/article-abstract/107/1/55/52619/The-Inversion-of-Exceptionality-Foucault-Agamben.

Dewey, John. *Teoria da vida moral*. Traducción de Leonidas Gontijo de Carvalho. Ibrasa, 1964.

Dias, Maria Clara. *Sobre nós: expandindo as fronteiras da moralidade*. Rio de Janeiro: Pirilampo, 2016.

Diniz, Débora. "Aborto na Suprema Corte: o caso da anencefalia no Brasil". *Rev. Estud. Fem., Florianópolis* 16, no. 2 (2008): 647–652. http://www.scielo.br/scielo.php?script=sci_arttext&pid=S0104-026X2008000200019.

Dworkin, Ronald. *Life's dominion: an argument about abortion, euthanasia and individual freedom.* Nueva York: Vintage Books, 1994.

Fassin, Didier. "Another politics of life is possible". *Theory, Culture & Society* 26, no. 5 (2009): 44–60. http://journals.sagepub.com/doi/abs/10.1177/0263276409106349.

Fassin, Didier. "El irresistible ascenso del derecho a la vida: razón humanitaria y justicia social". *Revista de Antropología Social* 19 (2010): 191–204. http://revistas.ucm.es/index.php/RASO/article/view/RASO1010110191A.

Fassin, Didier. "Gobernar por los cuerpos, políticas de reconocimiento hacia los pobres y los inmigrantes en Francia". *Cuad. antropol. soc.* 17, no. 1 (2003): 49–78. http://www.scielo.org.ar/scielo.php?script=sci_arttext&pid=S1850-275X2003000100004.

Fassin, Didier. *Humanitarian reason: a moral history of the present.* Berkeley: University of California Press, 2012.

Fassin, Didier. *Por una repolitización del mundo: las vidas descartables como desafío del siglo XXI.* Buenos Aires: Siglo Veintiuno, 2018.

Fassin, Didier. *When bodies remember experiences and politics of AIDS in South Africa.* Berkeley: University of California Press, 2007.

Ferrajoli, Luigi. *Derechos y garantías: la ley del más débil 3. ed.* Traducción de Perfecto Andrés Ibáñez y Andrea Greppi. Madrid: Trotta, 1999.

Ferrajoli, Luigi. "La cuestión del embrión entre derecho y moral". *Jueces para la democracia*, no. 44 (2002): 3–12. https://dialnet.unirioja.es/servlet/articulo?codigo=264121.

Ferrajoli, Luigi. "Prólogo". En *Un derecho para dos: la construcción jurídica de género, sexo y sexualidad.* Madrid: Trotta, 2003.

Foucault, Michel. *Nacimiento de la biopolítica: Curso en el Collège de France (1978–1979).* Buenos Aires: Fondo de Cultura Económica, 2007 y 2017.

Franklin, Sarah. "Life itself: global nature and the genetic imaginary". En *Global nature, global culture.* Editado por Sarah Franklin, Celia Lury y Jackie Stacey. Londres: Sage Publications, 2000. http://sk.sagepub.com/books/global-nature-global-culture/n7.xml.

Gloppen, Siri, Camila Gianella, Malcolm Langford, Rachel Sieder, Bruce Wilson, Daniel Brinks, Alicia Yamin, Julieta Lemaitre, Paola Bergallo y Charles Ngwena. *Sexual and Reproductive Rights Lawfare: Global battles.* Bergen: CHR Michelsen Institute –CMI, 2014. https://www.cmi.no/projects/1836-sexual-and-reproductive-rights-lawfar.

González-Vélez, Ana Cristina y Paola Bergallo. *Repertorios juridizados de la movilización por la liberalización del aborto en América Latina.* 2018, en prensa.

Greenhouse, Linda y Reva B. Siegel. *Before Roe v. Wade: voices that shaped the abortion debate before the Supreme Court's ruling.* New Haven: Yale Law School, 2012.

Husak, Douglas. *Overcriminalization: the limits of criminal law.* Oxford: Oxford University Press, 2008.

Jaggar, Alison M. "Feminist ethics". En *Encyclopedia of ethics.* Editado por L. C. Becker y C. B. Becker. Nueva York: Garland Press, 1992.

Jaggar, Alison M. *Feminist politics and human nature.* Totowa, NJ: Rowman & Allenheld, 1983.

Laurenzo Copello, Patricia. *Dogmática y política criminal del aborto.* Valencia: Tirant lo Blanch, 2012.

Lemaitre, Julieta. "El sexo, las mujeres y el inicio de la vida humana en el constitucionalismo católico". En *Abortion law in transnational perspective: cases and controversies.* Editado por Rebecca J. Cook, Joanna N. Erdman y Bernard M. Dickens. Filadelfia: University of Pennsylvania Press, 2016.

Luna, Naara. "From abortion to embryonic stem cell research: biossociality and the constitution of subjects in the debate over human rights". *Vibrant, Virtual Braz. Anthr* 12, no. 1 (2015): 167–203. http://www.scielo.br/scielo.php?script=sci_arttext&pid=S1809-43412015000100167.

Mackinnon, Catharine A. *Are women human? And other international dialogues.* Cambridge, Mass.: Belknap Press of Harvard University Press, 2006.

Mackinnon, Catharine A. *Hacia una teoría feminista del Estado.* Madrid: Cátedra, 1995.

Madrazo, Alejandro. "Narratives of prenatal personhood in abortion law". En *Abortion law in transnational perspective: cases and controversies.* Editado por Rebecca J. Cook, Joanna N. Erdman y Bernard M. Dickens. Filadelfia: University of Pennsylvania Press, 2016.

Madrazo, Alejandro. "The evolution of México City´s abortion laws: from public morality to women´s autonomy". *International Journal of Gynecology and Obstetrics* 106, no. 3 (2009): 266–269.

Mitchell, Lisa M. *Baby´s first picture: ultrasound and the politics of fetal subjects.* Toronto: University of Toronto Press, 2001.

Morgan, Lynn Marie y Meredith W. Michaels (Eds.). *Fetal subjects, feminist positions.* Filadelfia: University of Pennsylvania Press, 1999.

Partido Socialismo e Liberdade. Petição inicial de Arguição de Descumprimento de Preceito Fundamental no. 442. Brasilia, D. F., 6 de marzo de 2017. https://www.conjur.com.br/dl/psol-stf-descriminalize-aborto-meses.pdf.

Pateman, Carole. *El contrato sexual.* Traducción de Maria Luisa Femenías. Barcelona: Anthropos, 1995.

Pitch, Tamar. *Un derecho para dos: la construcción jurídica de género, sexo y sexualidad.* Madrid: Trotta, 2003.

Pollert, Ann. "Gender and class revisited: or, the poverty of 'patriarchy'". *Sociology* 30, no. 4 (1996): 639–659. https://www.jstor.org/stable/42855731?seq=1#page_scan_tab_contents.

Rabinow, Paul y Nikolas Rose. "Biopower today", *BioSocieties* 1, no. 2 (2006): 195–217. https://link.springer.com/article/10.1017%2FS1745855206040014.

Rachels, James. *Os elementos da filosofia da mora*l. 4.ª ed. Traducción de Roberto C. Filho. Barueri: Manole, 2006.

Rodríguez-Ruiz, Blanca. "Gender in constitutional discourses on abortion: looking at Spain from a comparative perspective". *Social & Legal Studies* 25, no. 6 (2016): 699–715. http://journals.sagepub.com/doi/abs/10.1177/0964663916668251.

Rose, Nikolas. "The politics of life itself". *Theory, Culture and Society* 18, no. 6 (2001): 1–30. http://journals.sagepub.com/doi/pdf/10.1177/02632760122052020.

Rose, Nikolas. *The politics of life itself: biomedicine, power and subjectivity in the twenty-first century.* Princeton: Princeton University Press, 2007.

Siegel, Reva B. "La dignidad y el debate del aborto". En *Derecho y Sexualidades*. Buenos Aires: Libraria Ediciones, 2010.

Tribe, Laurence H. *El aborto: guerra de absolutos*. Traducción de Dubravka Suznjevic. México: Fondo de Cultura Económica, 2012.

Walby, Sylvia. "Theorising patriarchy", *Sociology* 23, no. 2 (1989): 213–234. http://journals.sagepub.com/doi/abs/10.1177/0038038589023002004.

Zúñiga Añazco, Yanira. "Una propuesta de análisis y regulación del aborto en Chile desde el pensamiento feminista". *Revista Ius et Praxis* 19, no. 1 (2013): 255–300. https://scielo.conicyt.cl/scielo.php?script=sci_arttext&pid=S0718-00122013000100008.

Notas

1. Didier Fassin, "Gobernar por los cuerpos, políticas de reconocimiento hacia los pobres y los inmigrantes en Francia", *Cuad. antropol. soc.* 17, no. 1 (2003): 49–78, http://www.scielo.org.ar/scielo.php?script=sci_arttext&pid=S1850-275X2003000100004; Didier Fassin, "Another politics of life is possible", *Theory, Culture & Society* 26, no. 5 (2009): 44–60, http://journals.sagepub.com/doi/abs/10.1177/0263276409106349; Didier Fassin, "El irresistible ascenso del derecho a la vida: razón humanitaria y justicia social". *Revista de Antropología Social* 19 (2010): 191–204. http://revistas.ucm.es/index.php/RASO/article/view/RASO1010110191A; Didier Fassin, *Humanitarian reason: a moral history of the present* (Berkeley: University of California Press, 2012).
2. Douglas Husak, *Overcriminalization: the limits of criminal law* (Oxford: Oxford University Press, 2008); Corte Interamericana de Derechos Humanos, *Caso Baena Ricardo y otros Vs. Panamá. Sentencia de 2 de febrero de 2001* (Fondo, Reparaciones y Costas), http://www.corteidh.or.cr/docs/casos/articulos/Seriec_72_esp.pdf.
3. Rose Nikolas, "The politics of life itself", *Theory, Culture and Society*" 18, no. 6 (2001): 1–30, http://journals.sagepub.com/doi/pdf/10.1177/02632760122052020.
4. Luigi Ferrajoli, "La cuestión del embrión entre derecho y moral", *Jueces para la democracia*, no. 44 (2002): 3–12, https://dialnet.unirioja.es/servlet/articulo?codigo=264121; Alejandro Madrazo, "Narratives of prenatal personhood in abortion law", en *Abortion law in transnational perspective: cases and controversies*, editado por Rebecca J. Cook, Joanna N. Erdman y Bernard M. Dickens (Filadelfia: University of Pennsylvania Press, 2016).
5. Yanira Zúñiga Añazco, "Una propuesta de análisis y regulación del aborto en Chile desde el pensamiento feminista", *Revista Ius et Praxis* 19, no. 1 (2013): 255–300, https://scielo.conicyt.cl/scielo.php?script=sci_arttext&pid=S0718-00122013000100008.
6. Patricia Laurenzo Copello, *Dogmática y política criminal del aborto* (Valencia: Tirant lo Blanch, 2012).
7. Lisa M. Mitchell, *Baby's first picture: ultrasound and the politics of fetal subjects* (Toronto: University of Toronto Press, 2001).
8. Laurence H. Tribe, *El aborto: guerra de absolutos*, traducción de Dubravka Suznjevic (México: Fondo de Cultura Económica, 2012).
9. Catharine A. Mackinnon, *Hacia una teoría feminista del Estado* (Madrid: Cátedra, 1995); Catharine A. Mackinnon, *Are women human? And other international dialogues* (Cambridge, Mass.: Belknap Press of Harvard University Press, 2006); Celia Amorós, *Hacia una crítica de la razón patriarcal* (Barcelona: Anthropos Editorial, 1991); Celia Amorós, "Notas para una teoría nominalista del patriarcado", *Asparkía. Investigació Feminista*, no. 1 (1992): 41–58, http://

www.e-revistes.uji.es/index.php/asparkia/article/view/412/331; Tamar Pitch, *Un derecho para dos: la construcción jurídica de género, sexo y sexualidad* (Madrid: Trotta, 2003).
10. Mackinnon, *Are women human?*
11. Carole Pateman, *El contrato sexual*, traducción de Maria Luisa Femenías (Barcelona: Anthropos, 1995); Ronald Dworkin, *Life's dominion: an argument about abortion, euthanasia and individual freedom* (Nueva York: Vintage Books, 1994); Luigi Ferrajoli, *Derechos y garantías: la ley del más débil 3. ed.*, traducción de Perfecto Andrés Ibáñez y Andrea Greppi (Madrid: Trotta, 1999); Ferrajoli, "La cuestión del embrión"; Luigi Ferrajoli, "Prólogo", en *Un derecho para dos: la construcción jurídica de género, sexo y sexualidad* (Madrid: Trotta, 2003); Pitch, *Un derecho para dos.*
12. Linda Greenhouse y Reva B. Siegel, *Before Roe v. Wade: voices that shaped the abortion debate before the Supreme Court's ruling* (New Haven: Yale Law School, 2012).
13. Débora Diniz, "Aborto na Suprema Corte: o caso da anencefalia no Brasil", *Rev. Estud. Fem., Florianópolis* 16, no. 2 (2008): 647–652, http://www.scielo.br/scielo.php?script=sci_arttext&pid =S0104-026X2008000200019.
14. Penélope Deutscher, "The inversion of exceptionality: Foucault, Agamben, and 'Reproductive Rights'", *South Atlantic Quarterly* 107, no. 1 (2008): 55–70, https://read.dukeupress.edu/south-atlantic-quarterly/article-abstract/107/1/55/52619/The-Inversion-of-Exceptionality-Foucault-Agamben.
15. John Dewey, *Teoria da vida moral*, traducción de Leonidas Gontijo de Carvalho (Ibrasa, 1964); Maria Clara Dias, *Sobre nós: expandindo as fronteiras da moralidade* (Río de Janeiro: Pirilampo, 2016); Dworkin, *Life's dominion*; Ferrajoli, *Derechos y garantías*; James Rachels, *Os elementos da filosofia da moral*. 4ª ed., traducción de Roberto C. Filho (Barueri: Manole, 2006).
16. Pierre Bourdieu, *O poder simbólico*, traducido por Fernando Tomaz (Lisboa: DIFEL, 1989).
17. Alison M. Jaggar, *Feminist politics and human nature* (Totowa, NJ: Rowman & Allenheld, 1983); Alison M. Jaggar, "Feminist ethics", en *Encyclopedia of ethics*, editado por L. C. Becker y C. B. Becker (Nueva York: Garland Press, 1992); Sylvia Walby, "Theorising patriarchy", *Sociology* 23, no. 2 (1989): 213–234, http://journals.sagepub.com/doi/abs/10.1177/0038038589023002004; Pateman, *El contrato sexual*; Pierre Bourdieu, *La dominación masculina* (París: Anagrama, 1988).
18. Rose, "The politics of life itself"; Paul Rabinow y Nikolas Rose, "Biopower today", *BioSocieties* 1, no. 2 (2006): 195–217, https://link.springer.com/article/10.1017%2FS1745855206040014; Sarah Franklin, "Life itself: global nature and the genetic imaginary", en *Global nature, global culture*, editado por Sarah Franklin, Celia Lury y Jackie Stacey (Londres: Sage Publications, 2000), http://sk.sagepub.com/books/global-nature-global-culture/n7.xml.
19. Los términos del debate sobre aborto se sintetizan a partir de una extensa revisión de la literatura que discute los argumentos utilizados para liberalización y/o la punición del aborto, principalmente desde una perspectiva feminista en distintos campos de saber. No se trata de un recorte de tiempo en un sentido histórico sino de una revisión de la literatura sobre aborto que proliferó a partir de los años 80, y que mantiene su dinamismo hasta la fecha, razón por la cual no pretende ser exhaustiva pero al menos esbozar las líneas argumentales más destacadas y sobre todo reflejar que estas no desarrollan el debate sobre la menor biolegitimidad de las mujeres en cuestiones de aborto.
20. Del título acuñado por Ferrajoli, "La cuestión del embrión entre derecho y moral".
21. Ferrajoli, "La cuestión del embrión"; Luc Boltanski, *The foetal condition: a sociology of engendering and abortion* (Cambridge: Polity Press, 2013); Madrazo, "Narratives of prenatal"; Julieta Lemaitre, "El sexo, las mujeres y el inicio de la vida humana en el constitucionalismo católico", en *Abortion law in transnational perspective: cases and controversies*, editado por Rebecca J. Cook,

Joanna N. Erdman y Bernard M. Dickens (Filadelfia: University of Pennsylvania Press, 2016); Blanca Rodríguez-Ruiz, "Gender in constitutional discourses on abortion: looking at Spain from a comparative perspective", *Social & Legal Studies* 25, no. 6 (2016): 699–715, http://journals.sagepub.com/doi/abs/10.1177/0964663916668251.

22. Monica J. Casper, *The making of the unborn patient: a social anatomy of fetal surgery* (New Brunswick, NJ: Rutgers University Press, 1988); Mitchell, *Baby's first picture*.
23. Lynn Marie Morgan y Meredith W. Michaels (eds.), *Fetal subjects, feminist positions* (Filadelfia: University of Pennsylvania Press, 1999).
24. Autoras como Penélope Deutscher comparten reflexiones similares. Esta autora (que será introducida en el diálogo sobre biolegitimidad) por ejemplo, afirma que la intensificación biopolítica y la producción de una zona ambigua "previa a la vida" ha configurado el aborto de un modo particular, en una asombrosa dupla de política y derecho que ha dado paso a un estado de excepción que mantiene el aborto como una práctica particular (cuando es legal) creada para conceder una excepción general y permanente a la ley que mantiene el aborto como delito —y no como un estado de emergencia: — "la excepcionalidad es la forma a través de la cual estos países han logrado regular legal y políticamente el aborto" (Deutscher, "The inversion of exceptionality", 60). Traducción propia.
25. Noción que, como se afirma en: Partido Socialismo e Liberdade. Petição inicial de Arguição de Descumprimento de Preceito Fundamental no. 442. Brasilia, D.F, 6 de marzo de 2017. https://www.conjur.com.br/dl/psol-stf-descriminalize-aborto-meses.pdf. En la construcción de cuyo texto participó activamente Débora Diniz, fue introducida en el debate sobre aborto en los años 70 cuando la Corte Suprema de Estados Unidos, la utilizó en su famosa sentencia Roe v. Wade con la que liberalizo el aborto hasta las 12 semanas argumentando el derecho a la privacidad de las mujeres, al menos durante este lapso.
26. Naara Luna, "From abortion to embryonic stem cell research: biossociality and the constitution of subjects in the debate over human rights", *Vibrant, Virtual Braz. Anthr* 12, no. 1 (2015): 167–203, http://www.scielo.br/scielo.php?script=sci_arttext&pid=S1809-43412015000100167.
27. Ferrajoli, *Derechos y garantías*; Madrazo, "Narratives of prenatal"; Zúñiga, "Una propuesta de análisis".
28. Laurence H. Tribe, *El aborto: guerra de absolutos*, traducción de Dubravka Suznjevic (México: Fondo de Cultura Económica, 2012).
29. Tribe, *El aborto: guerra de absolutos*; Pitch, *Un derecho para dos*. Julieta Lemaitre agrega al debate sobre el inicio de la vida, otros argumentos que caracterizan el conservadurismo católico en América Latina, destacándose los siguientes: la igualdad de género (en virtud de la cual afirman que por seguir el imperativo social de ser económicamente productivas las mujeres se ven perjudicadas en su aspiración por la maternidad y que ese problema se resolvería con apoyo del Estado y no con el aborto;) el sufrimiento de las mujeres (que desde su perspectiva es el resultado del aborto que entonces impone la necesidad de restringirlo para poder protegerlas) y la libertad de conciencia (como el fundamento de la oposición personal e institucional para prestar servicios de aborto).
30. Según Pitch, esta narrativa alimenta la idea de que los fetos son víctimas de mujeres arrogantes y busca elevar de esta manera el estatus jurídico de las "víctimas".
31. Ferrajoli, "La cuestión del embrión", 255.
32. Ferrajoli, "La cuestión del embrión", 256. Esta última es "la base tanto del derecho como de la ética moderna" asentada en la secularización del derecho y en una ética laica que privilegia "la autonomía de la conciencia antes que la heteronomía del derecho" y es la posición del liberalismo

"según el cual el estado no encarna valores morales en el sentido de reafirmar una sola moral y por eso no debe inmiscuirse en la vida moral de las personas" (Ferrajoli, "La cuestión del embrión", 2). En este libro se entiende que las normas restrictivas y en particular la penalización total del aborto en la búsqueda de la protección moral del feto, instalan un problema moral al deslegitimar la vida de las mujeres.

33. Ferrajoli, "La cuestión del embrión", 3.
34. Ferrajoli, "La cuestión del embrión".
35. Madrazo, "Narratives of prenatal". Vale la pena anotar, como explica Naara Luna, que una línea argumentativa que también utiliza la noción de viabilidad se orienta a la liberalización del aborto. Se trata del caso de anencefalia, autorizado en Brasil mediante decisión judicial (2012) como se explica en el Capítulo 2. En tal oportunidad, los pro-elección cuestionaron la vida del feto anencefálico argumentado la inviabilidad.
36. Con respecto al plazo según la viabilidad, este tendería a acortarse con el progreso científico que promete adelantar la viabilidad. Como afirma Pitch gracias al progreso de la tecnología, la esperanza de vida autónoma fuera del cuerpo de la madre se acorta cada vez más con respecto al proceso normal de la gestación.
37. Ferrajoli, "La cuestión del embrión"; Rodríguez-Ruiz, "Gender in constitutional"; Luna, "From abortion to embryonic"; Lemaitre, "El sexo, las mujeres".
38. Madrazo, "Narratives of prenatal".
39. Aunque como bien explica Madrazo (2016), persona y humano no sean equiparables, esta es la forma en que comúnmente se les lee.
40. Boltanski, *The foetal condition*; Madrazo, "Narratives of prenatal"; Zúñiga, "Una propuesta de análisis".
41. Madrazo, "Narratives of prenatal", 333.
42. Madrazo, "Narratives of prenatal", 336.
43. La noción de batalla legal (lawfare) se encuentra en Siri Gloppen, Camila Gianella, Malcolm Langford, Rachel Sieder, Bruce Wilson, Daniel Brinks, Alicia Yamin, Julieta Lemaitre, Paola Bergallo y Charles Ngwena, *Sexual and Reproductive Rights Lawfare: Global battles* (Bergen: CHR Michelsen Institute –CMI, 2014), https://www.cmi.no/projects/1836-sexual-and-reproductive-rights-lawfar. Otras autoras que la utilizan son Ana Cristina González-Vélez y Paola Bergallo, *Repertorios juridizados de la movilización por la liberalización del aborto en América Latina* (2018, en prensa).
44. Rodríguez-Ruiz, "Gender in constitutional".
45. Boltanski, *The foetal condition.*
46. Citado por Mitchell, *Baby's first picture.*
47. Mitchell, *Baby's first picture.*
48. Mitchell, *Baby's first picture.*
49. Mitchell, *Baby's first picture.*
50. Para Boltanski el encuentro entre la evolución de las tecnologías médicas relacionadas con el embarazo y los cambios en el marco legal sobre aborto han llevado a los expertos legales a reactivar la disociación entre la mujer y el feto.
51. Pitch, *Un derecho para dos.*
52. Ferrajoli, "La cuestión del embrión", 6.
53. Boltanski, *The foetal condition*, 45.
54. Boltanski, *The foetal condition*, 280.
55. Adicionalmente, autoras como Marcela Iacub habían propuesto una separación entre el nacimiento y las circunstancias del nacimiento, y atribuir la condición de ser humano solo a

aquellos niños destinados a nacer, es decir, a aquellos que son "engendrados" por el deseo del progenitor (Boltanski, *The foetal condition*, 45). Traducción propia.

56. Para algunos autores como Alejandro Madrazo, "The evolution of México City's abortion laws: from public morality to women's autonomy", *International Journal of Gynecology and Obstetrics* 106, no. 3 (2009): 266–269, los cambios legales que establecen modelos de plazos están más orientados por el respeto a la autonomía (junto con la centralidad de su consentimiento) de las mujeres que por el debate moral sobre la vida del feto. De hecho, así lo afirma en su análisis sobre la evolución de los marcos normativos en la Ciudad de México, y su paulatina transformación desde excepciones a causales y plazos. No obstante, como el mismo explica, este modelo es defendido justamente en virtud de que tal libertad es limitada a las 12 semanas, y protegida por la criminalización que persiste en torno al aborto por fuera de tal plazo.
57. Ferrajoli, "La cuestión del embrión", 11.
58. Ferrajoli, "Prólogo".
59. Pitch, *Un derecho para dos*, 13.
60. Pitch, *Un derecho para dos*, 14.
61. Pitch, *Un derecho para dos.*
62. Pitch, *Un derecho para dos*, 83.
63. Según Ferrajoli el conflicto más bien se crea por la falta de derecho, es decir, por el vacío que existe en relación a la libertad de las mujeres sobre su propio cuerpo: "es por eso que se considera una mera libertad siempre susceptible de ser limitada por el legislador sobre la base de los derechos o intereses de otros [...] Consagrar la libertad como derecho fundamental, una clase de corolario del habeas corpus impediría protegerla de posibles supresiones, limitaciones o condiciones a mujeres sobre su propio cuerpo" (Ferrajoli, "Prólogo", 16).
64. Ferrajoli, "La cuestión del embrión", 6.
65. Pitch, *Un derecho para dos*, 84, 97 y 101.
66. Ferrajoli, "La cuestión del embrión", 11–13.
67. Ferrajoli, *Derechos y garantías*; Pateman, *El contrato sexual.*
68. Ferrajoli, *Derechos y garantías*, 74.
69. Ferrajoli, "La cuestión del embrión".
70. Ferrajoli, *Derechos y garantías*, 81.
71. En este libro se afirma que tampoco la vida es tampoco un derecho garantizado a las mujeres que rehúsan la maternidad como destino, como se desprende del análisis de las normas restrictivas sobre aborto.
72. Mackinnon, *Hacia una teoría feminista*, 299, 303.
73. Mackinnon, *Hacia una teoría feminista.* En el caso de América Latina, el embarazo no deseado, como se verá en la introducción, es un problema drástico que alcanza en muchos países, al menos a la mitad de las gestaciones.
74. Mackinnon, *Hacia una teoría feminista*, 299.
75. Diniz, "Aborto na Suprema Corte"; Luna, "From abortion to embryonic".
76. Greenhouse y Siegel, *Before Roe v. Wade.*
77. Reva B. Siegel, "La dignidad y el debate del aborto", en *Derecho y Sexualidades* (Buenos Aires: Libraria Ediciones, 2010).
78. Chile. Ley no. 21030. Regula la despenalización de la interrupción voluntaria del embarazo en tres causales. Diario Oficial, 23 de septiembre de 2017. https://www.leychile.cl/Navegar?idNorma=1108237.
79. Deutscher, "The inversion of exceptionality", 60.

80. En verdad el diálogo de Deutscher propone un cuestionamiento o una pregunta acerca de por qué Agamben (Giorgio Agamben, *Homo Sacer: el poder soberano y la nuda vida* [Valencia: Pre-textos, 2013]) en su debate sobre la vida —Homo Sacer— no incorporó la reproducción, revelando que las formulaciones relacionadas con las leyes de aborto no se corresponden con las formas de suspensión de la soberanía propuestas por este autor. Y por ello la autora se pregunta qué tipo de soberanía se ejerce a través de los regularizados pero en constante volatilidad de los estados de excepción que hacen parte de los regímenes de los que es blanco la reproducción de las mujeres.
81. Deutscher, "The inversion of exceptionality", 64.
82. Conversaciones propias con Debora Diniz, 2017; Michel Foucault, *Nacimiento de la biopolítica: Curso en el Collège de France (1978–1979)* (Buenos Aires: Fondo de Cultura Económica, 2007 y 2017); Didier Fassin, *When bodies remember experiences and politics of AIDS in South Africa* (Berkeley: University of California Press, 2007); Fassin, "Another politics"; Fassin, "El irresistible ascenso"; Didier Fassin, *Por una repolitización del mundo: las vidas descartables como desafío del siglo XXI* (Buenos Aires: Siglo Veintiuno, 2018); Ann Pollert, "Gender and class revisited: or, the poverty of 'patriarchy'", *Sociology* 30, no. 4 (1996): 639–659, https://www.jstor.org/stable/42855731?seq=1#page_scan_tab_contents; Nikolas Rose, *The politics of life itself: biomedicine, power and subjectivity in the twenty-first century* (Princeton: Princeton University Press, 2007); Judith Butler y Athena Athanasiou, *Dispossession: the performative in the political. Conversations with Athena Athanasiou* (Cambridge: Polity, 2013).

Introducción

El uso del poder punitivo del Estado y las normas restrictivas como dispositivo moral de cuño patriarcal se enfrentan a la resistencia moral de las mujeres que abortan aun cuando les está totalmente prohibido. Aun cuando se las persigue, condena y humilla. Aun cuando deben pagar con sus vidas.

Las regulaciones sobre aborto son un tema particularmente disputado a nivel global y en América Latina tanto como lo es el acceso de las mujeres a servicios seguros de aborto. Marge Berer afirma la existencia de una "plétora retorcida de leyes y restricciones en torno al aborto que no tienen sentido ni desde el punto de vista legal ni de la salud pública".[1] Y la propia Organización Mundial de la Salud (OMS), diseñó recientemente la plataforma "The Global Abortion Policies Database" con el fin de fortalecer los esfuerzos globales para eliminar el aborto inseguro mediante la producción de una base de datos abierta e interactiva sobre las leyes, políticas, estándares y lineamientos nacionales vigentes a partir de cuyo análisis los Estados pueden identificar y eliminar las barreras que enfrentan las mujeres que buscan acceder a un servicio de aborto seguro, incluidas las propias normas restrictivas.[2]

La existencia de tales normas en efecto es un fenómeno de toda la región de América Latina pero no un fenómeno que le es exclusivo como se aprecia en los datos anteriores, por lo que el sedimento para su persistencia parece encontrarse en el orden de género patriarcal que se expresa en las normas restrictivas. Un orden que, como se sustenta en este libro, asigna menor valor a la vida de las mujeres cuando se trata de resolver controversias en torno al aborto.

En América Latina el tema es complejo al menos de dos maneras. La primera, porque es una de las regiones del mundo con las tasas más altas de aborto inseguro, y la segunda, porque es a la vez una de las regiones con más severas restricciones en las normas legales y en acceso a los servicios.[3] Según el último estudio del Instituto Guttmacher, la tasa más alta de aborto se encuentra en América Latina y el Caribe (44 por mil mujeres) y las más baja en Norte América (17 por mil mujeres).[4] Con respecto a las restricciones, el mismo estudio indica que la vasta mayoría (93%) de países con leyes altamente restrictivas se encuentran en las regiones en desarrollo como América Latina, lo que confirma que las prohibiciones no solo no contribuyen a eliminar la práctica del aborto, sino que la convierten en una práctica riesgosa.[5]

Entre las consecuencias más dramáticas del aborto inseguro conviene destacar su contribución a la mortalidad materna, a la morbilidad obstétrica y a las complicaciones entre los grupos de mujeres que resultan más vulnerables porque no tienen capacidad material para proveerse un aborto seguro.[6] Las complicaciones derivadas del uso de medicamentos —que por otro lado han contribuido a reducir la mortalidad y las complicaciones severas— incluyen sangrados más frecuentes entre las mujeres que habitan las zonas rurales, o las indígenas y las negras.[7] Y aunque en las últimas décadas, se han reducido las cifras de abortos inseguros[8] a expensas, entre otras, del uso cada vez más extendido de medicamentos[9] que son utilizados por las mismas mujeres, la situación del aborto ilegal sigue siendo una regla.[10]

En cuanto a las leyes restrictivas en América Latina, este libro utiliza el concepto de normas restrictivas, para hacer referencia a disposiciones legales y prácticas de intensidad variable que incluyen, por un lado, distintos regímenes de prohibición o permisión de aborto y que están incluidos en códigos penales o leyes nacionales, y por el otro, un conjunto de requisitos para su implementación generalmente incorporados en regulaciones de más bajo rango. E incluyen además normas sociales que refuerzan y profundizan las prohibiciones formales, todo ello en el marco del tratamiento del aborto como un delito.[11] En este sentido el aborto es un caso paradigmático del uso de la fuerza y del poder punitivo por parte del Estado para crear una espiral de prohibiciones sin parangón en el campo de la salud.[12]

Es así como mientras que cerca de un tercio (29%)[13] de los países del mundo en desarrollo permiten el aborto por la sola voluntad de la mujer, en América Latina solo Uruguay, el Distrito Federal en México y Oaxaca lo permiten por esta razón.[14] Ello sin tener en cuenta que, aunque la mayoría de los abortos tienen lugar durante el primer trimestre (entre 81% y 97%), la garantía del acceso al aborto temprano, en algunas circunstancias, no es suficiente para reducir los abortos que, efectivamente, ocurren en los periodos más avanzados de la gestación.[15] Es decir que, algunos abortos se han de garantizar en estas etapas pues existen razones apremiantes para ello. Las mujeres que abortan en el segundo o tercer trimestre suelen enfrentar, entre otras, situaciones adversas y dramáticas muy variadas:

> [...] algunas viven en contextos de marginación, pobre acceso a la información y a la educación, barreras geográficas, violencia intrafamiliar, situaciones de conflicto armado, situaciones excepcionales de salud y cambios inesperados en un embarazo que planeaban continuar (abandono de la pareja, pérdida del empleo, diagnóstico de una enfermedad o detección de malformaciones).[16]

En esta misma línea, cabe enfatizar en la frecuencia con que las relaciones sexuales que derivan en un embarazo tienen lugar en entornos de violencia doméstica o de violación, además de que más de la mitad de los embarazos en casi todos los países de América Latina, son no deseados.[17] Como afirmaba MacKinnon, la política del aborto ignora que las mujeres suelen quedar embarazadas tras un coito que tiene lugar en relaciones de profunda desigualdad.[18]

A partir de la permisión más amplia —por la sola voluntad de la mujer— las *normas restrictivas* se desgranan en una variedad de prohibiciones con distintos grados de severidad que regulan distintos sujetos (profesionales de la medicina y mujeres),[19] servicios, comportamientos (abortar o practicar un aborto), insumos (medicamentos para el aborto) o incluso contenidos específicos de ciertos derechos como la confidencialidad y la información. De esta manera las restricciones configuran "paquetes" de medidas que, a partir del delito de aborto, se desgranan en medidas regulatorias que abarcan diversas dimensiones relacionadas con el acceso al servicio de salud y "aprisionan" a las mujeres en una espiral de prohibiciones a las cuales deben subordinar sus vidas tal como se explicará en este libro.

Es decir que, cuando los regímenes de "excepción"[20] en los que tiene lugar la práctica *regular* del aborto, contienen disposiciones que lo permiten, las mujeres se enfrentan también a barreras de acceso que incluyen no solo múltiples barreras administrativas, sino contradicciones derivadas de las normas,[21] ausencia de lineamientos o protocolos de atención, y prácticas como la objeción de conciencia, la negación colectiva o institucional del servicio, la quiebra de confidencialidad e incluso interferencias judiciales, que convierten el aborto no en un servicio de salud sino en el origen de un *vía crucis*[22] para quienes lo requieren y demandan, en buena medida como resultado del estigma al que se le asocia por ser un delito.[23]

Pese a esto, América Latina ha visto emerger en décadas recientes una combinación de reformas legislativas, jurisprudencia constitucional o de otras cortes y lineamientos o protocolos para la prestación del servicio, entre otras, que han contribuido a avanzar una agenda proliberalización y también a mejorar el acceso a los servicios de aborto legal.[24] Agenda que, sin embargo, no ha logrado desplazar el entorno de alta restrictividad del aborto y barreras de acceso que imperan en la región.[25]

Este libro se sitúa entonces en el marco del aborto como un problema importante de salud pública, y de alta restrictividad en términos normativos, aunque no pretende revisar el impacto ni los efectos del aborto inseguro, que operan como telón de fondo, sino comprender el fundamento de las restricciones.

Anotaciones sobre la metodología

Rita Segato en su texto sobre la crítica de la colonialidad sitúa sus trabajos en el campo de una antropología por demanda (que abarca por ejemplo el acompañamiento a organizaciones de mujeres indígenas, la realización de talleres y la colaboración en la presentación de leyes) que ella define como litigante, en tanto busca contribuir con un vocabulario que les permita a las comunidades "construir retóricas que sustenten sus metas históricas". La defensa de tales metas al ser litigante, "vocacionalmente está emparentada con la justicia" y ubica al observador, en un primer momento, en una posición "plenamente política porque tiene que tomar decisiones sobre las preguntas que es relevante hacer y las categorías que orientarán la investigación".[26]

En esta misma línea, pero desde otro campo de saber, este libro, concebido desde la mirada transdisciplinaria de mi ejercicio profesional como médica especialista en el campo de la salud y los derechos reproductivos, como activista y partícipe de foros regionales con gobiernos y con la sociedad civil, convierte en objeto de análisis la observación privilegiada y el estudio juicioso que he hecho sobre los debates públicos nacionales y regionales relativos a la liberalización y penalización del aborto a lo largo de los últimos quince años en América Latina. Se trata de una mirada crítica desde el feminismo en lo que ciertamente constituye una meta histórica, del movimiento feminista en la región: la despenalización total del aborto.

En relación con la mirada transdisciplinaria, me refiero aquí a una formación académica que tiene lugar en un primer momento en la medicina, en un segundo momento en las ciencias sociales y la investigación cualitativa, y en un tercer momento en la ética y la salud pública. Y me refiero además a una práctica profesional centrada en la defensa de los derechos humanos de las mujeres con especial énfasis en el campo de la sexualidad y la reproducción, atravesada de manera muy significativa por el derecho y especialmente por los derechos humanos. En este sentido, la pregunta que origina este libro es sobre la "necesidad" de formular nuevos argumentos para acompañar la disputa por sentidos y significados propia de las luchas por la legalización del aborto en América Latina y a nivel global. La aproximación intelectual a todos los debates involucrados en esta disputa se produce también desde distintos lugares. Como especialista, como investigadora, como formuladora de políticas públicas, como activista y como protagonista de esta batalla en América Latina durante los últimos quince años.[27]

Mediante un ejercicio inductivo, desde esos lugares —como protagonista, observadora especialista y estudiosa— he identificado la existencia de un conjunto variable de normas restrictivas en prácticamente la totalidad de los países latinoamericanos relativas al delito de aborto, a la práctica de la objeción de conciencia, al establecimiento de límites variables a la edad gestacional o relativas al acceso a los medicamentos para el aborto; pero también normas que acompañan los distintos modelos de regulación de aborto. Como se explica ampliamente en el Capítulo 2 de este libro, las normas restrictivas en este texto hacen referencia a normas formales del derecho positivo y a normas informales o sociales (prácticas), que son coercitivas, penalizan, sancionan o crean barreras y que limitan o restringen el acceso a la información y los servicios de aborto, produciendo cargas desproporcionadas u onerosas sobre las mujeres.

Las reflexiones propuestas en este libro sobre las normas restrictivas y el significado que se les atribuye como expresión del menor valor que a través de estas se asigna a la vida de las mujeres, son el resultado de una amplia experiencia de trabajo y participación en diversos foros de discusión latinoamericanos —y algunos nacionales e internacionales— tales como los procesos de definición de estrategias políticas que incluyen los consensos para avanzar la aplicación de las causales salud y violación en América Latina[28] y también de la realización de investigaciones sobre aborto o del estudio de estas y, en especial, de los argumentos utilizados en este debate.[29]

Una buena parte de esta experiencia se encuentra plasmada en una amplia gama de publicaciones, investigaciones, estrategias de implementación, incidencia política y debates convocados, o bien desde la sociedad civil, o bien desde distintos espacios intergubernamentales.[30] De esta manera, el análisis que realizo en este libro —y que se ofrece primordialmente como una construcción teórica sobre aquello que informa las normas restrictivas en la región de América Latina— se alimenta de una "doble fuente". Por un lado, de las investigaciones, debates e iniciativas regionales[31] y nacionales[32] sobre el tema de las que fui parte, y por el otro, de la revisión de un conjunto de fuentes secundarias representadas en textos legales (normas, disposiciones), en reportes de investigación y en documentos de denuncias sobre algunas prácticas restrictivas que fueron identificadas a partir de mi observación y participación en los debates sobre aborto e incluso en la formulación de algunas de esas normas.[33]

La evidencia aquí presentada y analizada sigue la lógica de un estudio de casos múltiples que tiene una función descriptiva, en tanto se orienta a presentar un conjunto amplio de evidencia sobre normas restrictivas en torno al aborto, y también una función explicativa en virtud de la cual los casos se constituyen en parte del argumento teórico.[34] Es así como la descripción de los rasgos que son inherentes a las normas restrictivas sirve en este libro para hilar la idea de que estas son informadas por el valor que se asigna a la vida, es decir, por la biolegitimidad, la tesis principal de este trabajo.

Estos casos múltiples surgen de la evidencia empírica recolectada en forma sistemática, y se enfocan exclusivamente en las normas formales e informales sobre aborto que son restrictivas. Es decir, entran en el universo de este trabajo a partir, justamente, de lo que las define como restrictivas.

No se trata de una muestra ni de una selección representativa sino más bien de casos que son, en sí mismos, parte del argumento teórico y por ello el trabajo no busca ni comparación ni representatividad numérica —en cuanto a la cantidad de normas o prácticas—, ni geográfica —en cuanto a los países sobre los que traigo normas para hilar el argumento teórico—, aunque estos correspondan a la casi totalidad de países de habla hispana en América Latina. En este sentido las afirmaciones sobre las normas restrictivas no son generalizaciones sino aspectos de las normas a partir de las cuales se delinea la tesis de este libro.

Con este fin, la evidencia se ordenó en una base de datos de normas restrictivas en la que se consignaron un conjunto de aspectos de cada norma[35] o práctica,[36] a partir de distintas fuentes: bases de datos globales o regionales sobre normas de aborto, cuerpos normativos, publicaciones en revistas o libros científicos, y contacto con contactos clave por país. Los casos contribuyen en este trabajo, a identificar patrones —las restricciones— y constituyen argumentos teóricos mediante una generalización analítica.[37] En otras palabras, los múltiples casos —identificados *a priori*— reflejan restricciones (patrón previsto) y a partir de ellas y con ellas, sirven para desarrollar el argumento teórico propuesto en este libro en diálogo con los teóricos de la biolegitimidad.

En total se revisaron más de 50 normas que abarcan un amplio período de tiempo y se encuentran consignadas como Referencias (normas formales) en el Capítulo 2.[38] Adicionalmente se revisaron textos que discuten algunas de las que acá denominamos normas informales. La información validada se refiere principalmente a los siguientes 14 países: Argentina, Brasil, Bolivia, Colombia, Costa Rica, Chile, Ecuador, El Salvador, Honduras, México, Paraguay, Perú, República Dominicana y Uruguay.

A partir de esta casuística el libro se propone revisar las normas restrictivas sobre aborto, como un *caso paradigmático* del ejercicio del poder a través de las normas. Un caso que es paradigmático en un doble sentido. Primero, porque pese a que el aborto abarca una necesidad en salud el Estado utiliza de múltiples formas su poder punitivo —con la penalización total del aborto como telón de fondo— en todos los países de América Latina. Segundo porque está regulado de manera desproporcionada produciendo obstáculos para el acceso al aborto. Entre los rasgos que contribuyen a la denominación de este como un caso paradigmático se pueden mencionar: (1) Se trata de reglas que no funcionan. Por lo general las normas restrictivas en materia de aborto conviven con una práctica generalizada de abortos clandestinos, y puede pasar que no se apliquen las condenas a las mujeres o a los proveedores que incurren en el delito del aborto. (2) Se trata de normas que producen inequidad e injusticia. En general se sabe que son las mujeres más pobres las que se ven afectadas por la prohibición total, pues las mujeres que cuentan con recursos económicos pueden acceder al aborto de manera privada y segura aun cuando sea ilegal, mientras que las otras lo hacen regularmente de manera insegura o no lo hacen. (3) Se trata de una norma que produce daño. La prohibición total del aborto se asocia con la oferta de abortos clandestinos en la que proliferan los abortos inseguros realizados por profesionales sin las debidas competencias técnicas o los requerimientos de asepsia, produciendo en las mujeres que los realizan, complicaciones que pueden abarcar hasta la infertilidad o la muerte. (4) Se trata de normas que no resuelven el problema que dicen abordar. En términos generales se sabe que la prohibición del aborto no impide su práctica y adicionalmente, los países que cuentan con las leyes más liberales son aquellos en los que la magnitud del fenómeno y sus complicaciones son significativamente menores.

La coerción contenida en este tipo de normas, además, afecta de manera más dramática y concreta a un tipo de mujeres: las más pobres, negras, indígenas o jóvenes[39] —produciendo y reproduciendo la desigualdad propia del orden de género patriarcal—.[40]

Como veremos en detalle, los tipos de restricción contenidos en las normas aquí analizadas abarcan leyes penales, sentencias judiciales, normas sanitarias o regulaciones de distintos órdenes que establecen sanciones civiles, éticas, económicas o castigos sociales y de reeducación, reglas que expresamente contravienen la normativa sobre derechos concretos, y reglas que prohíben el uso de una tecnología o la restringen injustificadamente. Abarcan también prohibiciones legales que consignan la exigencia de requisitos desproporcionados que en general subordinan las decisiones de las mujeres a un tercero que puede ser el *médico*, el equipo de salud, *el psicólogo o el juez*.[41] Y por último abarcan un conjunto de prácticas, normas informales o normas sociales, que proliferan al amparo de las reglas formales —o a veces ante su ausencia— las cuales buscan sancionar y castigar (normalizar) a las mujeres que procuran un aborto.[42]

Según la casuística que incluye este libro, las normas son restrictivas de distintas maneras de acuerdo con: (1) *el tipo de castigo* que usan, por ejemplo, el derecho penal o las sanciones civiles, (2) *las consecuencias* que comportan sobre la vida, la salud y la libertad de las mujeres, y (3) *la severidad* de las prohibiciones en donde la más fuerte tiene lugar cuando a las mujeres se las condena por aborto.[43] Estas características dan lugar a distintos modelos de penalización/despenalización, y a instancias de ellos, las normas restrictivas se desgranan en una variedad de tipos o casos que pueden clasificarse según distintos criterios: (1) el tipo de sanción o prohibición y su severidad, (2) el sujeto o ámbito al que se dirige la prohibición, (3) las consecuencias que produce, (4) sus efectos, (5) la restricción sobre el servicio, (6) la prohibición o limitaciones sobre un medicamento (misoprostol), y (7) la sanción por un comportamiento.

Finalmente, considero importante hacer un par de advertencias acerca de los alcances de este trabajo. En primer lugar, este trabajo no se propone como he mencionado antes, un análisis comparado sobre las normas restrictivas entre países de América Latina ni tampoco profundiza en el caso particular de ninguno de ellos. Al contrario, la tesis principal que acá se presenta afirma la preeminencia de la biolegitimidad como el sedimento común de las normas restrictivas que se encuentran en distintos países y que, por otra parte, varían en intensidad y requisitos. Normas que, además, como he dicho, han sido identificadas e incluidas en este trabajo porque expresan prohibiciones. En segundo lugar, y ligada a la primera advertencia, en ningún momento la tesis acá desarrollada desconoce las diferencias históricas y de contexto existentes entre los distintos países que tienen normas restrictivas. Sin embargo, propongo que más allá de las mismas, en todos prevalece un orden de género patriarcal expresado en distintos ámbitos y que en relación al aborto subordina la vida de las mujeres que rehúsan el destino de la maternidad a la heteronomía propia de las normas del derecho positivo, o a las normas informales o sociales que rodean la práctica del aborto. Claramente, la intensidad de las normas se relaciona con elementos históricos y culturales que no serán objeto de análisis en este texto y estos, sin duda, explican las diferencias relacionadas con tal intensidad variable en cuanto a las restricciones contenidas en distintas normas.[44] La tercera advertencia es que si bien este trabajo se centra en las normas restrictivas, no desconoce por ello los grandes avances que se han conseguido en la región —desiguales entre países— en torno al aborto legal y seguro. De un lado, como activista y artífice de algunos de ellos, reconozco los cambios logrados hacia la liberalización que han tenido lugar en medio de intensas disputas contra las fuerzas conservadoras cuya contramovilización constituye junto con la movilización proliberalización, una verdadera batalla legal por el aborto.[45] Tales avances son atribuidos especialmente a la movilización feminista que utilizando el derecho y el marco de los derechos humanos[46], así como otras herramientas epistémicas y otros campos de saber —entre los que destacan por ejemplo la salud pública—, han erosionado los modelos basados exclusivamente en la penalización del aborto, dando como resultado modelos menos coercitivos y normas de más baja intensidad que son a mi juicio insuficientes, incompletas e imperfectas. Finalmente, el foco de la discusión en la biolegitimidad de las mujeres que transitan la vida reproductiva, no implica ignorar el valor que tiene la vida potencial del feto. Sin embargo, en materia de aborto la tesis de este libro se afirma en las teorías que parten de considerar a la mujer embarazada una unidad y en este sentido, entiendo la protección del feto como parte de la intención de la maternidad por parte de las mujeres.

Así pues, el problema que se aborda en este libro es la persistencia de un conjunto amplio y variable de normas restrictivas como un elemento clave de la economía moral del aborto en América Latina, reconociendo que el debate sobre aborto, tanto como las normas que lo regulan, está atravesado por un conjunto de valoraciones morales a partir de las cuales, como sostengo en este libro, las normas son informadas por la biolegitimidad.[47]

Tres afirmaciones que enmarcan esta conversación

Este libro se propone un diálogo con la noción de biolegitimidad introducida por Didier Fassin[48] complejizada y enriquecida con otras como la precariedad y la desposesión,[49] a partir de las normas restrictivas sobre aborto en América Latina. Este diálogo, sin embargo, se enmarca en un universo conceptual y teórico más amplio, que fue apareciendo a medida que desarrollaba el trabajo. En cierta manera, pensar en las normas, en las restricciones y en el aborto, desde una perspectiva ética feminista como la que acá asumo, me obligó a sumergirme en una variedad de temas de los cuales estoy lejos de ser una experta. Sin embargo, estudiarlos y entenderlos fue fundamental para hacer propias un conjunto de afirmaciones que operan como telón de fondo en el libro.

Destacan de este universo conceptual, tres ejes o dimensiones, a partir de los cuales asumo como propias una serie de afirmaciones que van a aparecer a lo largo del texto y que se enuncian a continuación.

La primera afirmación que permea toda el texto, es que vivimos en sociedades patriarcales —erosionadas por las luchas feministas— cimentadas en una serie de sistemas de opresión[50] que articulados entre sí, marginan, excluyen u oprimen a las mujeres de distintas maneras incluyendo la que será resaltada a los efectos de la tesis que se propone este libro: subordinando sus vidas, tanto en un sentido biológico como biográfico. Este patriarcado,[51] objeto de crítica desde el feminismo,[52] estructura un orden de género que se expresa en una serie de hechos que incluyen la violencia de género[53] y el feminicidio,[54] la brecha salarial[55] o la falta de ingresos propios,[56] una bajísima representación política[57] y la persistencia de normas restrictivas sobre aborto por mencionar algunos ejemplos relativos a distintas dimensiones de la autonomía de las mujeres (económica, política y física) que se ven limitadas por las relaciones de poder propias de este sistema.[58]

Interesan a este texto las relaciones patriarcales en el Estado por estar dentro de este, el campo del derecho y el ejercicio de la medicina, normalizadores como veremos, de las restricciones sobre aborto. Según Sylvia Walby, no se trata de un sistema que opera en una lógica "uno a uno" en la que cada hombre está en posición de dominación con cada mujer, sino de un sistema de relaciones basado en seis estructuras y cuyas expresiones son variables entre distintos grupos de mujeres y de hombres.[59] En el sedimento de la interacción entre estas distintas estructuras encontramos la menor legitimidad de la vida de las mujeres que sostiene la persistencia y variabilidad —según cada contexto sociocultural— de las normas restrictivas sobre aborto, que se arraigan en un orden moralizado por estas diversas instituciones y estructuras. Los discursos que emergen de esta interacción se ocupan centralmente de la vida prenatal como el límite material para una defensa amplia de la vida de las mujeres, y cuando se ocupan de esta última, se concentran en su dimensión biológica más no en su dimensión biográfica.[60]

La segunda afirmación que tomo como propia en el texto, es que el campo del derecho, —un campo de dominación—[61] tanto como la práctica médica, están embebidos en este orden moral patriarcal, al mismo tiempo que lo reproducen, "normalizando," por ejemplo, las restricciones relativas al aborto. Entrar en el campo jurídico supone aceptar que existe un espacio en el cual los conflictos se pueden resolver jurídicamente —neutralmente—; un espacio en el cual se constituyen realidades, y en el cual se usa el derecho para resolver el conflicto.[62] Esto podría explicar, en parte por qué se mantiene el aborto en los códigos penales como delito con excepciones, pero al fin, *como delito*.[63] El entramado en el que tienen lugar las normas restrictivas que *normalizan* el tratamiento del aborto como un delito con excepciones en América Latina[64] se nutre del poder punitivo del Estado instaurando formas de violencia física y simbólica[65] operadas principalmente desde el campo jurídico. Instaladas en este campo (normativo) buscan legitimar las prácticas de control sobre la reproducción.

Pero la ley penal, desde la teoría del minimalismo,[66] expande la injusticia a través del dominio criminal en el que se resuelve cuáles conductas punir o proscribir y qué tan severo castigar, y en este sentido, el sistema de justicia penal se ha utilizado, como afirma el autor, para *fines inmorales*. Es por ello que, la mayoría de quienes son castigados son aquellos que están social y económicamente en situación de desventaja, tal como lo están las mujeres que sufren las consecuencias de la implementación de las normas restrictivas en materia de aborto, como veremos más adelante.[67] Desde una perspectiva feminista el derecho penal y el uso del poder punitivo del estado en un sentido más amplio[68] interfieren de manera ostensible con la autonomía individual, en el sentido de la libertad de ser uno mismo y disponer del propio futuro, pues "está más condicionada para las mujeres que para los hombres," cuando no pueden dominar su cuerpo plenamente y deben subyugarlo a una larga serie de poderes heterónomos.[69] Tamar Pitch indica que "el acontecimiento de la concepción e incluso el eventual deseo, no implica un proyecto y menos aún, deseo de maternidad" siendo la primera injusticia hacia las mujeres desde el derecho penal, sustraerles el poder de decidir una vez que han concebido.[70]

Es así como ciertas materias, y entre ellas sin duda el aborto, han sido objeto de regulación tanto por parte de la moral como del derecho. Y quizá por ello, aunque el aborto, a juicio de eticistas como Maria Clara Dias[71] o de filósofos del derecho como John Rawls[72] y Ronald Dworkin,[73] debería ubicarse en el ámbito de la moral estrictamente privada protegiendo de esta manera una zona de libertad para las mujeres; el poder patriarcal ha utilizado el derecho como campo normalizador, para instruir la actuación de las mujeres cuando se trata de tomar decisiones sobre aborto, despojándolas de la igualdad de derechos.[74] El aborto ha sido motivo de *corrección* externa mediante formas punitivas formales e informales, haciendo que su ilegalidad persista mientras las mujeres siguen practicándolo aún bajo el manto de esa "ilegalidad" reflejando con ello que las reglas y principios que las guían en sus decisiones distan del castigo que se les impone mediante la punición.

Dados los costos de la criminalización, cuando una prohibición legal particular supera los límites de la legitimidad moral, es en sí misma, un delito moral serio, afirmando como explicaremos en esta tesis que el uso del poder punitivo del Estado en materia de aborto define el momento en que este se convierte en un asunto moral.[75]

La tercera afirmación, es que existe una ética feminista que es crítica de la moral patriarcal —fundamento del conjunto de normas restrictivas sobre aborto en América Latina— y de la cual es tributaria la crítica propuesta en este libro a partir de la noción de biolegitimidad. Una teoría crítica[7677] de la opresión y la desigualdad características de la vida de las mujeres en las sociedades patriarcales, que sirven telón de fondo a nuestras sociedades contemporáneas. Para operar su sistema de dominación[78] estas sociedades han instituido el sistema moral del género que las sustenta y reproduce.[79] Como afirma Alison M. Jaggar,[80] toda ética feminista busca articular críticas morales a las acciones y prácticas que perpetúan la subordinación de las mujeres y prescribir formas de resistirlas que sean justificables moralmente. La ética feminista se dirige, justamente, a desarticular el régimen político del género y la moral del patriarcado, sus valores, la forma (el sujeto, la voz y la acción) así como la clave androcéntrica en que fueron adoptados, y que funciona manteniendo los cuerpos de las mujeres como una propiedad que deben asegurar. De esta manera, la tesis que acá desarrollo es, en esencia, una crítica desde la ética feminista.[81] En este sentido, la crítica a las normas restrictivas que desarrollo en el libro asume que la menor legitimidad de la vida de las mujeres es contraria a la ética feminista, primero porque elige unas vidas por sobre otras, y segundo porque no es justa para ellas, por el hecho de ignorar su proyecto de vida.

Las preguntas que responde el libro

Este libro se propone, por un lado, introducir la pregunta por el menor valor de la vida biográfica de las mujeres y, por el otro, introducir la pregunta sobre la centralidad de la vida biológica para informar las normas restrictivas sobre aborto como una línea argumentativa que es novedosa, entre otras porque plantea que en las normas restrictivas sobre aborto en América Latina se encuentra el fundamento de la afirmación sobre esa menor biolegitimidad de la vida de las mujeres. A partir de esta premisa, desarrollo la idea de que las normas restrictivas operan como un dispositivo de la moral patriarcal que determina lo que está bien, lo que puede y no puede hacerse cuando se trata del aborto, creando una economía moral[8283] que regula la vida y la existencia de las mujeres, lo que se acepta o no, lo que tiene o no tiene valor, las vidas que valen la pena vivir y las que no, en función de su decisiones reproductivas.

Estos valores y normas que regulan la vida moral de las mujeres se intersecan con otros sistemas de opresión como la clase, la etnia y la raza llevando a grados más o menos intensos de valoración hacia distintas mujeres. El aborto se convierte, entonces, en una pieza clave de la economía moral del género, —del patriarcado—, donde el clásico dilema que ha mantenido el aborto en el ámbito de la punición se funda en una narrativa que contrapone a un feto inocente ("persona inocente") con una mujer que contraría el orden que le impone el deber reproductivo.

Este libro plantea una tesis que puede resumirse en una simple secuencia: el feto representa el interés preferente en las normas restrictivas sobre aborto; su legitimidad es otorgada a partir de una sobrevaloración de la vida biológica — la vida misma, la vida como tal, *el zoe*—; la vida de las mujeres que rehúsan la maternidad emerge con un menor valor con respecto al feto y cuando aparece, su valor está asociado a la vida biológica y supeditado a la heteronomía propia de las normas restrictivas; y la vida biográfica —la vida política, *la bios*, la vida activa— es la dimensión subordinada en cuanto al valor que se le asigna.[84] El concepto de biolegitimidad alrededor del cual se estructura la tesis de este libro fue desarrollado por Didier Fassin,[85] y es tributario de las políticas de la vida de Hannah Arendt, Michel Foucault, Nikolas Rose y Sarah Franklin,[86] pero pone el acento en el valor que se asigna a la vida, y en particular a la vida biológica, y al alcance que esta valoración tiene para informar, en nuestro caso, las normas sobre aborto.[87]

A partir de la introducción, el libro se desarrolla en cuatro capítulos. El primero y el segundo presentan respectivamente, el marco teórico a partir de la noción de biolegitimidad introducida por Fassin, y la evidencia de las normas restrictivas en América Latina. El tercero desarrolla la idea o tesis central del libro a partir del diálogo entre la biolegitimidad y las normas restrictivas en América Latina, y el cuarto capítulo por último desarrolla algunas conclusiones.

De esta manera el libro ofrece una línea argumentativa novedosa que no se encuentra recogida en el debate sobre el aborto y que podría utilizarse no solo en el contexto de América Latina, sino también en un nivel más amplio toda vez que el sustrato de las normas restrictivas comparte la subvaloración de la vida de las mujeres en los distintos regímenes de aborto que conocemos alrededor del mundo. Pero este libro es también una contribución significativa al campo de los estudios sobre el aborto, en tanto ofrece una lectura teóricamente informada de las normas con su respectivo análisis empírico, brindando un completo panorama regional sobre el tema. Por otro lado, el libro podría contribuir a otros campos de estudio que utilizan la literatura sobre biopolítica o biolegitimidad para el estudio de otros problemas sociales, ya que esta literatura está menos informada por una perspectiva feminista como la que aquí se desarrolla. Un aporte similar ofrece para los estudios de la bioética que en América Latina no abarcan una mirada del aborto desde la teoría de la biolegitimidad recuperando el debate sobre asuntos morales que de un modo general son tratados de manera restrictiva por los opositores a la liberalización del aborto.

Notas

1. Marge Berer, "Abortion law and policy around the world: in search of decriminalization", *Health and Human Rights Journal* 19, no. 1 (2017): 13, http://www.ncbi.nlm.nih.gov/pmc/articles/PMC5473035/. Abortion Law and Policy Around the World: In Search of Decriminalization. Traducción libre.
2. World Health Organization, "Global Abortion Policies Database", 2018, https://abortion-policies.srhr.org/.
3. Vale destacar, no obstante, que algunos de los países con leyes más amplias, vienen introduciendo paulatinamente restricciones que impiden el acceso a los servicios. Susheela Singh, Lisa Remez,

Gilda Sedgh, Lorraine Kwok y Tsuyoshi Onda, *Abortion Worldwide 2017. Uneven Progress and Unequal Access* (Nueva York: Guttmacher Institute, 2017), https://www.guttmacher.org/sites/default/files/report_pdf/abortion-worldwide-2017.pdf.

4. Singh, et al., *Abortion Worldwide.*
5. Es importante anotar, como bien afirma la OMS que el aborto es una práctica sencilla y económica cuando se realiza por parte de profesionales debidamente entrenados y con las técnicas que corresponden a cada período de la gestación. Organización Mundial de la Salud –OMS–, *Aborto sin riesgos: guía técnica y de políticas para sistemas de salud* – 2.ª ed. (Ginebra: OMS, 2012), https://apps.who.int/iris/bitstream/handle/10665/77079/9789243548432_spa.pdf;jsessionid=984AFD341825F8C44E022D36C81EFC1B?sequence=1.
6. "Las complicaciones severas que se derivan del aborto inseguro —especialmente cuando no son tratadas— contribuyen a la morbilidad materna y algunas veces a la discapacidad en el largo plazo y mortalidad materna". Singh, et al., *Abortion Worldwide*, 11
7. "Se estima que la mitad de todos los abortos en Colombia son inducidos mediante el uso del medicamento misoprostol. El inadecuado conocimiento de los proveedores sobre protocolos basados en evidencia, así como la falta de información de las mujeres sobre cuándo y cómo usar el medicamento, pueden conducir a la tasa de complicaciones innecesariamente alta (32%, total que comprende el sangrado abundante o aborto incompleto, que hace que las mujeres busquen atención en instituciones de salud). Las mujeres que son pobres y viven en áreas rurales tienen mayor probabilidad de recurrir a parteras tradicionales o a autoinducirse un aborto por otros medios, en lugar de usar misoprostol". Elena Prada, Susheela Singh, Lisa Remez y Cristina Villarreal, *Embarazo no deseado y aborto inducido en Colombia: causas y consecuencias* (Nueva York: Guttmacher Institute, 2011), 5, https://www.guttmacher.org/sites/default/files/report_pdf/embarazo-no-deseado-colombia_1.pdf.
8. A nivel global, los casos fatales relacionados con el aborto (número de muertes por cada 100 mil abortos inducidos), cayeron en un 42%. La mayor letalidad sigue estando en África, y en América Latina y el Caribe (22 por 100 000). Singh, et al., *Abortion Worldwide*, 33.
9. "En contextos altamente restrictivos, los abortos clandestinos son actualmente más seguros y pocos ocurren con el uso de métodos peligrosos e invasivos. Las mujeres utilizan, de manera creciente, los métodos médicos para el aborto —especialmente el componente misoprostol—, dado que es, típicamente, más accesible en estos contextos… el uso del misoprostol es todavía elevado en América Latina, donde el medicamento es ampliamente conocido y se encuentra disponible mediante fuentes informales desde las dos pasadas décadas". Singh, et al., *Abortion Worldwide*, 5, 27.
10. En este sentido, además, las prohibiciones no han operado nunca para reducir su práctica y en cambio sí, para mantener su lesividad. En Colombia el 99% de los abortos siguen siendo ilegales y hay un aumento de las complicaciones por cada mil mujeres (de 7,1 a 9). Prada, et al., *Embarazo no deseado.*
11. Este tema es objeto del Capítulo 2 de este libro.
12. Todos los países de América Latina mantienen disposiciones sobre aborto en el código penal. Ana Cristina González-Vélez, "Una mirada analítica a la legislación sobre interrupción del embarazo en países de Iberoamérica y el Caribe", *CEPAL – Serie Mujer y Desarrollo*, no. 110 (2011): 1–51, https://repositorio.cepal.org/bitstream/handle/11362/5837/S1100855_es.pdf?sequence=1&isAllowed=y.
13. "El 81% de las mujeres que habitan los países desarrollados, viven bajo leyes que permiten el aborto sin restricciones, mientras que esta proporción alcanza solo el 29% cuando se trata de

las mujeres que viven en los países en desarrollo. Adicionalmente, la proporción de mujeres que habitan los países en los que la permisión del aborto es mayor, se incrementa con el ingreso, pasando de 19% en los países de ingresos bajos a 80% en los de ingresos altos". Singh, et al., *Abortion Worldwide*, 15 (traducción propia).

14. Además de Guyana que lo permite hasta la semana 8, y Cuba en el Caribe. El caso más reciente de liberalización fue el de Oaxaca (septiembre de 2019).
15. Singh, et al., *Abortion Worldwide*, 11.
16. María Paula Houghton, Laura Gil y Ana Cristina González-Vélez, *Interrupción voluntaria del embarazo y edad gestacional: razones y ventajas de un marco legal garantista* (Bogotá: Grupo Médico por el derecho a decidir, 2014), 15.
17. Catharine A. Mackinnon, *Hacia una teoría feminista del Estado* (Madrid: Cátedra, 1995).
18. "La enorme mayoría de los abortos resultan de embarazos no planeados. Las tasas estimadas de estos embarazos en países desarrollados y en desarrollo, son de 45 y 65 por 1000 entre mujeres de 15–44 años, respectivamente (2010–2014). Aunque ambos valores reflejan descensos desde los años 90, las tasas actuales más altas de todas están en América Latina y el Caribe (96 por 1000)". Singh, et al., *Abortion Worldwide*, 11.
19. Con el fin de evitar el uso de "las" y "los" que cabría para hacer de este un texto con lenguaje inclusivo de manera que se minimice el masculino universal y otros usos androcéntricos del español, a lo largo del libro aparecerán fórmulas neutras y también se alternará el femenino como fórmula universal cuando sea posible.
20. Penelope Deutscher, "The inversion of exceptionality: Foucault, Agamben, and 'Reproductive Rights'", *South Atlantic Quarterly* 107, no. 1 (2008): 55–70, https://doi.org/10.1215/00382876-2007-055.
21. Ministerio de Salud y Protección Social de Colombia, *Compilación analítica de las normas sobre salud sexual y reproductiva en Colombia*, coordinado por Ana Cristina González-Vélez (Bogotá: UNFPA, 2014), https://www.minsalud.gov.co/sites/rid/Lists/BibliotecaDigital/RIDE/VS/PP/compilado-normativa-salud-sexual-reproductiva.pdf.
22. Mahmoud F. Fathalla, *Why did Mrs X die? Launch of the Safe Motherhood Movement International Conference on Safe Motherhood.* (Nairobi: The lectures and speeches of Professor Mahmoud F. Fathalla, 1987).
23. Ana Cristina González-Vélez y Laura Castro, *Barreras de acceso a la Interrupción Voluntaria del Embarazo de las mujeres en Colombia* (Bogotá: La Mesa por la Vida y la Salud de las Mujeres, 2017).
24. Berer, "Abortion law and policy"; Ana Cristina González-Vélez y Paola Bergallo, *Repertorios juridizados de la movilización por la liberalización del aborto en América Latina* (en prensa, 2018); Alba M. Ruibal, "Movilización y contra-movilización legal. Propuesta para su análisis en América Latina", *Política y Gobierno* 22, no. 1 (2015): 175–198, http://www.scielo.org.mx/pdf/pyg/v22n1/v22n1a6.pdf. El acceso a los servicios de aborto es difícil por las barreras frecuentes y crecientes, pero también porque los regímenes de permisión como veremos en el libro, además de ser variables operan en el marco del delito de aborto, e incorporan una amplia variedad de requisitos. En todo caso no es objeto de este libro explicar que tanto la agenda ha avanzado o no, sino profundizar en la biolegitimidad como un elemento central que informa las políticas de aborto en la región.
25. Berer, "Abortion law and policy".
26. Rita Segato, *La crítica de la colonialidad en ocho ensayos y una antropología por demanda* (Buenos Aires: Prometeo Libros, 2015), 14–15.
27. Como afirman algunos autores, aunque la definición de experto es imprecisa, se puede entender que esta comprende a quienes desempeñan una labor particular de especialistas en su campo,

"atesorando conocimientos, experiencia, capacidad predictiva y objetividad". Aimar Rubio Llona, "Sexual orientation, violence and human rights in Africa: South African case study" (tesis doctoral en Estudios sobre el desarrollo y la cooperación internacional, Universidad del País Vasco, 2014), 35.

28. Ana Cristina González-Vélez, Viviana Bohórquez Monsalve, Laura Castro González, Line Bareiro y Catalina Ruiz-Navarro, *Las causales de la ley y la causa de las mujeres. La implementación del aborto legal en Colombia: diez años profundizando la democracia*, coordinado por Ana Cristina González-Vélez y editado por Miriam Cotes Benítez (Bogotá: La Mesa por la Vida y la Salud de las Mujeres, 2016), https://www.rednacionaldemujeres.org/phocadownloadpap/causas_ley_.pdf.
29. González-Vélez, "Una mirada analítica"; Ana Cristina González-Vélez y Diana Esther Guzmán, "La juridificación del campo de la salud sexual y reproductiva en Colombia", en *El aborto en América Latina. Estrategias para luchar por su legalización y enfrentar las resistencias conservadoras*, compilado por Paola Bergallo, Isabel Cristina Jaramillo Sierra y Juan Marco Vaggione (Argentina: Siglo Veintiuno Editores, 2018).
30. La información sobre los procesos regionales latinoamericanos (causal salud, causal violación), los procesos nacionales (causal malformación fetal y edad gestacional), así como los seminarios regionales sobre la objeción de conciencia, y los artículos sobre aborto publicados en revistas científicas se encuentran referenciados en la bibliografía. Adicionalmente, he realizado presentaciones en foros internacionales y regionales sobre objeción de conciencia (congreso FIGO y congresos sobre ginecología y obstetricia en Colombia), o sobre aborto (Conferencias regionales sobre la mujer y sobre población y desarrollo de la CEPAL) y he participado en Congresos regionales de derechos reproductivos y del Consorcio Latinoamericano contra el Aborto Inseguro/CLACAI.
31. A manera de ejemplo, véase: González-Vélez y Guzmán, "La juridificación del campo de la salud sexual"; Ana Cristina González-Vélez e Isabel Cristina Jaramillo Sierra, "Legal knowledge as a tool for social change: La Mesa por la Vida y la Salud de las Mujeres as an expert on Colombian abortion law", *Health and Human Rights Journal* 19, no. 1 (2017): 109–118, https://www.ncbi.nlm.nih.gov/pubmed/28630545; Ana Cristina González-Vélez, *Aborto legal: regulaciones sanitarias comparadas en América Latina y algunos países de otros continentes* (Montevideo: IPPF, 2007); González-Vélez, "Una mirada analítica".
32. El trabajo nacional se centra, principalmente, en el proceso de implementación de la Sentencia de la Corte Constitucional de Colombia que en el año 2006 despenalizó el aborto en este país. Dicho trabajo ha sido liderado, entre otros actores nacionales, desde La Mesa por la Vida y la Salud de las Mujeres de la cual soy fundadora y activista. Este trabajo incluye, por ejemplo, mi liderazgo en la formulación del marco regulatorio que en el 2006 expidió el Ministerio de Salud para implementar el aborto legal, e incluye también mi participación en la elaboración de protocolos de aborto en la Argentina o en Costa Rica por citar algunos ejemplos. E incluye mi presencia como vocera en debates sobre aborto —no solo en foros académicos— sino en el Congreso de la República de Colombia o más recientemente en el de Argentina cuando se buscó aprobar el proyecto de ley de 2018. Para mayor información, consultar en la bibliografía las publicaciones realizadas con la Mesa.
33. Los documentos (normas, prácticas) revisados para la realización de esta publicación, se obtuvieron de las páginas oficiales del gobierno o del congreso de los diferentes países, e incluyen buscadores de sistemas legales como el de la Organización de los Estados Americanos –OEA– http://www.oas.org/juridico/MLA/sp/, de la Escuela de Salud Pública de la Universidad

de Harvard http://www.hsph.harvard.edu/population/abortion/abortionlaws.htm y de la Universidad Georgetown http://pdba.georgetown.edu/history.html. E incluyen también las normas compiladas en la base de datos global de la OMS: World Health Organization; o en el Center for Reproductive Rights https://www.reproductiverights.org/es/document/leyes-sobre-aborto-en-el-mundo-de-2014. O se obtuvieron también de investigaciones y artículos publicados en cada uno de los temas tratados, tal como se verá a continuación.

34. Robert K. Yin, *Estudo de caso: planejamento e métodos*. 3.ª ed. (Porto Alegre: Bookman, 2005).
35. Es importante aclarar que si bien las normas del derecho positivo son por definición restrictivas, en este caso la noción es útil para señalar los obstáculos múltiples que una mujer debe enfrentar cuando intenta resolver una necesidad de salud como el aborto.
36. Tema, número y año de la norma, orden, tipo de restricción, objeto de la restricción, comentarios, efectos.
37. Yin, *Estudo de caso*.
38. En cuanto al periodo de tiempo, las normas restrictivas que se han introducido en este análisis son normas vigentes —según las fuentes oficiales consultadas que se encuentran en la bibliografía— y han sido sujeto de intensa movilización y debate en la última década y media, sin importar el año en que fueron expedidas. Esta intensa movilización se asocia con el período post-Cairo (Conferencia Internacional sobre Población y Desarrollo de las Naciones Unidas, 1994) que se centra en la implementación de una agenda global, regional y nacional relativa a los temas de población y desarrollo, en la que es central la salud y los derechos reproductivos y el aborto.
39. Si bien son las más pobres, negras, indígenas, jóvenes o menos educadas quienes dejan su vida en el intento de abortar, son todas las mujeres —como ciudadanas— las que se ven afectadas por las normas restrictivas (ver introducción), pues son todas ellas las despojadas de sus cuerpos y sus decisiones. Las despojadas de su propia moral.
40. Suele decirse que si los hombres se embarazaran el aborto sería un mandamiento. Esta frase sin embargo, no es un mero slogan político y sintetiza una de las consecuencias más negativas del sistema sexo/género. Judith Butler, *Cuerpos que importan: sobre los límites materiales y discursivos del sexo* (Buenos Aires: Paidós, 2002), 29.
41. El uso del masculino en esta frase busca resaltar la injerencia mayoritaria de "hombres" en las decisiones reproductivas de las mujeres.
42. González-Vélez y Castro, *Barreras de acceso*.
43. De hecho como veremos más adelante, la penalización total del aborto suele acompañarse de la imposición de penas con cárcel tanto para las mujeres como para los proveedores que en algunos países incluso comportan penas más severas. Por ejemplo, en El Salvador el partido Arena, ha propuesto aumentar las penas por aborto de 30 a 50 años.
44. Las normas objeto de este libro tienen lugar en entornos sociales, políticos y jurídicos muy diversos como el que precedió la penalización absoluta del aborto en El Salvador o Nicaragua (Michelle Oberman, "Cristina's world: lessons from El Salvador's ban on abortion", *Santa Clara Univ. Legal Studies Research Paper, no. 17–13 y Stanford Law & Policy Review* 24 (2013), https://papers.ssrn.com/sol3/papers.cfm?abstract_id=2304988##), o el que ha permitido hasta la fecha la promulgación de una amplia y favorable jurisprudencia en Colombia, y que no obstante contiene prohibiciones del tipo de las normas restrictivas (regímenes de causales) que acá se estudian. La presencia de la iglesia junto con regímenes autoritarios o dictaduras, fue una constante en todos los cambios recientes hacia la penalización total (Chile, El Salvador, Nicaragua y República Dominicana) (Oberman, "Cristina's world"). En este caso se trata también de la persistencia de valores cristianos en el seno de las democracias latinoamericanas.

45. Siri Gloppen, Camila Gianella, Malcolm Langford, Rachel Sieder, Bruce Wilson, Daniel Brinks, Alicia Yamin, Julieta Lemaitre, Paola Bergallo y Charles Ngwena, *Sexual and Reproductive Rights Lawfare: Global battles* (Bergen: CHR Michelsen Institute –CMI, 2014), https://www.cmi.no/projects/1836-sexual-and-reproductive-rights-lawfar.
46. González-Vélez y Bergallo, *Repertorios juridizados.*
47. Didier Fassin, "Gobernar por los cuerpos, políticas de reconocimiento hacia los pobres y los inmigrantes en Francia", *Cuad. antropol. soc.* 17, no. 1 (2003): 49–78, http://www.scielo.org.ar/scielo.php?script=sci_arttext&pid=S1850-275X2003000100004; Didier Fassin, "Another politics of life is possible", *Theory, Culture & Society* 26, no. 5 (2009): 44–60, http://journals.sagepub.com/doi/abs/10.1177/0263276409106349; Didier Fassin, "El irresistible ascenso del derecho a la vida: razón humanitaria y justicia social", *Revista de Antropología Social* 19 (2010): 191–204, http://revistas.ucm.es/index.php/RASO/article/view/RASO1010110191A; Didier Fassin, *Humanitarian reason: a moral history of the present* (Berkeley: University of California Press, 2012).
48. Fassin, "Gobernar por los cuerpos"; Fassin, "Another politics"; Fassin, "El irresistible ascenso"; Fassin, *Humanitarian reason.*
49. Butler, *Cuerpos que importan*; Judith Butler, *Precarious life: the power of mourning and violence* (Londres: Verso, 2004); Judith Butler y Athena Athanasiou, *Dispossession: the performative in the political. Conversations with Athena Athanasiou* (Cambridge: Polity, 2013); Isabell Lorey, *State of insecurity: government of the precarious* (Londres: Verso, 2015). A lo largo de este trabajo, las referencias al menor valor de la vida de las mujeres o a la legitimidad de sus vidas como elemento que informa las normas restrictivas sobre aborto, se refiere a la relación entre la vida de las mujeres y sus elecciones reproductivas. Es decir, a la negación de la maternidad como destino.
50. Butler, *Cuerpos que importan*; Débora Diniz, "Perspectivas e articulações de uma pesquisa feminista" en *Estudos feministas e de gênero: articulações e perspectivas*, coordinado por Cristina Stevens, Susane Rodrigues de Oliveira e Valeska Zanello (Isla de Santa Catarina: Mulheres, 2014), http://repositorio.unb.br/bitstream/10482/16349/1/LIVRO_EstudosFeministasedeGenero Articula%C3%A7%C3%B5es.pdf; Segato, *La crítica de la colonialidad.*
51. Sylvia Walby, "Theorising patriarchy", *Sociology* 23, no. 2 (1989), http://journals.sagepub.com/doi/abs/10.1177/0038038589023002004; Anna Pollert, "Gender and class revisited: or, the poverty of 'patriarchy'", *Sociology* 30, no. 4 (1996): 639–659, https://www.jstor.org/stable/42855731?seq=1#page_scan_tab_contents.
52. Celia Amorós, *Hacia una crítica de la razón patriarcal* (Barcelona: Anthropos Editorial, 1991); Mackinnon, *Hacia una teoría feminista del Estado*; Carole Pateman, *El contrato sexual*, traducido por Maria Luisa Femenías (Barcelona: Anthropos, 1995).
53. "Las estimaciones mundiales publicadas por la OMS indican que alrededor de una de cada tres (35%) mujeres en el mundo han sufrido violencia física y/o sexual de pareja o violencia sexual por terceros en algún momento de su vida" (Organización Mundial de la Salud –OMS–, "Violencia contra la mujer", 29 de noviembre de 2017, https://www.who.int/es/news-room/fact-sheets/detail/violence-against-women).
54. La información disponible en el Observatorio de Igualdad de Género de América Latina y el Caribe muestra que, en números absolutos, los feminicidios en 2016 fluctuaron entre 13 (Costa Rica) y 466 (Honduras). Más de un 50% de estos países tuvieron más de 100 feminicidios en este mismo año, pese a ser un fenómeno que recién se empieza a medir en la región.
55. La brecha salarial se aprecia en Colombia (como en todos países de la región) en todas las ocupaciones, "siendo más severa esta brecha en trabajadores de servicios (50% de lo que ganan los hombres). En general, los hombres ganan más que las mujeres [...] aun en cargos directivos, en

promedio, las mujeres ganan solo un 81% de lo que ganan los hombres" (Ana Cristina González-Vélez, *Brechas de género y desigualdad: de los objetivos de desarrollo del milenio a los objetivos de desarrollo sostenible* (Bogotá: ONUMUJERES, 2017), 140, http://www2.unwomen.org/-/media/field%20office%20colombia/documentos/publicaciones/2017/09/pdf%20web%20brechas%20de%20genero%20y%20desigualdad_final.pdf?la=es&vs=3907).

56. De acuerdo con el Observatorio de Igualdad de Género de América Latina y el Caribe, casi el 30% de las mujeres en América Latina no tienen ingresos propios, lo que indica falta de autonomía económica para ellas.
57. Pese a ser la región del mundo que tiene la más alta participación en el poder legislativo, la presencia de las mujeres en esta instancia alcanza en promedio menos del 30%. Por su parte, solo un 15% de las alcaldesas electas son mujeres (cifras de 2016). Observatorio de Igualdad de Género de América Latina y el Caribe, *División de Asuntos de Género* (Santiago de Chile: CEPAL, 2018), https://oig.cepal.org/es.
58. Observatorio de Igualdad de Género, *División de Asuntos de Género.*
59. Walby, "Theorising patriarchy".
60. Esta afirmación es parte central de la tesis de este trabajo que se desarrolla en el Capítulo 3.
61. Pierre Bourdieu, *O poder simbólico*, traducido por Fernando Tomaz (Lisboa: DIFEL, 1989).
62. Bourdieu, *O poder simbólico.*
63. El derecho construido hasta nuestros días y sin duda los códigos penales que contienen el aborto como delito (siglos XIX y XX), han sido decididos por hombres y es el resultado de un sistema patriarcal que se sostiene en un sistema sexo/género que define la división sexual del trabajo en la que es central el control sobre el cuerpo de las mujeres. Sobre los códigos penales, véase: Paola Bergallo, "Interpretando derechos: la otra legalización del aborto en América Latina", en *Debates y reflexiones en torno a la despenalización del aborto en Chile*, editado por Lidia Casas Becerra y Delfina Lawson (Santiago de Chile: UDP Facultad de Derecho, 2016).
64. González-Vélez, "Una mirada analítica a la legislación".
65. Bourdieu, *O poder simbólico.*
66. Douglas Husak, *Overcriminalization: the limits of criminal law* (Oxford: Oxford University Press, 2008).
67. Véase Capítulos 2 y 3 de este libro.
68. Husak, *Overcriminalization*; Corte Interamericana de Derechos Humanos, *Caso Baena Ricardo y otros Vs. Panamá. Sentencia de 2 de febrero de 2001* (Fondo, Reparaciones y Costas), http://www.corteidh.or.cr/docs/casos/articulos/Seriec_72_esp.pdf.
69. Tamar Pitch, *Un derecho para dos: la construcción jurídica de género, sexo y sexualidad* (Madrid: Trotta, 2003), 13.
70. Pitch, *Un derecho para dos*, 83.
71. Maria Clara Dias, *Sobre nós: expandindo as fronteiras da moralidade* (Río de Janeiro: Pirilampo, 2016).
72. John Rawls, *Teoría de la justicia* (Ciudad de México: Fondo de Cultura Económica, 1978).
73. Ronald Dworkin, *Life's dominion: an argument about abortion, euthanasia and individual freedom* (Nueva York: Vintage Books, 1994).
74. Arantza Campos, *Iusfeminismo: ciudadanía y representación política. El derecho a la participación política de las mujeres* (Mimeo, 2017). En proceso de publicación.
75. Dias, *Sobre nós.*
76. Alison M. Jaggar, *Feminist politics and human nature* (Totowa, NJ: Rowman & Allenheld, 1983); Alison M. Jaggar, "Feminist ethics", en *Encyclopedia of ethics*, editado por L. C. Becker y C. B. Becker (Nueva York: Garland Press, 1992).

77. Diniz, "Perspectivas e articulações". Además de ser un modo de vida, un movimiento y un campo de acción política que es por definición plural. No existe "un" feminismo aunque acá aludiré a este en singular para señalar el trazo común de su crítica fundante contra el patriarcado y la opresión, subordinación, marginación y explotación de las mujeres. Nancy Fraser, *Iustitia Interrupta: reflexiones críticas desde la posicion postsocialista* (Bogotá: Siglo del Hombre, 1997).
78. Iris Young, *Justice and the politics of difference* (Princeton, New Jersey: Princeton University Press, 1990).
79. Esta visión coincide con las teorías éticas que se han desarrollado a partir de un abordaje centrado en el estatus y desde el cual se proponen preguntas sobre el poder: dominación/subordinación (Young, *Justice and the politics of difference*). Es un abordaje sobre la subordinación sistemática de las mujeres como el que había propuesto Simone de Beauvoir, *El segundo sexo* (Buenos Aires: Sudamericana, 1999).
80. Jaggar, *Feminist politics*; Alison M. Jaggar, "Feminist ethics: projects, problems, prospects", en *Feminist ethics*, editado por Claudia Card (Lawrence, KS: University Press of Kansas, 1991); Jaggar, "Feminist ethics"; Alison M. Jaggar, *Living with contradictions: controversies in feminist social ethics* (Boulder, CO: Westview Press, 1994).
81. Jaggar, *Feminist politics*; Helga Kuhse y Peter Singer, editores, *A Companion to bioethics*. 2ª ed. (Malden, MA: Wiley, 2009); Diniz, "Perspectivas e articulações".
82. E. P. Thompson, *Costumbres en común*, traducido al español por Jordi Beltrán y Eva Rodríguez (Barcelona: Crítica, 1995); Michel Foucault, *Nacimiento de la biopolítica: Curso en el Collège de France (1978–1979)* (Buenos Aires: Fondo de Cultura Económica, 2007 y 2017); Nikolas Rose, *The politics of life itself: biomedicine, power and subjectivity in the twenty-first century* (Princeton: Princeton University Press, 2007); Didier Fassin, *Por una repolitización del mundo: las vidas descartables como desafío del siglo XXI* (Buenos Aires: Siglo Veintiuno, 2018); Butler y Athanasiou, *Dispossession*.
83. Conversaciones propias con Débora Diniz, 2017.
84. Fassin, "Gobernar por los cuerpos".
85. Fassin, "Gobernar por los cuerpos"; Fassin, "Another politics"; Fassin, "El irresistible ascenso"; Fassin, *Humanitarian reason*.
86. Hannah Arendt, *La condición humana* (Barcelona: Paidós, 2016); Foucault, *Nacimiento de la biopolítica*; Nikolas Rose, "The Politics of life itself", *Theory, Culture and Society* 18, no. 6 (2001): 1–3, http://journals.sagepub.com/doi/pdf/10.1177/02632760122052020; Sarah Franklin, "Life itself: global nature and the genetic imaginary", en *Global nature, global culture*, editado por Sarah Franklin, Celia Lury y Jackie Stacey (Londres: Sage Publications, 2000), http://sk.sagepub.com/books/global-nature-global-culture/n7.xml.
87. Es importante advertir que este no es un trabajo sobre el pensamiento de Fassin y que la razón por la que acá presento en forma detallada sus desarrollos teóricos es porque sirve como matriz para el debate sobre las normas restrictivas. De ahí la importancia de comprender sus alcances y los diversos aspectos que la caracterizan.

Bibliografía

Amorós, Celia. *Hacia una crítica de la razón patriarcal*. Barcelona: Anthropos Editorial, 1991.

Arendt, Hannah. *La condición humana*. Barcelona: Paidós, 2016.

Beauvoir, Simone de. *El segundo sexo.* Buenos Aires: Sudamericana, 1999.

Berer, Marge. "Abortion law and policy around the world: in search of decriminalization". *Health and Human Rights Journal* 19, no. 1 (2017): 13–27. http://www.ncbi.nlm.nih.gov/pmc/articles/PMC5473035/.

Bergallo, Paola. "Interpretando derechos: la otra legalización del aborto en América Latina". En *Debates y reflexiones en torno a la despenalización del aborto en Chile.* Editado por Lidia Casas Becerra y Delfina Lawson. Santiago de Chile: UDP Facultad de Derecho, 2016.

Bourdieu, Pierre. *O poder simbólico.* Tradução: Fernando Tomaz. Lisboa: DIFEL, 1989.

Butler, Judith. *Cuerpos que importan: sobre los límites materiales y discursivos del sexo.* Buenos Aires: Paidós, 2002.

Butler, Judith. *Precarious life: the power of mourning and violence.* Londres: Verso, 2004.

Butler, Judith y Athena Athanasiou. *Dispossession: the performative in the political. Conversations with Athena Athanasiou.* Cambridge: Polity, 2013.

Campos, Arantza. *Iusfeminismo: ciudadanía y representación política. El derecho a la participación política de las mujeres.* Mimeo, 2017. En proceso de publicación.

Center for Reproductive Rights. "Leyes sobre aborto en el mundo de 2014". 18 de septiembre de 2014. https://www.reproductiverights.org/es/document/leyes-sobre-aborto-en-el-mundo-de-2014.

Corte Interamericana de Derechos Humanos. *Caso Baena Ricardo y otros Vs. Panamá. Sentencia de 2 de febrero de 2001* (Fondo, Reparaciones y Costas). http://www.corteidh.or.cr/docs/casos/articulos/Seriec_72_esp.pdf.

Deutscher, Penelope. "The inversion of exceptionality: Foucault, Agamben, and 'Reproductive Rights'". *South Atlantic Quarterly* 107, no. 1 (2008): 55–70. https://doi.org/10.1215/00382876-2007-055.

Dias, Maria Clara. *Sobre nós: expandindo as fronteiras da moralidade.* Río de Janeiro: Pirilampo, 2016.

Diniz, Débora. "Perspectivas e articulações de uma pesquisa feminista". En *Estudos feministas e de gênero: articulações e perspectivas.* Coordinado por Cristina Stevens, Susane Rodrigues de Oliveira e Valeska Zanello. Isla de Santa Catarina: Mulheres, 2014. http://repositorio.unb.br/bitstream/10482/16349/1/LIVRO_EstudosFeministasedeGeneroArticula%C3%A7%C3%B5es.pdf.

Dworkin, Ronald. *Life's dominion: an argument about abortion, euthanasia and individual freedom.* Nueva York: Vintage Books, 1994.

Fassin, Didier. "Another politics of life is possible". *Theory, Culture & Society* 26, no. 5 (2009): 44–60. http://journals.sagepub.com/doi/abs/10.1177/0263276409106349.

Fassin, Didier. "El irresistible ascenso del derecho a la vida: razón humanitaria y justicia social". *Revista de Antropología Social* 19 (2010): 191–204. http://revistas.ucm.es/index.php/RASO/article/view/RASO1010110191A.

Fassin, Didier. "Gobernar por los cuerpos, políticas de reconocimiento hacia los pobres y los inmigrantes en Francia". *Cuad. antropol. soc.* 17, no. 1 (2003): 49–78. http://www.scielo.org.ar/scielo.php?script=sci_arttext&pid=S1850-275X2003000100004.

Fassin, Didier. *Humanitarian reason: a moral history of the present.* Berkeley: University of California Press, 2012.

Fassin, Didier. *Por una repolitización del mundo: las vidas descartables como desafío del siglo XXI.* Buenos Aires: Siglo Veintiuno, 2018.

Fathalla, Mahmoud F. *Why did Mrs X die? Launch of the Safe Motherhood Movement International Conference on Safe Motherhood.* Nairobi: The lectures and speeches of Professor Mahmoud F. Fathalla, 1987.

Foucault, Michel. *Nacimiento de la biopolítica: Curso en el Collège de France (1978–1979).* Buenos Aires: Fondo de Cultura Económica, 2007 y 2017.

Franklin, Sarah. "Life itself: global nature and the genetic imaginary". En *Global nature, global culture.* Editado por Sarah Franklin, Celia Lury y Jackie Stacey. Londres: Sage Publications, 2000. http://sk.sagepub.com/books/global-nature-global-culture/n7.xml.

Fraser, Nancy. *Iustitia Interrupta: reflexiones críticas desde la posicion postsocialista.* Bogotá: Siglo del Hombre, 1997.

Georgetown University. "Political Database of the Americas". http://pdba.georgetown.edu/history.html.

Gloppen, Siri, Camila Gianella, Malcolm Langford, Rachel Sieder, Bruce Wilson, Daniel Brinks, Alicia Yamin, Julieta Lemaitre, Paola Bergallo y Charles Ngwena. *Sexual and Reproductive Rights Lawfare: Global battles.* Bergen: CHR Michelsen Institute –CMI, 2014. https://www.cmi.no/projects/1836-sexual-and-reproductive-rights-lawfar.

González-Vélez, Ana Cristina. *Aborto legal: regulaciones sanitarias comparadas en América Latina y algunos países de otros continentes.* Montevideo: IPPF, 2007.

González-Vélez, Ana Cristina. *Brechas de género y desigualdad: de los objetivos de desarrollo del milenio a los objetivos de desarrollo sostenible.* Bogotá: ONUMUJERES, 2017. http://www2.unwomen.org/-/media/field%20office%20colombia/documentos/publicaciones/2017/09/pdf%20web%20brechas%20de%20genero%20y%20desigualdad_final.pdf?la=es&vs=3907.

González-Vélez, Ana Cristina. "Una mirada analítica a la legislación sobre interrupción del embarazo en países de Iberoamérica y el Caribe". *CEPAL – Serie Mujer y Desarrollo,* no. 110 (2011): 1–51. https://repositorio.cepal.org/bitstream/handle/11362/5837/S1100855_es.pdf?sequence=1&isAllowed=y.

González-Vélez, Ana Cristina e Isabel Cristina Jaramillo Sierra. "Legal knowledge as a tool for social change: La Mesa por la Vida y la Salud de las Mujeres as an expert on Colombian abortion law". *Health and Human Rights Journal* 19, no. 1 (2017): 109–118. https://www.ncbi.nlm.nih.gov/pubmed/28630545.

González-Vélez, Ana Cristina, Viviana Bohórquez Monsalve, Laura Castro González, Line Bareiro y Catalina Ruiz-Navarro. *Las causales de la ley y la causa de las mujeres. La implementación del aborto legal en Colombia: diez años profundizando la democracia.* Coordinado por Ana Cristina González-Vélez y editado por Miriam Cotes Benítez. Bogotá: La Mesa por la Vida y la Salud de las Mujeres, 2016. https://www.rednacionaldemujeres.org/phocadownloadpap/causas_ley_.pdf.

González-Vélez, Ana Cristina y Diana Esther Guzmán. "La juridificación del campo de la salud sexual y reproductiva en Colombia". En *El aborto en América Latina. Estrategias para luchar por su legalización y enfrentar las resistencias conservadoras*. Compilado por Paola Bergallo, Isabel Cristina Jaramillo Sierra y Juan Marco Vaggione. Argentina: Siglo Veintiuno Editores, 2018.

González-Vélez, Ana Cristina y Laura Castro. *Barreras de acceso a la Interrupción Voluntaria del Embarazo de las mujeres en Colombia*. Bogotá: La Mesa por la Vida y la Salud de las Mujeres, 2017.

González-Vélez, Ana Cristina y Paola Bergallo. *Repertorios juridizados de la movilización por la liberalización del aborto en América Latina*. En prensa, 2018.

Harvard T. H. Chan School of Public Health. https://www.hsph.harvard.edu/.

Houghton, María Paula, Laura Gil y Ana Cristina González Vélez. *Interrupción voluntaria del embarazo y edad gestacional: razones y ventajas de un marco legal garantista*. Bogotá: Grupo Médico por el derecho a decidir, 2014.

Husak, Douglas. *Overcriminalization: the limits of criminal law*. Oxford: Oxford University Press, 2008.

Jaggar, Alison M. "Feminist ethics: projects, problems, prospects". En *Feminist ethics*. Editado por Claudia Card. Lawrence, KS: University Press of Kansas, 1991.

Jaggar, Alison M. "Feminist ethics". En *Encyclopedia of ethics*. Editado por L. C. Becker y C. B. Becker. Nueva York: Garland Press, 1992.

Jaggar, Alison M. *Feminist politics and human nature*. Totowa, NJ.: Rowman & Allenheld 1983.

Jaggar, Alison M. *Living with contradictions: controversies in feminist social ethics*. Boulder, CO: Westview Press, 1994.

Kuhse, Helga y Peter Singer. Editores. *A Companion to bioethics*. 2.ª ed. Malden, MA: Wiley, 2009.

Lorey, Isabell. *State of insecurity: government of the precarious*. Londres: Verso, 2015.

Mackinnon, Catharine A. *Hacia una teoría feminista del Estado*. Madrid: Cátedra, 1995.

Ministerio de Salud y Protección Social de Colombia. *Compilación analítica de las normas sobre salud sexual y reproductiva en Colombia*. Coordinado por Ana Cristina González-Vélez. Bogotá: UNFPA, 2014. https://www.minsalud.gov.co/sites/rid/Lists/BibliotecaDigital/RIDE/VS/PP/compilado-normativa-salud-sexual-reproductiva.pdf.

Oberman, Michelle. "Cristina's world: lessons from El Salvador's ban on abortion". *Santa Clara Univ. Legal Studies Research Paper, no. 17–13 y Stanford Law & Policy Review* 24 (2013). https://papers.ssrn.com/sol3/papers.cfm?abstract_id=2304988##.

Observatorio de Igualdad de Género de América Latina y el Caribe. *División de Asuntos de Género*. Santiago de Chile: CEPAL, 2018. https://oig.cepal.org/es.

Organización de las Naciones Unidas –ONU–. *Informe de la Conferencia Internacional sobre la Población y el Desarrollo*. Nueva York: ONU, 1995. https://www.unfpa.org/sites/default/files/pub-pdf/icpd_spa.pdf.

Organización de los Estados Americanos –OEA–. "Red Hemisférica de Cooperación Jurídica en Materia Penal del proceso de las REMJA". http://www.oas.org/juridico/MLA/sp/.

Organización Mundial de la Salud –OMS–. *Aborto sin riesgos: guía técnica y de políticas para sistemas de salud* – 2.ª ed. Ginebra: OMS, 2012. https://apps.who.int/iris/bitstream/handle/10665/77079/9789243548432_spa.pdf;jsessionid=984AFD341825F8C44E022D36C81EFC1B?sequence=1.

Organización Mundial de la Salud –OMS–. "Violencia contra la mujer". 29 de noviembre de 2017. https://www.who.int/es/news-room/fact-sheets/detail/violence-against-women.

Pateman, Carole. *El contrato sexual.* Traducción de Maria Luisa Femenías. Barcelona: Anthropos, 1995. Introducción de Maria-Xosé Agra Romero.

Pitch, Tamar. *Un derecho para dos: la construcción jurídica de género, sexo y sexualidad.* Madrid: Trotta, 2003.

Pollert, Anna. "Gender and class revisited: or, the poverty of 'patriarchy'". *Sociology* 30, no. 4 (1996): 639–659. https://www.jstor.org/stable/42855731?seq=1#page_scan_tab_contents.

Prada, Elena, Susheela Singh, Lisa Remez y Cristina Villarreal. *Embarazo no deseado y aborto inducido en Colombia: causas y consecuencias.* Nueva York: Guttmacher Institute, 2011. https://www.guttmacher.org/sites/default/files/report_pdf/embarazo-no-deseado-colombia_1.pdf.

Rawls, John. *Teoría de la justicia.* Ciudad de México: Fondo de Cultura Económica, 1978.

Rose, Nikolas. "The Politics of life itself". *Theory, Culture and Society* 18, no. 6 (2001): 1–30. http://journals.sagepub.com/doi/pdf/10.1177/02632760122052020.

Rose, Nikolas. *The politics of life itself: biomedicine, power and subjectivity in the twenty-first century.* Princeton: Princeton University Press, 2007.

Rubio Llona, Aimar. "Sexual orientation, violence and human rights in Africa: South African case study". Tesis doctoral en Estudios sobre el desarrollo y la cooperación internacional, Universidad del País Vasco, 2014.

Ruibal, Alba M. "Movilización y contra-movilización legal. Propuesta para su análisis en América Latina". *Política y Gobierno* 22, no. 1 (2015): 175–198. http://www.scielo.org.mx/pdf/pyg/v22n1/v22n1a6.pdf.

Segato, Rita. *La crítica de la colonialidad en ocho ensayos y una antropología por demanda.* Buenos Aires: Prometeo Libros, 2015.

Singh, Susheela, Lisa Remez, Gilda Sedgh, Lorraine Kwok y Tsuyoshi Onda. *Abortion Worldwide 2017. Uneven Progress and Unequal Access.* Nueva York: Guttmacher Institute, 2017. https://www.guttmacher.org/sites/default/files/report_pdf/abortion-worldwide-2017.pdf.

Thompson, E. P. *Costumbres en común.* Traducido al español de Jordi Beltrán y Eva Rodríguez. Barcelona: Crítica, 1995.

Walby, Sylvia. "Theorising patriarchy". *Sociology* 23, no. 2 (1989). http://journals.sagepub.com/doi/abs/10.1177/0038038589023002004.

World Health Organization. "Global Abortion Policies Database". 2018. https://abortion-policies.srhr.org/.

Yin, Robert K. *Estudo de caso: planejamento e métodos.* 3.ª ed. Porto Alegre: Bookman, 2005.

Young, Iris. *Justice and the politics of difference.* Princeton, New Jersey: Princeton University Press, 1990.

CAPÍTULO 1

La biolegitimidad: una teoría para repensar los fundamentos de las normas sobre aborto

> *Para describir la condición humana, Arendt (1959: 85) explicó aquello que distingue la vida humana de la no humana de la siguiente manera: es siempre, en sí mismo, algo lleno de eventos lo que en últimas puede ser contado como una historia o establecer una biografía; es esto lo que distingue esta vida, bios (de la que Aristóteles dijo que era una especie de praxis), de la mera idea de Zoe [...] Juntar los pedazos dispersos de la vida de uno con el fin de darle un significado comunicable es justamente —eso tan simple— lo que significa vivir una vida: hacer un recuento biográfico de la misma. La diferencia entre los dos significados es lo que hace a los humanos, humanos...*
>
> Didier Fassin (traducción propia)[1]

Biopolítica, biopoder y biolegitimidad

El "derecho de vida y muerte" fue, como explica Michel Foucault, uno "de los privilegios característicos del soberano" mediante una ecuación por la cual el primero es ejercido cuando este pone en acción su derecho de matar: "*hacer* morir o *dejar* vivir".[2] Sin embargo, este autor indica que las transformaciones en el poder que tuvieron lugar en Occidente, en donde la muerte es parte de un engranaje más grande de mecanismos de control y vigilancia, llevó a que el derecho de muerte fuera desplazado por un poder que "administra la vida" a través de regulaciones y controles precisos. En este nuevo marco, el privilegio fue reemplazado por el "poder de *hacer vivir* o arrojar a la muerte".[3]

> "Decir que el poder tomó posesión de la vida en el Siglo XIX, o decir que el poder al menos tomó la vida bajo su cuidado; es decir que, gracias al papel de las tecnologías de la disciplina por un lado y de las tecnologías de la regulación por el otro, triunfó al abarcar la superficie entera que se extiende entre lo orgánico y lo biológico, entre el cuerpo y la población. Estamos así, en un poder que ha tomado tanto el control del cuerpo como de la vida, o que ha, si les parece, tomado el *control de la vida* en general —con el cuerpo como un polo y la población como el otro—".[4]

Ese poder sobre la vida es el poder para *hacer vivir* que ha tenido lugar de dos maneras principales que están profundamente interrelacionadas y que operan a través del control del cuerpo como biología y como especie —población—. El primero se controla entre otros mecanismos mediante la docilidad y, además, según Foucalt:

> [...]su integración en sistemas de control eficaces y económicos [...] asegurados mediante procedimientos de poder característicos de las disciplinas. El segundo, centrado en el cuerpo-especie, que sirve de soporte a los procesos biológicos [...] como la salud, los nacimientos, y la *reproducción* se controla mediante regulaciones dando lugar a una biopolítica de la población.[5]

Disciplinas del cuerpo y regulaciones de la población organizan el poder sobre la vida mediante lo que Foucault denomina una tecnología de doble faz que "invade la vida".[6] Las técnicas de poder son utilizadas por instituciones muy diversas entre las que destacan la familia, la medicina y la policía y han operado como factores de "segregación y jerarquización".[7]

La gran contribución de Foucault, que es además central para entender la noción de biolegitimidad, fue explicar la entrada de *la vida* en la historia. La entrada de los "fenómenos propios de la vida de la especie humana en el orden del saber y del poder —en el campo de las técnicas políticas" en un proceso que estuvo ligado al capitalismo tanto como a la moral. La ampliación de los conocimientos relativos a la vida, que tiene lugar a partir del siglo XVIII, de los cuales son tributarias las técnicas para incrementar su calidad llevando a un mayor dominio de la vida, hicieron que por primera vez en la historia "lo biológico se reflejara en lo político," en la biopolítica que es como se designa "lo que hace entrar a la vida y sus mecanismos en el dominio de los cálculos explícitos y convierte al poder-saber en un agente de transformación de la vida humana". De esta manera tiene lugar lo que Foucault denomina el *umbral de la modernidad biológica* de la sociedad, que es el momento en el que la especie entra en el juego de la política.[8]

> "Durante milenios, el hombre siguió siendo lo que era para Aristóteles: un animal viviente y además capaz de una existencia política; el hombre moderno es un animal en cuya política está puesta en entredicho su vida de ser viviente".[9]

Michel Foucault, además, destaca la centralidad de la *norma*, a expensas del crecimiento de la importancia del sistema jurídico como una característica del biopoder, cuya tarea principal es tomar la vida bajo su potestad, distribuyendo "lo viviente en un dominio de valor y utilidad," mediante la operación de "cualificar, medir, apreciar y jerarquizar". Cada vez más, observa este autor, que la ley funciona como una *norma* que se integra en un "continuum de aparatos (médicos, administrativos, etc.) cuyas funciones son sobre todo reguladoras".[10]

A diferencia de Foucault para quien el biopoder se refiere al control de las poblaciones mediante distintas tecnologías de poder, disciplinamiento o normalización, la noción de biolegitimidad de Didier Fassin[11] busca justamente *resaltar* un elemento central relacionado con la moral actual. Se trata de la preponderancia alcanzada por el derecho a la vida, y en particular por la vida como un dato biológico y físico (*zoe*, la vida viviente, la nuda vida, o la mera vida)[12] por encima de la vida como biografía (bios) y produciendo a la vez violencia física y violencia simbólica.[13]

Didier Fassin[14], el autor que propuso la noción de biolegitimidad, nos plantea que enfrentamos una época —en una variedad de debates en el campo de la salud y la ayuda humanitaria— en la que el reconocimiento del derecho a la vida está ligado a la legitimidad que a esta se le otorga, estrechamente ligada a su dimensión biológica. De esta manera, parece prevalecer una noción de la vida entendida como un hecho meramente biológico —*the life itself*—, que desplaza la vida biográfica, y con ella, la aspiración por la justicia.

> "He propuesto el término biolegitimidad para este reconocimiento de la vida como el más alto de todos los valores, —vida entendida en el sentido de estar vivo [...]— Es la vida misma lo que está en el centro de los significados que adscribimos a la condición humana: el simple hecho de estar vivo".[15]

Esta preponderancia de la vida física, como se verá más adelante, termina por desplazar el ideal de justicia como fuente de legitimidad de las políticas públicas en materia de aborto, y alimenta un debate caracterizado entre otras, por la disrupción entre la vida física y la vida como un todo existencial, como proyecto o como biografía; por la preponderancia del sufrimiento (el que experimentan las víctimas y el que experimenta quien "atestigua" el sufrimiento) sobre los derechos, por la invisibilización de las desigualdades y por la precariedad propia de algunos grupos de mujeres.[16]

Podríamos afirmar que el pensamiento de Didier Fassin[17] se desarrolla a la luz de la teoría de la biopolítica, siendo su contribución principal la de señalar que las sociedades contemporáneas se caracterizan más que por *el poder sobre la vida*, por *la legitimidad* que a esta le atribuyen.[18] [19] Según esta afirmación, las políticas de la vida son también un asunto de valores y significados, y en este sentido, algo que está moldeado tanto por las opciones políticas como por las economías morales de las sociedades contemporáneas. Por eso para este autor la biopolítica es también, una política sobre la vida y más aún, sobre las desigualdades relativas al *status* diferencial que se otorga a las distintas vidas.[20]

De ahí que Fassin[21] proponga el término de biolegitimidad para hacer referencia justamente al valor que se asigna a la *vida como tal* —a las vidas concretas— mediante una política que la abarca en toda su complejidad, vinculando lo biológico y lo biográfico. El problema de vivir y el sentido de la vida, que él denomina *la vida como tal*.[22] Pero cuando Fassin recupera la dimensión de la vida en la biopolítica, lo hace para afirmar también que la legitimidad otorgada a la vida biológica se ha impuesto sobre la vida política que es presentada en este libro como la vida biográfica.[23]

El ejemplo a través del cual Fassin "recupera" esta dimensión de la vida, la biológica, y que le sirve para explicar cómo esta prevalece sobre la vida política (el *zoe* sobre la *bios*), se encuentra narrado en el texto "Another politics of life is possible" de la siguiente manera:

> "¿Qué tienen en común Augusto Pinochet, Maurice Papon y Heinz Barth? De hecho, los tres cometieron los peores abusos de poder [...] Pero además de su brutal ejercicio de soberanía sobre el derecho a vivir y a morir de otros seres humanos, compartieron otro destino interesante. Los tres escaparon a la justicia por razones humanitarias, después de que sus abogados defendieran la idea de que estaban demasiado enfermos para aguantar el castigo [...] La lección de estos tres episodios judiciales es que la legitimidad de su supuesta amenazada vida biológica anuló su vida política".[24]

Veamos a continuación la noción de vida en sus distintas acepciones, la preeminencia adquirida por la dimensión biológica de esta y el consecuente desplazamiento, subordinación o subvaloración de la vida como biografía.

Pero ya en 1959 Hannah Arendt había introducido en su clásico texto "La condición humana," la noción de "vita activa" para designar tres tipos de actividades. La labor, el trabajo y la acción.[25] De estas tres actividades, la de la labor es la que según ella "corresponde al proceso biológico del cuerpo, la vida misma, la de la condición humana en tanto garantiza la supervivencia individual y la de la especie"[26] y que vendría a ser hoy, en nuestros términos, la vida de la reproducción social y biológica.

La acción como condición de la vida política, es según Arendt, la que guarda mayor relación con el nacimiento pues el "recién llegado tiene la capacidad de actuar: de empezar algo nuevo". A partir de esto es posible afirmar que en su teoría la vida política tiene su inicio con el nacimiento que es la "categoría central del pensamiento político diferenciado del metafísico".[27] En otras palabras, la distinción que aporta Arendt es que con el nacimiento se inaugura la vida política que es a su vez, la más estrechamente relacionada con la "condición humana".[28]

Tal como afirmó Arendt, "la vita activa, está siempre enraizada en un mundo de hombres y de cosas realizadas por estos" lo que para el "nacimiento de la ciudad-estado significó que el hombre recibía además de su vida privada, una especie de segunda vida, su *bios politikos*".[29] De esta manera, la visión clásica penetra la modernidad en la que se marca una esfera privada a la que corresponden las actividades relativas a la conservación de la vida, y una pública de la polis a la que corresponde la libertad.[30] Como afirma Arendt:

> "[...] dentro de la condición humana fue la vida la que dominó sobre todas las demás consideraciones en la época moderna, siendo la razón de que la vida se afirmara como fundamental punto de referencia —como para seguir siendo el bien supremo de la sociedad moderna— el que esta operó en la estructura de una sociedad cristiana cuya creencia principal en la sacralidad de la vida ha sobrevivido —e incluso permanecido inamovible— a la secularización y a la general decadencia de la fe cristiana. Y fue precisamente la vida individual la que pasó a ocupar el puesto que tenía en otro tiempo la *vida* del cuerpo político [...] la cuestión es que el cristianismo siempre insistió en que la vida, aunque no tuviera un final, contaba con un definido comienzo [...]"[31]

Casi 40 años después, Giorgio Agamben retoma la nociones griegas sobre la vida que utilizaban dos términos, *Zoe* (para expresar el simple hecho de vivir, común a todos los seres vivos —animales, dioses, hombres—), y *bios* que indicaba la forma o manera de vivir propia de un individuo o un grupo.[32] Según este autor, Arendt ya había explicado cómo la vida biológica fue ocupando el centro de la vida política en el mundo moderno, lo mismo que Foucault a quien la muerte impidió desarrollar todas las implicaciones del concepto de biopolítica. En cualquier caso, el ingreso de la *zoe*, en la esfera de la polis, la politización de lo que Agamben denomina la nuda vida — *zoe* — como tal, constituye el acontecimiento decisivo de la modernidad mediante un proceso en virtud del cual la excepción se convierte en regla.

> "El espacio de la nuda vida que estaba situada originariamente al margen del orden jurídico va coincidiendo de manera progresiva con el espacio político, de forma que exclusión e inclusión, externo e interno, bios y zoe, derecho y hecho, entran en una zona de irreductible indiferenciación".[33]

La nuda vida, es para la política actual, en palabras de este autor, el valor y el disvalor:

> "[...]el sujeto y el objeto del ordenamiento político y de sus conflictos [...] y si hay algo que caracterice a la democracia moderna con respecto a la clásica, es que se presenta

> desde el principio como una reivindicación y una liberación de la zoe, es que trata constantemente de transformar la nuda vida misma en una forma de vida y de encontrar, por así decirlo, el bios de la zoe".[34]

De esta manera, desde Aristóteles hasta Agamben, pasando por Arendt, el debate en torno a dos dimensiones distinguibles de la vida se ha ido transformando hasta el punto en que hoy cada vez más, la vida biológica se ha tornado profundamente política.[35]

En este particular recorrido sobre la noción de vida, Fassin introduce a otros autores entre quienes destaca a Georges Canguilhem, quien propuso al menos dos formas gramaticales diferenciales de la palabra vida, una que expresa el asunto de la vida como lo viviente, y la otra como lo vivido, que se corresponde justamente con la experiencia individual de los seres humanos.[36]

> "Por vida, uno puede escuchar el presente o pasado participio del verbo vivir —lo viviente (le vivant) y lo vivido (le vécu)—, que se corresponden respectivamente con 'la organización universal' y con la 'experiencia de los seres humanos individuales.'"[37]

Y es en este debate sobre la vida en la política en el que Fassin introduce su noción de biolegitimidad dialogando no solo con los autores hasta aquí mencionados sino también, y más actualmente, con otros entre los que se destacan Paul Rabinow, Nikolas Rose y Sarah Franklin.[38]

Todos estos autores coinciden en utilizar, según Fassin, a través de una definición simultánea y convergente, la idea de la vida misma —the "life itself"—, a través de la cual sobre todo han explorado el papel de las ciencias de la vida y de las intervenciones biomédicas en los asuntos relativos a la vida —*all living matter*—.[39] Por ejemplo, Franklin afirma la centralidad de la biotecnología en la redefinición cultural de lo humano, del cuerpo, de la reproducción y esta perspectiva coinciden Rabinow y Rose. Mientras que según esta autora, mucho se ha discutido sobre los desarrollos biotecnológicos en términos legales, éticos, de salud pública e incluso de mercado, permanece la pregunta Foucaultiana más amplia acerca de cómo pueden ser entendidos como parte de una constante realineación de la vida.[40]

La vida se ha ido tornando cada vez más en moléculas, se ha reducido a un gen, a una información. Y estos avances han contribuido a una instrumentalización creciente de la vida que es guiada por la actividad comercial —por su potencial económico—, legitimada en nombre de la salud pública y regulada por el estado nación.[41] La increíble transformación de la *vida misma* que ha dejado de ser "hechos naturales" hasta volverse genoma, ha hecho que la propia definición de la vida se convierta en un locus de nuevas formas de producción cultural y no solo natural.[42]

Esta arista es importante en la medida en que, como veremos más adelante, el valor sagrado de la vida se incrementa a expensas del valor incremental de la vida biológica y del valor que a esta le asignan las fuerzas económicas entre las que destacan los laboratorios. La entrada de la tecnología agrega no solo un valor social sino también un valor económico a la vida prenatal.

El poder que se otorga a la vida biológica y que se irradia al valor de la vida fetal, es heredero de otros debates que tuvieron lugar también en Alemania en los años 90 justamente en materia de aborto cuando emerge el feto no nacido como una entidad pública visible.[43] Como esta autora bien expresa, en el curso de una generación, la tecnología ha transformado el embarazo en un proceso a ser gerenciado, el hijo esperado en un feto, la madre en un ecosistema, el no nacido en una vida, y la vida en un valor supremo.[44] Cambios "científicos" que son acogidos por las normas restrictivas normalizan la preponderancia del feto y la vida prenatal por sobre la vida de las mujeres. Las tecnologías reproductivas tanto como los diagnósticos preimplantación han venido a profundizar esta disyuntiva haciendo con que por ejemplo, mientras más se acorte la edad gestacional en la cual se prevé la viabilidad, más se acorte el lapso durante el cual las mujeres puedan tomar la decisión de abortar según los regímenes que sean establecidos.[45]

En la misma línea de Franklin, Rose explica que existe en nuestra época un valor de la vida que es atribuible a los avances genéticos, que permite que se la explote económicamente, que se le extraiga un "bio-valor". Y al convertirse en una fuente interminable de valor y concretud, cada vez más fuertemente, la vida misma tiene preeminencia.[46]

El poder sobre la vida como puede apreciarse conlleva variados discursos acerca de la verdad sobre el carácter "vital de los seres humanos vivientes, una variedad de autoridades consideradas competentes para *hablar* esa verdad y un conjunto de estrategias para intervenir la existencia colectiva en el nombre de la vida y la salud".[47] La clásica distinción entre lo humano y lo no humano no parece más ser algo estable, y de la misma manera en que las reglas sobre la reproducción han sido moldeadas y desafiadas por la naturaleza tanto como por la fertilización asistida, el cuerpo de las mujeres ha sido por un largo tiempo más artificializado que el del hombre en una sucesión de cambios que parecen reinventar todos los procesos vitales.

Y en este largo debate, Fassin nos propone una noción que busca justamente recuperar la vida como algo que se vive a través del cuerpo (no solo como células) y como sociedad (no solo como especie). La vida que denomina la *vida como tal* (life as such) relacionada por supuesto con la *vida misma* (life itself) si con esta se designa —tal como hacen los autores precedentes— la existencia biológica de lo viviente.

> "Caminos alternativos podrían referirse a la vida como el curso de eventos que tienen lugar desde el nacimiento hasta la muerte, y que puede acortarse por la violencia

política o estructural, o prolongarse con políticas sociales o de salud, lo que da espacio a las interpretaciones culturales y a las decisiones morales, que pueden ser contadas o escritas —la vida que es vivida a través del cuerpo (no solo a través de las células)— y como sociedad (no solo como especies). Propongo nombrarla la 'vida como tal.' Obviamente, esta se relaciona a través de muchas ramificaciones, con la vida misma si usamos esta expresión para designar la existencia biológica y su extensión política a las poblaciones".[48]

De esta manera la vida misma entra al dominio de lo público como una realidad inescapable para decidir quién vive y cómo, que tipo de vida vale más —la biológica o la biográfica— y cuál o cuáles son vidas legítimas.[49] La biolegitimidad deviene el cimiento de la ciudadanía biológica[50] en virtud de la cual las personas —o las víctimas— obtienen reconocimiento y derechos a partir del sufrimiento físico.[51] Quién debería vivir y en virtud de qué, como plantea Fassin, deviene la pregunta de la biopolítica.

"Después de Chernobyl, el gobierno de Ucrania concedió a las víctimas del desastre un estatus político específico que les dio acceso, en tanto fueron oficialmente reconocidas como tal, a compensación y ayuda. Desde ese momento, sólo existieron a través de las secuelas de las radiaciones que entonces se vieron obligados a exhibir [...] De un modo similar, a los migrantes indocumentados pueden reconocérseles sus derechos sociales —no sólo a la residencia sino también a la asistencia médica— en tanto puedan probar sus patologías".[52]

Hacer vivir en un sentido Foucaultiano, en este nuevo marco supone hacer elecciones sobre quién debe vivir y cómo, basándose en aquello que entra —o no— en la consideración de lo que constituye la vida. Y estas elecciones, que se explicitan a menudo en las políticas públicas de salud, de tal modo que las disparidades en materia de mortalidad por ejemplo, no son mera información estadística sino diferencias en el valor asignado a las vidas.[53]

"Lo que la política le hace a la vida —y a las vidas— no es sólo un asunto de discursos y tecnologías, de estrategias y tácticas. Es también una cuestión sobre las formas concretas en que los individuos y los grupos son tratados, bajo que principios en y nombre de que morales, e implícitamente sobre las desigualdades".[54]

Los rasgos del debate sobre la biolegitimidad en Fassin

Los trabajos de Fassin dialogan como hemos visto, con los autores y autoras mencionadas en el apartado anterior, pero enfatizan la noción de vida en sus distintas acepciones, la preeminencia adquirida por la dimensión biológica de la vida y el consecuente desplazamiento, subordinación o subvaloración de la vida como biografía. Y enfatizan también, los efectos de esta supremacía de la vida sobre la justicia, su relación con las desigualdades, la centralidad del sufrimiento y la figura de la víctima y el "certificador" en la conquista por el derecho a la vida.[55]

Cuatro al menos han sido los grandes ámbitos de investigación a partir de los cuales Fassin[56] ha elaborado sobre la noción de biolegitimidad —VIH, migración/refugiados, ayuda humanitaria y Médicos sin Fronteras— y cuatro los elementos que interesa resaltar en este texto acerca de esta particular forma de política sobre la vida: (1) la centralidad del sufrimiento —que junto con la figura de la víctima y el sentimiento de la *piedad* se convierte en una potente fuente de legitimidad—; (2) la certificación como elemento de asignación de valor; (3) las desigualdades inherentes a la disputa por la biolegitimidad y las biodesigualdades; y (4) la tensión entre la vida y la justicia.

El poder de *la vida como tal* que Fassin describe a través de la noción de biolegitimidad —o en otros términos la sacralidad de la vida— es parte de las economías morales de las sociedades contemporáneas y puede encontrarse por ejemplo en la proclama de la razón humanitaria sobre la cual el autor sostiene que más que una política sobre derechos humanos en general, el humanitarismo es una política sobre el derecho a la vida en el sentido de que "su misión es salvar vidas".[57]

Desde finales de los años 70 y de manera más visible y sensible en los 90, las políticas sobre migración se han endurecido y pese a los convenios internacionales sobre derechos humanos, cada vez más a los refugiados se les rechaza en las fronteras. Esta situación empezó a cambiar —a partir también de los 90— con la introducción de un criterio orientado a legalizar la condición de aquellos inmigrantes que sufren de una "enfermedad severa que no puede ser tratada en su país de origen". A este criterio el autor le ha denominado "humanitarismo".[58]

Mediante esta cláusula, se ha vuelto común que los refugiados antepongan su situación de salud para lograr asilo, lo que ha llevado a un incremento significativo en el otorgamiento de este. Frente a esta situación, Fassin entiende que más que un cambio en las políticas sobre la vida, lo que se puede apreciar es un cambio acerca del tipo de vida en la cual está interesada la política.[59]

> "En vez de la vida del refugiado, con su pasado doloroso y su significado político, se prefiere la vida del enfermo, con su sufrimiento presente y su evidencia física".[60]

De otro lado, sus investigaciones sobre el VIH en Suráfrica Fassin[61] confirman también la preeminencia del derecho a la vida —un derecho civil— en la economía general de los derechos humanos por sobre otros derechos sociales, económicos y culturales. En particular el autor relata el "drama" al que se enfrentaron dos comunidades éticas en torno a dos concepciones de los derechos de vida y justicia.[62] En esta oportunidad se trataba de la presión ejercida sobre el gobierno de la época para que instalara un programa de prevención de la transmisión vertical del SIDA mediante el uso de un medicamento de bajo costo, y la resistencia que aquel tuvo porque consideraba que no podía priorizar el tratamiento de un solo grupo so pena de producir o incrementar la desigualdad.[63] En esta tensión el gobierno era acusado de ser cómplice de la muerte de "niños inocentes" debido a la enfermedad, bajo el argumento del "derecho a la vida" reforzado por el mensaje de la "vida del nasciturus," mientras que al mismo tiempo las madres eran ignoradas o desatendidas en el debate. El drama finalmente fue resuelto en contra del Ministerio de salud a quien una autoridad judicial le obligó a iniciar el programa de prevención de la transmisión vertical y el tratamiento de los niños, con lo cual se daba preeminencia en el manejo del VIH al uso de los medicamentos en detrimento, por ejemplo, de otras medidas de prevención como la educación. Mientras que de un lado se argumentó la defensa del derecho a la vida, ligada a su continuidad biológica, por el otro se argumentaba una defensa de la justicia orientada a la búsqueda de políticas que evitaran una profundización de las desigualdades.

> [...] de un lado, se adopta una postura ética de defensa de la vida de los niños y, más allá de ellos, de los enfermos de sida, y por otro lado, se tiene una posición no ética de dejar morir a unos recién nacidos inocentes y a unos pacientes en estado precario [...] [pero] Mientras que los enfermos adultos a menudo eran objeto de estigmatización, los recién nacidos se presentaban como víctimas inocentes. En tanto que las personas con sida tenían generalmente un pasado que despertaba suspicacias bien ilustradas por el lenguaje de la 'promiscuidad sexual,' los niños representaban el futuro de la nación.[64]

En torno a este debate Fassin argumenta que la vida aparece como el valor más legítimo sobre el cual se fundamentan, en este caso, las políticas y en un plano más amplio, el pensamiento de los derechos humanos. Es decir, el triunfo de la biolegitimidad o el valor atribuido a la vida, y al de salvar vidas, como un bien supremo.[65] La enfermedad se convierte en este marco en un recurso movilizador al poner la existencia física en riesgo.[66]

> "La cuestión que está en el núcleo del argumento humanitario así desarrollado —su última razón de ser— consiste en salvar vidas —vidas físicas de las personas amenazadas—".[67]

Por otro lado, como afirma Fassin en distintos trabajos[68] y en particular en los que aborda la cuestión de la razón humanitaria, las políticas en torno a la legitimidad de la vida tal como tienen lugar hoy en día, acentúan el daño ocasionado al cuerpo y el sufrimiento, por encima de toda consideración a las condiciones —regularmente precarias— en las que esos cuerpos se inscriben y a partir de las cuales tejen sus biografías. De esta manera, por ejemplo, y siguiendo el caso planteado arriba, la obtención de la residencia para los refugiados en Francia, se ha convertido en un espectáculo del sufrimiento y en la subjetivación de víctimas que desesperadamente luchan por demostrar y justificar la enfermedad y el sufrimiento como una manera de legitimar la vida.

Pero la relación entre la vida y el sufrimiento, como afirma Fassin, también se explica por una conexión con la moral cristiana a través de la cual ambas son valorizadas. La primera a través de la sacralidad que le es atribuida y el segundo a través del valor que le es otorgado. El sufrimiento tiene valor en tanto refleja que la vida está amenazada y mediante esta ecuación, se vuelve necesario atender el sufrimiento para proteger la vida que es sagrada.[69]

> "La constitución de la vida como sagrada y la valorización del sufrimiento hacen del gobierno humanitario contemporáneo una forma de teología política".[70]

Pero además, detrás del sufrimiento se configura una víctima —se subjetiva— y se reconoce la existencia de un "trauma" que le otorga a quien sufre un estatus legítimo creando un "espacio moral contemporáneo de producción de empatía" y por tanto de reconocimiento. Bajo la sombrilla del trauma las personas que sufren quedan habilitadas para compartir el sentimiento del sufrimiento humano que se torna, de todo, en lo más importante. Como veremos más adelante, la centralidad del sufrimiento, el trauma y la víctima que funcionan como una tríada para otorgar biolegitimidad, produce además una operación mediante la cual, al predominar el dolor, desaparecen la base social y la posición de quien lo padece.[71]

El trauma —o el sufrimiento— viene para dar significado a la experiencia en lo físico y en lo metafórico. En lo físico porque sirve como base para la intervención de "expertos" que puedan atestiguarlo como veremos más adelante, y en lo metafórico porque crea a la víctima y habilita el camino para que se la repare.[72]

Cada vez que es posible demostrar el sufrimiento, exponerlo, la víctima consigue justificar su requerimiento —como la condición de asilo o una visa en el caso de los migrantes en Francia— y también revelar una "necesidad". La víctima y su trauma producirán empatía mediante el sufrimiento, despertando compasión en quien goza de autoridad para juzgarla.[73] De esta manera, argumenta el autor, la legitimidad de la vida que aquí se instaura trata de políticas de piedad en las que el esfuerzo se centra en extraer la decisión de su contexto biográfico para atenerse a la realidad biológica, limitándose a las situaciones más dramáticas.[74]

El cuerpo se vuelve el recurso para reivindicar el derecho, "a título de la enfermedad" o el sufrimiento. "Un cuerpo sufriente que es así un tejido de argumentos que deberían fundamentar una legitimidad de la persona" y que, sin embargo, se repliega cada vez más hacia definiciones y apreciaciones más estrictas de la gravedad y la enfermedad estrechando la noción de la legitimidad de la vida.[75]

> "Sugiero denominar biolegitimidad a esta prioridad dada a lo viviente en la administración de los asuntos humanos, [y] *uno de los fundamentos morales del mundo contemporáneo*".[76]

Otro de los elementos desarrollados por Fassin en torno a la biolegitimidad, es el papel de quien certifica la existencia del sufrimiento, convirtiéndose en la voz que otorga —o niega— legitimidad a la vida.[77] En varios de sus trabajos esos *empresarios de la moral*, como él mismo les denomina, suelen ser profesionales de la medicina que desde su lugar de expertos terminan dando un veredicto.[78] Como se explicó antes, en el caso de los refugiados en Francia por ejemplo, la intensidad y suficiencia del sufrimiento en el relato de la víctima que busca demostrar que su vida está en riesgo —cumpliendo con el criterio que define la asignación del asilo y la visa— deberán ser *certificadas* por el médico que investido de experto deberá afirmarlo o negarlo. Así, la enfermedad, su último recurso, la última esperanza, entra al domino del profesional para ser comprobada —para volverla cierta—, reflejando que el cuerpo enfermo se torna superior en el orden moral de la biolegitimidad.[79]

> "Uno podría sentirse tentado a ver esto como un círculo médicamente virtuoso (legalizando a los individuos se les ayuda a recuperarse e incluso podría evitarles gastos médicos innecesarios), pero hay que ser conscientes de que esto instituye el cuerpo de los migrantes como el lugar de la verdad última".[80]

Pero el certificado médico no es un simple documento para lograr un "algo," —en este caso el asilo—, mediante la confirmación de que hay sufrimiento, violencia o daño sobre el cuerpo. El certificado es también una manera de acreditar o desacreditar la palabra de la víctima porque es el experto quien deberá hablar la verdad en su lugar. La sustitución de su palabra, le deslegitima.[81] Estos hechos afirman que la política humanitaria, en donde se expone la biolegitimidad, no es solo una política de la vida sino también del sufrimiento.[82]

Es así como Fassin explica de otra manera esta disputa entre dos sentidos y significados de la vida, uno la vida física de quien obtiene ayuda, el otro, la vida política de quien pelea para recibirla. No implica esto que deba predominar, según este autor, la una o la otra, sino que entre todos los posibles significados que podrían darse a la condición humana, el que está puesto en el centro de nuestro sistema de valores es justo aquel que se relaciona con la definición más restringida y más discutible de la vida: la de la vida misma o la del simple hecho de vivir.

> "[...] Que entre todos los posibles significados que uno podría adscribir a la condición humana, el que hemos puesto en la cumbre de nuestro Sistema de valores es aquel que se relaciona con la más restringida y también la más discutible definición de vida: el que Walter Benjamin llama 'la vida misma', o quizá más explícitamente, el simple hecho de estar vivo".[83]

Adicionalmente, las decisiones sobre la ayuda humanitaria se convierten en decisiones patéticas que terminan "condicionando la existencia material y social de las personas afectadas". La ayuda se distribuye mediante la puesta en escena de una especie de espectáculo —y un relato de súplica— por el cual discurre el discurso del sufrimiento:

> "La experiencia del sufrimiento [...] es de una versión descarnada del cuerpo. Heridas íntimas, enfermedades latentes, dolores indecibles, violencias reprimidas [...] El sujeto debe exponerse frente al Estado [...] delante de sus representantes o expertos, debe contar su vida [...] los momentos más susceptibles de emoción [...] para de alguna manera obtener reconocimiento de derechos [...] subjetivación y sujeción".[84]

Finalmente, Fassin destaca en sus trabajos la tensión entre la vida, la justicia y las desigualdades, como aspectos inherentes a la disputa por la biolegitimidad. Como él bien lo explica, las disputas en torno a la biolegitimidad son disputas sobre aquello que constituye la vida y en especial sobre las formas concretas en que los individuos y grupos son tratados, "con base en que principios, en nombre de cuál moral, y con cuáles desigualdades implícitas".[85] En otras palabras se trata de elecciones que tienen que ver con qué y quienes entran en la categoría de humanos en un determinado contexto social.

Las políticas de la vida implican que algunas vidas serán "salvadas" o "protegidas," llevando a que a través de esa elección se determinen las existencias que resultan más legítimas. Y esta legitimidad como hemos dicho parece mayor para quien logre constituirse en una víctima que es capaz de representar su sufrimiento y mostrar la enfermedad que amenaza su vida.[86]

A través del sufrimiento y su centralidad para legitimar la vida —como fue explicado antes—, la razón humanitaria crea una equivalencia entre este y la posibilidad de la vida haciéndonos suponer que todas las vidas valen lo mismo mientras que al mismo tiempo, se guarda la posibilidad de conceder valor solo a las vidas de algunos. A aquellos que triunfan porque les es reconocido el sufrimiento más que los derechos.[87]

> "De cara a la violencia, los desastres y las epidemias, pero también de la pobreza, la inseguridad y la desgracia, lo que es intolerable no es solo la presencia de la tragedia sino la desigualdad que queda embebida en esta [...]".[88]

En su ensayo crítico sobre el trabajo de Médicos sin Fronteras en contextos de crisis, Fassin concluye que las desigualdades son inherentes al proceso de definir la legitimidad de la vida, como nos muestra desde otro lugar, en este ejemplo. En el caso concreto de Médicos sin Fronteras, este autor plantea que existen, al menos, tres distinciones entre las vidas que allí se ponen en juego: las que se arriesgan, las vidas con mayor valor o las que se protegen en forma limitada, y las vidas que cuentan en primera o tercera persona. Las primeras ponen en escena las de los agentes humanitarios (que deciden arriesgar su vida por una buena causa) versus las de las poblaciones sobre las que ellos intervienen (vidas destinadas al sacrificio). Las segundas, traen a la escena las vidas de los trabajadores internacionales que son expatriados cuando están en riesgo y las de los trabajadores nacionales que pese al mismo deben permanecer; y las terceras, traen a la escena las vidas de quienes lo viven en primera persona y que son contadas a través de terceros.[89]

Es decir que la biolegitimidad y las elecciones en que esta se basa, producen desigualdades o reproducen las que ya existen en un determinado contexto y en un determinado tipo de relación jerárquica o de poder. Y esto sucede también en el caso del VIH en donde como él expresa, la epidemia no se inventa nada, solamente lo revela.[90] Las desigualdades propias de la epidemia y sus efectos, por ejemplo, sobre ciertas poblaciones reflejan que las actitudes discriminatorias hacia las personas infectadas reposan sobre un estigma preexistente agravado por la infección:

> "al definirlos como grupos de riesgo, la epidemiología refuerza las imágenes negativas previamente existentes de homosexuales, prostitutas o migrantes… se trata de un fenómeno biológico que remueve o fortalece las estructuras sociales existentes y las representaciones".[91]

De la misma manera la enfermedad se distribuye de forma considerablemente desigual tanto como sus consecuencias. Sin embargo, los esfuerzos generalmente se orientan a reparar los cuerpos más que atender los orígenes sociales del sufrimiento que incluyen, entre otros, la discriminación y la pobreza. De esta manera el control sobre la enfermedad parece consistir en evitar la muerte más que en *sanear* el contexto que conduce a ella.[92]

De esta manera Fassin[93] nos revela otra de sus conclusiones centrales y a la que el nombra el triunfo del discurso acerca de la vida versus el discurso acerca de la justicia, como fuente de legitimidad de las políticas públicas.

La disrupción entre la vida física y la vida como un todo existencial y un proyecto, y la preponderancia dada al sufrimiento (el que experimentan las víctimas y el que experimenta quien "atestigua" el sufrimiento de los otros) se imponen a la garantía de los derechos.[94] Las políticas de la vida no tienen lugar a partir de una lógica de justicia redistributiva[95] sino de la puesta en escena de una política de la piedad que ubica *la vida como tal* en el corazón de la decisiones. La "compasión […] pone en escena al cuerpo en una relación de simpatía […] en donde la justicia raramente se menciona […] y apenas encaja en la manifestación de derechos".[96]

> *"Es la enfermedad que me mata, la que se ha convertido ahora en mi razón para poder vivir".*[97]

En otras palabras, la ciudadanía biológica[98] que opera como una protección del derecho a la vida, o al menos de la vida como tal, de la vida biológica de la persona y la dignidad del cuerpo viviente, en teoría operaría como un régimen en el cual todos los humanos serían iguales. Pero, muy por el contrario, "las vidas biológicas de los seres humanos individuales se ven constantemente sometidas a juicios de valor" reflejando la existencia de desigualdades no solo en sus vidas biológicas sino también políticas.[99] Esto se aprecia en el caso del SIDA, en que la crisis epidemiológica se relaciona no solo con los rasgos que son propios de la enfermedad como su propagación, gravedad o letalidad, sino también con la realidad que las propicia o que las exacerba y que tienen que ver con la justicia.[100] Pero además, cuando las decisiones son intermediadas por el experto, si la compasión o el mérito no funcionan para justificar el riesgo o el daño que podría sufrir la vida, operan la autoridad y la arbitrariedad de esa voz experta que puede fácilmente producir decisiones injustas que desconocen las razones o situaciones particulares que tienen que ver con cada biografía y no solo con la de la biología.[101]

Como dice Fassin "aunque la ayuda a los necesitados se anuncie como un derecho [...] aunque la enfermedad abra el acceso al pleno derecho [...] es fácil constatar" que el encuentro sucede en términos de necesidad y no de derechos, haciendo que sean las situaciones de vida o muerte las que habiliten la *ayuda*, de la misma manera que como veremos sucede con el aborto.[102]

En suma, la separación entre justicia (como equidad) y piedad (como sensibilidad a la desgracia) [...] la lógica misma de las decisiones patéticas [...] y la puesta en escena de la desgracia sitúa la piedad en el corazón de la justicia. Pareciera que es más fácil movilizar a la opinión "para salvar unos centenares de vidas que para corregir los desórdenes económicos, políticos," y *culturales*[103] (cursivas propias).

De estos apartados se desprende cómo el valor que se asigna a la vida, y en particular a la vida en cuanto biología, ha devenido en un mecanismo para orientar las políticas en una variedad importante de ámbitos, en estrecha relación con la salud. Un medio de reivindicación e incorporación de demandas.[104]

En ese proceso de legitimación resultan centrales la puesta en escena del sufrimiento del cuerpo y las amenazas a la vida en cuanto biología, al mismo tiempo que se escapan a la ecuación, y a las políticas sobre la vida, las desigualdades en las que estas están inmersas. Y resulta también central el papel del experto que desde su conocimiento y a partir de su capacidad para sentir empatía, es autorizado para convertirse en la voz de aquel que sufre.

Por eso en este libro se propone que la vida y la legitimidad que a esta se le otorgue, se corresponda con una noción que está relacionada, intrínsecamente, no solo con la existencia y la supervivencia sino también con la biografía so pena de que esta última desaparezca.

Apuntes sobre la idea de economía moral

En la ruta Foucaultiana[105] la economía de la vida hace referencia a todo aquello que *puede o no puede* hacerse, a lo que es objeto de control y de debate en el contexto de las políticas de la vida.[106] Una economía de la vida que en virtud de las disciplinas y las regulaciones determina en últimas quien puede vivir y quien morir. Foucault, aplica la teoría de la economía moral desde el punto de vista del hombre económico — *homo œconomicus*— como aquel que acepta la realidad, "quien obedece a su interés, aquel cuyo interés es tal que, en forma espontánea, va a converger con el interés de los otros y lo intensifica".[107]

Partiendo de este marco, la economía moral de la vida[108] [109] hace referencia al conjunto de valores, normas, reglas, y leyes que regulan nuestra vida moral. Es decir, a todo aquello que es regulado en el orden de la vida y la existencia a partir de una determinada *asignación de valor* que tiene lugar en el campo de la moral.

La noción de economía moral, con escasos desarrollos en la literatura, tiene sus orígenes en Thompson[110] quien lo introdujo de manera accidental más bien como una jerga cuando discutía sobre las normas y obligaciones sociales relativas a las funciones económicas de distintos sectores de la comunidad que según él constituían la "economía moral de los pobres".[111] Pero esta noción fue posteriormente apropiada por autores como Scott y Daston[112] e incluso por Fassin quien la utiliza en "torno a la migración,[113] el humanitarismo[114] y la justicia local".[115]

Este concepto remite por un lado a un "sistema de intercambios de bienes y prestaciones" y por el otro a un "sistema de normas y obligaciones".[116] "Orienta los juicios y los actos, distingue lo que se hace y lo que no se hace. Más que de reglas económicas se trata de principios de vida buena, de justicia, de dignidad".[117]

Como mostró el uso del concepto en la antropología[118] esta noción ayuda a entender el fundamento de los derechos morales en tanto "el sentimiento de injusticia aparece cuando se rompe el acuerdo implícito acerca del marco de explotación tolerable […] así, los valores se introducen en la economía moral para convertirse incluso en uno de sus elementos centrales".[119]

Podríamos decir que la economía moral se refiere:

> "[…] parafraseando la definición fundacional de la economía política (Say, 1972) […] a la producción, el reparto, la circulación y la utilización de las emociones y los valores, las normas y las obligaciones en el espacio social".[120]

Por todo esto, resulta una noción muy útil para entender cómo las normas restrictivas sobre aborto son el resultado de un reparto de valores en el que la legitimidad que se otorga a la vida de las mujeres es siempre menor como se argumenta en este libro. Se trata de regulaciones sobre la vida y la existencia de las mujeres que han sido creadas a partir de una determinada *asignación de valor* que tiene lugar en el campo de la moral, aunque utilicen el derecho como vehículo.

Y aunque de un modo general los principios o reglas que "prescriben nuestro modo de actuar frente a los demás" operan en la vida social pero no deberían hacerlo en el ámbito de lo privado,[121] lo que es particular en la economía moral del aborto —"en el sentido de ordenamiento de regularidades y de reglas"—,[122] son las normas restrictivas que prescriben un orden moral en el que prevalecen ciertos tipos de vida constituyéndose en el registro de la legalidad de ese orden.[123]

Notas

1. Didier Fassin, *When bodies remember experiences and politics of AIDS in South Africa* (Berkeley: University of California Press, 2007), 570, 572 y 577.
2. Michel Foucault, *Tecnologías del yo y otros textos afines* (Barcelona: Paidós, 1990), 125–126. Según el autor este derecho era una derivación de la patria potestad que en el Derecho Romano le otorgaba al padre de familia, el derecho a disponer de la vida de sus hijos.
3. Foucault, *Tecnologías del yo*, 128.
4. Michel Foucault, *Historia de la sexualidad: 1. La voluntad del saber* (México: Siglo XXI, 1977), 252–253. Cursivas y traducción propia.
5. Foucault, *Tecnologías del yo*, 129. Cursiva propia.
6. Foucault, *Tecnologías del yo*, 130.
7. Foucault, *Tecnologías del yo*, 131.
8. Foucault, *Tecnologías del yo*, 132–133. Al respecto el autor aclara que esto no significa que la vida haya sido exhaustivamente sometida a técnicas que la dominen o administren; escapa a ellas sin cesar. Y esto es clave para entender el aborto como un campo de disputas.
9. Foucault, *Tecnologías del yo*, 133.
10. Foucault, *Tecnologías del yo*, 134.
11. Didier Fassin, "Another politics of life is possible", *Theory, Culture & Society* 26, no. 5 (2009): 44–60, http://journals.sagepub.com/doi/abs/10.1177/0263276409106349; Didier Fassin, "El irresistible ascenso del derecho a la vida: razón humanitaria y justicia social", *Revista de Antropología Social* 19 (2010): 191–204, http://revistas.ucm.es/index.php/RASO/article/view/RASO1010110191A.
12. Estas nociones, todas equivalentes, han sido introducidas como se verá más adelante por distintos autores: Aristóteles (mencionado por Fassin y Agamben); Giorgio Agamben, *Homo Sacer: el poder soberano y la nuda vida* (Valencia: Pre-textos, 2013); Fassin, "Another politics".
13. Pierre Bourdieu, *O poder simbólico*, traducido por Fernando Tomaz (Lisboa: DIFEL, 1989).
14. Didier Fassin, "Gobernar por los cuerpos, políticas de reconocimiento hacia los pobres y los inmigrantes en Francia", *Cuad. antropol. soc.* 17, no. 1 (2003): 49–78, http://www.scielo.org.ar/scielo.php?script=sci_arttext&pid=S1850-275X2003000100004; Didier Fassin, "Entre las políticas de lo viviente y las políticas de la vida: hacia una antropología de la salud", *Revista Colombiana de Antropología* 40 (2004): 283–318, http://www.scielo.org.co/scielo.php?script=sci_arttext&pid=S0486-65252004000100010; Fassin, *When bodies remember*; Didier Fassin, "Humanitarian as a politics of life", *Public Culture*" 19, no. 3 (2007): 499–520, https://www.

sss.ias.edu/files/pdfs/Fassin/Humanitarianism-as-politics-life.pdf; Fassin, "Another politics"; Fassin, "El irresistible ascenso del derecho"; Didier Fassin, *Humanitarian reason: a moral history of the present* (Berkeley: University of California Press, 2012).

15. Fassin, *Humanitarian reason*, 249. Traducción propia.
16. Fassin, *Humanitarian reason*; Didier Fassin y Richard Rechtman, *The empire of trauma: an inquiry into the condition of victimhood*, traducido por Rachel Gomme (Princeton: Princeton University Press, 2009).
17. Fassin, "Entre las políticas de lo viviente"; Fassin, *When bodies remember*; Fassin, "Humanitarian as a politics"; Fassin, "Another politics"; Fassin, "El irresistible ascenso del derecho".
18. La biopolítica de Michel Foucault fue una teoría inacabada y una promesa eludida por él, según el recuento que hace Didier Fassin en su texto "Another politics of life is possible". Este autor plantea que resulta cuando menos irónico que la palabra vida aparezca escasamente en los trabajos de Foucault que siguieron al planteamiento inicial de su teoría, quien por el contrario se centró en los asuntos relativos a la regulación de las poblaciones. El enunciado de la teoría de Foucault sobre la biopolítica está recogido en el primer volumen de la Historia de la Sexualidad, la voluntad del saber (Michel Foucault, *Historia de la sexualidad, Vol. 1. La voluntad del saber*, traducido por Ulises Guiñazú (México: Siglo XXI Editores, 2011), 127 y posteriores).
19. La biopolítica no fue en Foucault una política sobre la vida como podría sugerir su etimología, sino sobre las poblaciones entendidas como comunidades de seres vivientes (Fassin, "Another politics", 46). Y no lo fue en ninguna de las dos acepciones —ni como *zoe* ni como *bios* (Aristóteles)— de la noción de vida que serán retomadas más adelante en este texto. La excepción que Fassin encuentra al respecto de esta afirmación, está en los trabajos de Foucault, justamente en el texto la voluntad de saber cuándo introduce el término bio-poder para marcar el poder del soberano de "hacer vivir y dejar morir."". Sin embargo, por considerar que Foucault dedicó el resto de su vida a las nociones de gobernamentabilidad y subjetivación más que a las implicaciones del biopoder en lo concerniente a la vida, Fassin afirma que el centro de sus teorías fue el control sobre la vida más no su legitimidad y su valor. Fassin, "Another politics", 47.
20. Según Fassin, la biopolítica es también una política sobre la vida y las desigualdades entre vidas, a las que sugiere denominar como bio-desigualdades (bio-inequalities). Curiosamente, dice este autor, desigualdad es una palabra que no aparece en los escritos de Foucault (Fassin, "Another politics").
21. Fassin, "Gobernar por los cuerpos"; Fassin, "Another politics"; Fassin, "El irresistible ascenso del derecho"; Fassin, *Humanitarian reason*.
22. Y ese valor de la vida está ligado en nuestros tiempos a lo que él denomina la *vida como tal*, el hecho que ya Walter Benjamin (1978) había nombrado como el simple hecho de vivir o en otras palabras la sacralidad de la vida como tal —*life as such*— (Fassin, "Another politics", 49).
23. Otros autores latinoamericanos como Antonio Bascuñán Rodríguez han aportado a este debate: "[…] La aparente pertinencia de la pregunta descansa en la ambigüedad de la palabra 'vida,' que tal como su etimología latina 'vita' puede referirse tanto a la propiedad que distingue a los seres vivos (animales, vegetales, hongos, bacterias, protozoos, arqueas) —vida en el sentido de la vitalidad—, como a la historia de un ser vivo individual desde su emergencia a partir de la reproducción de su(s) progenitor(es) hasta su muerte —vida en el sentido de la biografía—" (Antonio Bascuñán Rodríguez, "La fecundación in vitro ante el derecho penal chileno", en *Técnicas de reproducción humana asistida. Desafíos del siglo XXI: una mirada transdisciplinaria*, coordinado por Maricruz Gómez de la Torre Vargas y Cristián Lepin Molina (Santiago, Chile: Abeledo Perrot, 2013)). Acerca de la distinción entre los conceptos griegos "bios" (vida como biografía) y "zoe"

(vida como vitalidad). Hannah Arendt, *La condición humana* (Barcelona: Paidós, 2016), 118; Ronald Dworkin, *Life's dominion: an argument about abortion, euthanasia and individual freedom* (Nueva York: Vintage Books, 1994), 111. La distinción ha sido conocidamente utilizada por Giorgio Agamben en el plano más general de la teoría política (Agamben, *Homo Sacer*). El caso "Artavia Murillo" sobre fertilización *in vitro*, es un caso emblemático por muchas razones entre ellas porque resuelve que la protección de la vida consagrada en la Convención, no implica la penalización del aborto: http://www.oas.org/es/cidh/prensa/comunicados/2016/013.asp. Corte Interamericana de Derechos Humanos, *Caso Artavia Murillo y otros (Fertilización in vitro) vs. Costa Rica*, 28 de noviembre de 2012, http://www.corteidh.or.cr/tablas/fichas/artaviamurillo.pdf.

24. Fassin, "Another politics", 50. Traducción propia.
25. Arendt, *La condición humana*, 21.
26. Arendt, *La condición humana*, 22.
27. Arendt, *La condición humana*, 23.
28. Para Arendt su noción de *vita activa* se correspondería con la *bios politikos* de Aristóteles que es aquella vida dedicada a los asuntos público-políticos. El propio Aristóteles había distinguido tres modos de vida (*bios*) que podían elegir con *libertad los hombres* y de las que "descartaba todas las formas dedicadas primordialmente a mantenerse vivo:" la de los placeres, la de la contemplación y la de la polis. De esta manera la *bios politikos* de Aristóteles marca el acento en la acción y la praxis, y ni la *labor* ni el trabajo poseían suficiente dignidad para constituir un *bios* de donde Arendt formula que su noción de *vita activa* es contraria a la tradición (Arendt, *La condición humana*, 29). Vale la pena destacar para esta tesis que ya desde Aristóteles se encuentra excluida de la vida política y pública, la vida relativa al cuidado y vida en la reproducción, y en este sentido, ya desde esa época la exclusión de la reproducción expresa una forma de subvaloración en cuanto vida pública, vida política, vida biográfica.
29. Arendt, *La condición humana*, 37 y 39.
30. Y es allí en donde se reproduce el pensamiento que desde la antigüedad considera "lógico que el dominio de las necesidades vitales en la familia fuera la condición para la libertad de la polis". Arendt, *La condición humana*, 43. Libertad que consiste en primer lugar en la libertad de la propiedad de uno mismo, propiedad que las normas restrictivas le niegan a las mujeres.
31. Arendt, *La condición humana*, 338–229.
32. La tesis de este autor se encuentra expuesta en el texto Homo Sacer que no trataremos con detalle por exceder el alcance de este libro. El protagonista de su libro es la nuda vida, es decir "la vida a quien cualquiera puede dar muerte pero que es a la vez la vida insacrificable del homo sacer". Agamben, *Homo Sacer*, 18. Según este autor, "la tesis de Foucault debe ser corregida o completada en el sentido de que lo que caracteriza a la política moderna no es la inclusión de la zoe en la polis en si misma ni el simple hecho como tal de que la vida se convierta en objeto eminente de los cálculos y de las previsiones del poder estatal. El estado de excepción, en el que la vida nuda era, a la vez excluida del orden jurídico y apresada en él, constituía en verdad, en su separación misma el fundamento oculto sobre el que reposaba todo el sistema político". Agamben, *Homo Sacer*, 18. De esta manera "con la afirmación de la biopolítica, se asiste en efecto, a un desplazamiento y a una progresiva ampliación, más allá de los límites del estado de excepción de las decisiones sobre la nuda vida en lo que consistía la soberanía [...]" lo que este autor dice es que "no hay una línea que separe hacer vivir y dejar morir sino que la biopolítica se transforma en tanato-política sin una frontera fija: es más bien una línea movediza tras de la cual quedan situadas zonas más y más amplias de la vida social [...] en las que el soberano entra en una simbiosis cada vez más íntima no sólo con el jurista sino también con el médico, el científico, el experto, el sacerdote". Agamben, *Homo Sacer*, 155.

33. Agamben, *Homo Sacer*, 19. Penélope Deutscher explora por qué distintos autores que debatieron la noción de vida y la de poder —la biopolítica— no incorporaron en sus análisis la cuestión de la reproducción de las mujeres y el aborto. En el caso de Agamben, y a partir de su discusión en torno a la eutanasia, Deutscher plantea que la noción de nuda vida de este autor, se propone para situaciones en las que ha tenido lugar la vida humana y que alguna circunstancia —como la enfermedad— le priva de ella quedando suspendido en un umbral. En este umbral tiene lugar la despolitización o deshumanización de una vida humana previamente politizada o humana que no es posible con el feto que no alcanzó nunca tal tipo de vida. Penelope Deutscher, "The inversion of exceptionality: Foucault, Agamben, and 'Reproductive Rights'", *South Atlantic Quarterly* 107, no. 1 (2008): 55–70, https://read.dukeupress.edu/south-atlantic-quarterly/article-abstract/107/1/55/52619/The-Inversion-of-Exceptionality-Foucault-Agamben.
34. Agamben, *Homo Sacer*, 19, 21. Finalmente este autor, a partir de Binding, quien aborda el problema de la eutanasia, infiere la necesidad de autorizar la supresión de la vida indigna de ser vivida como la manera de designar la licitud de la eutanasia [...] frente a su correlato la vida digna de ser vivida (vivir) concordando con la estructura biopolítica fundamental de la modernidad —la decisión sobre el valor (o sobre el disvalor) de la vida como tal—. El concepto de vida sin valor (o indigna de ser vivida) se aplica ante todo a los individuos que, a consecuencia de enfermedades o heridas deben ser considerados "perdidos sin posibilidad de curación" y que en plena consciencia de sus condiciones desean absolutamente la liberación y han manifestado de una y otra forma esa liberación. Agamben, *Homo Sacer*, 172, 175.
35. Haciendo con que, por ejemplo, en el caso de las normas restrictivas se haya logrado un giro decisivo —trasmutando al feto en persona— que refleja la forma en que a esta se subordina la vida de las mujeres durante la reproducción (véase el Capítulo 3 sobre la preponderancia de la vida biológica y el valor del feto en: Alejandro Madrazo, "Narratives of prenatal personhood in abortion law", en *Abortion law in transnational perspective: cases and controversies*, editado por Rebecca J. Cook, Joanna N. Erdman y Bernard Dickens (Filadelfia: University of Pennsylvania Press, 2016)).
36. Fassin, "Another politics", 47, citando a Georges Canguilhem, 1968, 335, quien fue uno de los maestros más influyentes de Foucault.
37. Fassin, "Another politics", 47. Traducción propia.
38. Paul Rabinow y Nikolas Rose, "Biopower today", *BioSocieties* 1, no. 2 (2006): 195–217, https://link.springer.com/article/10.1017%2FS1745855206040014; Sarah Franklin, "Life itself: global nature and the genetic imaginary", en *Global nature, global culture*, editado por Sarah Franklin, Celia Lury y Jackie Stacey (Londres: Sage Publications, 2000), http://sk.sagepub.com/books/global-nature-global-culture/n7.xml; Nikolas Rose, "The politics of life itself", *Theory, Culture and Society* 18, no. 6 (2001): 1–30, http://journals.sagepub.com/doi/pdf/10.1177/02632760122052020; Nikolas Rose, *The politics of life itself: biomedicine, power and subjectivity in the twenty-first century* (Princeton: Princeton University Press, 2007).
39. Fassin, "Another politics", 47.
40. Franklin, "Life itself", 188.
41. Rose aporta a este debate introduciendo la noción de bioeconomía entendida como la vida puesta en lógica de ganancias y mercado (Rose, *The politics of life itself*). Así por ejemplo, las cirugías genéticas han servido para introducir y reforzar la personalidad del feto, a quien se trata en esa particular relación, como una persona, como un "paciente," llevando entre otros efectos a incrementar las restricciones que se orientan a proteger la "santidad de la vida" del óvulo no solo desde la fecundación sino desde antes. Es decir, una protección que apela a la humanidad como ontología.

42. Franklin, "Life itself", 190–191.
43. Franklin, "Life itself", 192.
44. Franklin, "Life itself", 196.
45. Deutscher, "The inversion of exceptionality".
46. Rose afirma que la noción de vida no puede ser entendida como un fenómeno preexistente, pues la comprensión de la misma se ha visto transformada múltiples veces, desde que se introdujo la palabra biología (Rose, *The politics of life itself*, 110), con lo que siempre ha existido una tensión entre quienes creen en la vida meramente biológica (los genes) y quienes insisten en la importancia, aún para los genes, del complejo desarrollo social. Algunos autores incluso han llegado a afirmar que las secuencias del ADN solas no logran explicar el plan maestro de la existencia orgánica y que la vida misma se resiste a ser enmarcada en términos de información, siguiendo sin resolverse el debate sobre lo que es la vida y como se configura, incluso en el terreno de las propias ciencias biológicas. "Las líneas entre la vida y la muerte son variables geográficamente y están sujetas a intensos debates políticos y bioéticos pero también a una intensa capitalización" (Rose, *The politics of life itself*, 128).
47. Rabinow y Rose, "Biopower today", 195. Traducción propia.
48. Fassin, "Another politics", 48. Traducción propia. A partir de esta prolongación de la vida que pueden producir las políticas, se entiende como las normas restrictivas tienen no solo efectos sobre la vida sino que se fundamentan en valoraciones sobre la misma.
49. Fassin, "Gobernar por los cuerpos"; Fassin, "Another politics"; Rose, "The politics of life itself"; Rose, *The politics of life itself: biomedicine.*
50. Adriana Petryna, *Life exposed: Biological citizenship after Chernobyl* (Princeton, NJ: Princeton University Press, 2002).
51. A través de esta noción, según Fassin, es posible vincular el asunto de vivir —lo biológico— con el significado de lo político —la ciudadanía— en términos de los derechos sociales y civiles.
52. Fassin, "Another politics", 51. Traducción propia.
53. Fassin, "Another politics", 53.
54. Fassin, "Another politics", 57. Traducción propia.
55. Es importante aclarar que este no es libro sobre el pensamiento de Fassin y que la razón por la que acá presento en forma detallada sus desarrollos teóricos es porque nos sirve como matriz para el debate sobre las normas restrictivas. En otras palabras, la tesis de este trabajo se construye a partir de una particular noción introducida por Fassin y de ahí la importancia de comprender sus alcances y los diversos aspectos que la caracterizan.
56. Fassin, "Humanitarian as a politics"; Fassin, "Another politics"; Fassin, *Humanitarian reason.*
57. Fassin, "Another politics", 50. El autor de hecho argumenta que este se ha convertido en un modo general de gobernar en las sociedades actuales y que de hecho, la política sobre migración en Francia es justamente un ejemplo de ello (Fassin, "Gobernar por los cuerpos").
58. Fassin, "Another politics", 51.
59. El mismo argumento también ha sido utilizado por Médicos sin Fronteras que aunque no aboga por el derecho a la vida a partir de una noción sobre la vida como tal o la nuda vida, si han promovido la ciudadanía biológica (Petryna, *Life exposed*).
60. Fassin, "Another politics", 51. Traducción propia.
61. Fassin, "Humanitarian as a politics"; Fassin, "El irresistible ascenso del derecho".
62. La idea del "drama" es introducida por Turner (citado por Fassin, "El irresistible ascenso del derecho") quien la refiere a los momentos en que los conflictos entre individuos en una sociedad desembocan en una ruptura pública y una crisis profunda.

63. Como telón de fondo además, en el país estaba teniendo lugar también otra disputa sobre los medicamentos en la que el gobierno se negaba a promover su uso por considerar que agravaban las condiciones de salud de la población que se enfermaba de SIDA según ellos por la pobreza y también por los medicamentos. Esta posición se correspondía con la de un sector que asesoraba al gobierno y sostenía tal tesis.
64. Fassin, "El irresistible ascenso del derecho", 6–7.
65. "Hay que subrayar que se trataba siempre del derecho a la vida de los futuros nasciturus, lo cual evidentemente redoblaba la carga emocional de la campaña: en la prensa se concretaba a través de viñetas que contaban las historias de niños contaminados —a cuyo respecto se afirmaba que hubieran sobrevivido gracias al tratamiento, aunque los medicamentos sólo evitaban la mitad de las infecciones— y mediante datos estadísticos que cuantificaban las vidas salvadas gracias a las medicinas —sin dudar, a veces, en multiplicar por diez los datos reales sobre los niños infectados para hacerlos más espectaculares—". Fassin, "El irresistible ascenso del derecho", 8.
66. De hecho, la enfermedad como un recurso movilizador haciendo que la vida biológica aparezca como preeminente y originando lo que este autor denomina una ética de la sobrevivencia (Fassin, "El irresistible ascenso del derecho"). La misma apelación a la cláusula humanitaria se puede también trazar en las negociaciones internacionales que países como Suráfrica, Brasil e India han hecho en la Organización Internacional del Comercio (Fassin, "El irresistible ascenso del derecho", 202) a fin de liberar frente a las empresas farmacéuticas, la venta de medicamentos para "proteger la salud" poniendo al descubierto el tipo de vida que hoy se defiende.
67. Fassin, "El irresistible ascenso del derecho", 11.
68. Fassin, "Gobernar por los cuerpos"; Fassin, "Entre las políticas de lo viviente"; Fassin, "Another politics"; Fassin, *Humanitarian reason.*
69. Fassin, *Humanitarian reason.*
70. Fassin, *Humanitarian reason.* Traducción propia.
71. De esta manera las jerarquías y desigualdades permanecen intactas pues no hacen parte de las consideraciones a tener en cuenta para asignar derechos. La protección de la vida biológica parece borrarlo todo, y sobre todo la posibilidad de evidenciar la desigualdad y la aspiración de justicia (Fassin, "El irresistible ascenso del derecho"; Fassin y Rechtman, *The empire of trauma*).
72. Fassin y Rechtman, *The empire of trauma*. El sufrimiento y el trauma funcionan en una economía moral que establece maneras de certificar cuáles son aquellas vidas que son más legítimas, destacándose de todas la figura del experto, que le certifica.
73. Didier Fassin, "Justice Principles and Judgment Practices in Allotting Emergency State Financial Aid in France", *Revue Française de Sociologie* 44 (2003b): 109–146, https://www.cairn.info/revue-francaise-de-sociologie-1-2003-5-page-109.htm.
74. Fassin, "Justice Principles"; Fassin, *Humanitarian reason.*
75. Fassin, "Gobernar por los cuerpos", 4, 18. Al respecto del sufrimiento, este autor argumenta por último que en cierto sentido se banaliza el sufrimiento porque en general los argumentos de "necesidad" terminan por ser ignorados al igual que la compasión, a fin de limitar las decisiones que pueden favorecer a una víctima (por ejemplo a los refugiados).
76. Fassin, "Entre las políticas de lo viviente", 303.
77. La certificación se convierte en el medio por el cual las poblaciones —como los refugiados— consiguen la ayuda y por tanto la atribución de los derechos se consigue solo si "se cumplen los requisitos" y lo certifica el experto (Fassin y Rechtman, *The empire of trauma).*
78. La noción de empresarios de la moral fue introducida por Becker para referirse la posición que ocupan médicos y jueces, y que puede potencialmente producir daño por la superioridad que se

otorga a su palabra. De esta manera, como sostenemos en este texto, sus palabras y sus prácticas producen normalidad a través de la medicina (Fassin, *When bodies remember*).

79. Fassin, *Humanitarian reason*. Es justamente el tipo de criterio —el de la enfermedad— que se impone para obtener asilo, el que hace que se vuelva importante la opinión del médico experto.
80. Fassin, *Humanitarian reason*. Traducción propia.
81. Fassin, *Humanitarian reason*.
82. En todo caso, si como dice Fassin, nos tomáramos en serio la cuestión de la "humanidad" todas las vidas deberían ser sagradas y no solo aquellas a las que hay que aliviar del sufrimiento. De ahí que en virtud del reconocimiento de la vida —como el más alto de todos los valores— en el mero sentido de estar vivo, sea lo que Fassin propone abarcar bajo el concepto de biolegitimidad (Fassin, *Humanitarian reason*).
83. Fassin, *Humanitarian reason*. Traducción propia.
84. Fassin, "Gobernar por los cuerpos", 13, 20. "La biopolítica por su parte implica controversia y disputas sobre las formas en que debe ser la vida humana [...] consideraciones sobre la ausencia, la terminación, la prevención, están presentarse en los debate contemporáneos" (Rose, *The politics of life itself*). "El biopoder, sugerimos, conlleva más de un discurso sobre la verdad acerca del carácter *vita*l de los seres humanos; un espectro de autoridades consideradas competentes para hablar sobre la verdad: estrategias para intervenir la existencia colectiva en nombre de la vida y de la salud" (Rabinow y Rose, "Biopower today", 195) Traducción propia.
85. En el caso de la segregación racial en Suráfrica que fue operada a través del sistema legal (cuyas consecuencias pueden también apreciarse en relación al SIDA), refleja bien que los efectos sobre las denominadas "razas" tuvieron lugar no solo sobre la organización de la vida diaria —con las limitaciones propias de la movilidad por ejemplo— sino también sobre la vida biológica —por ejemplo en el nivel de nutrición o el riesgo de enfermar—, de manera que "las políticas raciales fueron también biopolíticas" (Fassin, "Another politics", 54).
86. Fassin, "Humanitarian as a politics".
87. Fassin, *Humanitarian reason*.
88. Fassin, *Humanitarian reason*. Traducción propia.
89. "Las organizaciones humanitarias actúan como voceras creando una distinción en el discurso público entre quienes son sujetos (los testigos que testifican las desgracias del mundo), y aquellos que solo existen como objetos (el desgraciado que sufre y que es testificado ante el mundo)". Fassin, "Humanitarian as a politics", 517.
90. La invisibilización de las desigualdades, afirma Fassin, ocurre cuando bajo el velo del dolor se ocultan la violencia, la guerra, y la precariedad de algunos grupos (Fassin, "Entre las políticas de lo viviente").
91. Fassin, *When bodies remember*, 692–695. Traducción propia.
92. Fassin, *When bodies remember*. Del mismo modo que lo hace el aborto inseguro y los efectos de la criminalización sobre ciertos grupos de mujeres.
93. Fassin, *Humanitarian reason*.
94. En todo caso importa anotar, como explica Fassin que en el proceso de revelar el sufrimiento humano, las víctimas no se distinguen según su base social, ni su posición ni en el tipo de dolor que produjo el trauma haciendo que las jerarquías y las desigualdades estén firmes y en su lugar (Fassin y Rechtman, *The empire of trauma).*
95. Nancy Fraser, *Iustitia Interrupta: reflexiones críticas desde la posición postsocialista* (Bogotá: Siglo del Hombre, 1997).
96. Fassin, "Gobernar por los cuerpos", 212.

97. Fassin, "Another politics", 51. En el original: *"It is the disease which kills me that has become my reason for living now".*
98. Fassin, "Another politics", 51; Rose, "The politics of life itself".
99. Fassin, *When bodies remember.*
100. Fassin, "The embodiment of inequality", *EMBO Reports* 4 (2003): S4–S9, https://www.ncbi.nlm.nih.gov/pmc/articles/PMC1326443/pdf/4-embor856.pdf. De manera similar como veremos en el siguiente apartado, sucede con el aborto.
101. Fassin, "Justice Principles".
102. Fassin, "Gobernar por los cuerpos".
103. Fassin, "El irresistible ascenso del derecho", 13.
104. Sônia Weidner Maluf, "Biolegitimacy, rights and social policies: new biopolitical regimens in mental healthcare in Brazil", *Vibrant, Virtual Braz. Anthr.* 12, no. 1 (2015): 321–350, http://www.scielo.br/scielo.php?script=sci_arttext&pid=S1809-43412015000100321. En este artículo la autora se refiere a Fassin.
105. Michel Foucault, *Nacimiento de la biopolítica: Curso en el Collège de France (1978–1979)* (Buenos Aires: Fondo de Cultura Económica, 2007 y 2017).
106. Fassin, *Humanitarian reason.*
107. Foucault, *Nacimiento de la biopolítica*, 310.
108. Conversaciones propias con Débora Diniz, 2017; E.P. Thompson, *Costumbres en común*, traducido al español de Jordi Beltrán y Eva Rodríguez (Barcelona: Crítica, 1995); Judith Butler y Athena Athanasiou, *Dispossession: the performative in the political. Conversations with Athena Athanasiou* (Cambridge: Polity, 2013); Didier Fassin, *Por una repolitización del mundo: las vidas descartables como desafío del siglo XXI* (Buenos Aires: Siglo Veintiuno, 2018); Rose, *The politics of life itself.*
109. Nikolas Rose, por ejemplo, si bien no desarrolla la noción, la utiliza en uno de sus textos, en relación con la ética y los "ideales" de la salud. Básicamente explica que los temores y ansiedades sobre la enfermedad y la muerte se están reformulando dentro de un espíritu de esperanza y expectativa, en lo que él llama una economía moral de la esperanza, producida por la innovación que tratará o curará estimulando los circuitos de inversión (Rose, *The politics of life itself*).
110. Citado por Fassin, *Por una repolitización del mundo*, 171, 173.
111. Thompson, *Costumbres en común*, 307.
112. Citados por Fassin, *Por una repolitización del mundo.*
113. Fassin, "Gobernar por los cuerpos".
114. Fassin, "Another politics".
115. Fassin, *Humanitarian reason.*
116. Fassin, *Por una repolitización*, 173.
117. Fassin, *Por una repolitización*, 179.
118. Scott, citado por Fassin, *Por una repolitización*, 185.
119. Fassin, *Por una repolitización*, 185, 186.
120. Fassin, *Por una repolitización*, 196.
121. Maria Clara Dias, *Sobre nós: expandindo as fronteiras da moralidade* (Río de Janeiro: Pirilampo, 2016).
122. Fassin, *Por una repolitización*, 194.
123. Débora Diniz, "Perspectivas e articulações de uma pesquisa feminista", en *Estudos feministas e de gênero: articulações e perspectivas*, editado por Cristina Stevens, Susane Rodrigues De Oliveira y Valeska Zanello (Isla de Santa Catarina: Mulheres, 2014), http://repositorio.unb.br/bitstream/10482/16349/1/LIVRO_EstudosFeministasedeGeneroArticula%C3%A7%C3%B5es.pdf. Aunque el debate sobre la reproducción como un fenómeno económico no es el foco de este libro, considerando que está profundamente imbricada en el poder patriarcal, conviene enfatizar

en el hecho de que la reproducción de las mujeres y el control que sobre la misma suponen las normas restrictivas, se relaciona con un doble rasgo. Por un lado, mantiene a las mujeres a cargo de la reproducción social reforzando la maternidad, y por el otro las castiga cada vez que rehúsan la maternidad como destino. De esta manera se asegura su particular papel en el mundo de lo privado que al mismo tiempo que las responsabiliza de la reproducción social, las excluye del mundo de las decisiones públicas en donde se deciden las normas que las coaccionan.

Bibliografía

Agamben, Giorgio. *Homo Sacer: el poder soberano y la nuda vida.* Valencia: Pre-textos, 2013.

Arendt, Hannah. *La condición humana.* Barcelona: Paidós, 2016.

Bascuñán Rodríguez, Antonio. "La fecundación in vitro ante el derecho penal chileno". En *Técnicas de reproducción humana asistida. Desafíos del siglo XXI: una mirada transdisciplinaria.* Coordinado por Maricruz Gómez de la Torre Vargas y Cristián Lepin Molina. (Santiago, Chile: Abeledo Perrot, 2013).

Bourdieu, Pierre. *O poder simbólico.* Traducido por Fernando Tomaz. Lisboa: DIFEL, 1989.

Butler, Judith y Athena Athanasiou. *Dispossession: the performative in the political. Conversations with Athena Athanasiou.* Cambridge: Polity, 2013.

Corte Interamericana de Derechos Humanos. *Caso Artavia Murillo y otros (Fertilización in vitro) vs. Costa Rica.* 28 de noviembre de 2012. http://www.corteidh.or.cr/tablas/fichas/artaviamurillo.pdf.

Deutscher, Penelope. "The inversion of exceptionality: Foucault, Agamben, and 'Reproductive Rights'". *South Atlantic Quarterly* 107, no. 1 (2008): 55–70. https://read.dukeupress.edu/south-atlantic-quarterly/article-abstract/107/1/55/52619/The-Inversion-of-Exceptionality-Foucault-Agamben.

Dias, Maria Clara. *Sobre nós: expandindo as fronteiras da moralidade.* Río de Janeiro: Pirilampo, 2016.

Diniz, Débora. "Perspectivas e articulações de uma pesquisa feminista". En *Estudos feministas e de gênero: articulações e perspectivas.* Editado por Cristina Stevens, Susane Rodrigues De Oliveira y Valeska Zanello. Isla de Santa Catarina: Mulheres, 2014. http://repositorio.unb.br/bitstream/10482/16349/1/LIVRO_EstudosFeministasedeGeneroArticula%C3%A7%C3%B5es.pdf.

Dworkin, Ronald. *Life's dominion: an argument about abortion, euthanasia and individual freedom.* Nueva York: Vintage Books, 1994.

Fassin, Didier. "Another politics of life is possible". *Theory, Culture & Society* 26, no. 5 (2009): 44–60. http://journals.sagepub.com/doi/abs/10.1177/0263276409106349.

Fassin, Didier. "El irresistible ascenso del derecho a la vida: razón humanitaria y justicia social". *Revista de Antropología Social* 19 (2010): 191–204. http://revistas.ucm.es/index.php/RASO/article/view/RASO1010110191A.

Fassin, Didier. "Entre las políticas de lo viviente y las políticas de la vida: hacia una antropología de la salud". *Revista Colombiana de Antropología* 40 (2004): 283–318. http://www.scielo.org.co/scielo.php?script=sci_arttext&pid=S0486-65252004000100010.

Fassin, Didier. "Ethics of survival: a democratic approach to the politics of life". *Humanity: An International Journal of Human Rights, Humanitarianism, and Development* 1 (2010): 81–95. https://muse.jhu.edu/article/394855.

Fassin, Didier. "Gobernar por los cuerpos, políticas de reconocimiento hacia los pobres y los inmigrantes en Francia". *Cuad. antropol. soc.* 17, no. 1 (2003): 49–78. http://www.scielo.org.ar/scielo.php?script=sci_arttext&pid=S1850-275X2003000100004.

Fassin, Didier. "Humanitarian as a politics of life". *Public Culture* 19, no. 3 (2007): 499–520. https://www.sss.ias.edu/files/pdfs/Fassin/Humanitarianism-as-politics-life.pdf.

Fassin, Didier. *Humanitarian reason: a moral history of the present*. Berkeley: University of California Press, 2012.

Fassin, Didier. "Justice Principles and Judgment Practices in Allotting Emergency State Financial Aid in France". *Revue Française de Sociologie* 44 (2003): 109–146. https://www.cairn.info/revue-francaise-de-sociologie-1-2003-5-page-109.htm.

Fassin, Didier. *Por una repolitización del mundo: las vidas descartables como desafío del siglo XXI*. Buenos Aires: Siglo Veintiuno, 2018.

Fassin, Didier. "The embodiment of inequality". *EMBO Reports* 4 (2003): S4–S9. https://www.ncbi.nlm.nih.gov/pmc/articles/PMC1326443/pdf/4-embor856.pdf.

Fassin, Didier. *When bodies remember experiences and politics of AIDS in South Africa*. Berkeley: University of California Press, 2007.

Fassin, Didier y Richard Rechtman. *The empire of trauma: an inquiry into the condition of victimhood*. Traducido por Rachel Gomme. Princeton: Princeton University Press, 2009.

Foucault, Michel. *Historia de la sexualidad: 1. La voluntad del saber*. Traducido por Ulises Guiñazú. México: Siglo XXI Editores, 1977 y 2011.

Foucault, Michel. *Nacimiento de la biopolítica: Curso en el Collège de France (1978–1979)*. Buenos Aires: Fondo de Cultura Económica, 2007 y 2017.

Foucault, Michel. *Tecnologías del yo y otros textos afines*. Barcelona: Paidós, 1990.

Franklin, Sarah. "Life itself: global nature and the genetic imaginary". En *Global nature, global culture*. Editado por Sarah Franklin, Celia Lury y Jackie Stacey. Londres: Sage Publications, 2000. http://sk.sagepub.com/books/global-nature-global-culture/n7.xml.

Fraser, Nancy. *Iustitia Interrupta: reflexiones críticas desde la posición postsocialista*. Bogotá: Siglo del Hombre, 1997.

Madrazo, Alejandro. "Narratives of prenatal personhood in abortion law". En *Abortion law in transnational perspective: cases and controversies*. Editado por Rebecca J. Cook, Joanna N. Erdman y Bernard Dickens. Filadelfia: University of Pennsylvania Press, 2016.

Maluf, Sônia Weidner. "Biolegitimacy, rights and social policies: new biopolitical regimens in mental healthcare in Brazil". *Vibrant, Virtual Braz. Anthr.* 12, no. 1 (2015): 321–350. http://www.scielo.br/scielo.php?script=sci_arttext&pid=S1809-43412015000100321.

Petryna, Adriana. *Life exposed: Biological citizenship after Chernobyl*. Princeton, NJ: Princeton University Press, 2002.

Rabinow, Paul y Nikolas Rose. "Biopower today". *BioSocieties* 1, no. 2 (2006): 195–217. https://link.springer.com/article/10.1017%2FS1745855206040014.

Rose, Nikolas. "The politics of life itself". *Theory, Culture and Society* 18, no. 6 (2001): 1–30. http://journals.sagepub.com/doi/pdf/10.1177/02632760122052020.

Rose, Nikolas. *The politics of life itself: biomedicine, power and subjectivity in the twenty-first century.* Princeton: Princeton University Press, 2007.

Thompson, E. P. *Costumbres en común.* Traducido al español por Jordi Beltrán y Eva Rodríguez. Barcelona: Crítica, 1995.

CAPÍTULO 2

Las normas restrictivas sobre aborto en América Latina

Definiendo las normas restrictivas

La noción de normas restrictivas[1] que se utiliza en este libro, se encuentra en el intersticio entre la sociología y el derecho en la línea desarrollada por autores como Carlos Santiago Nino,[2] Encarnación Fernández y José García Añón,[3] Julieta Lemaitre,[4] Mauricio García Villegas[5] y Paola Bergallo.[6] Desde este intersticio es posible comprender que las normas funcionan como aserciones que toman su fuerza a través de dos discursos prescriptivos estrechamente relacionados, el derecho y la moral, que les habilitan para crear una "normalidad" que está instituida en las disposiciones del derecho positivo, o que es instituyente a través de prácticas o normas informales adscritas a un determinado orden social y moral que es promovido por un grupo social.[7] Y es en ese doble sentido que las normas son entendidas en este trabajo. Tal normalidad opera en un triple sentido: como aquello que dice la norma, como aquello que pasa con frecuencia, y como aquello que con el tiempo es normal como práctica y como lenguaje.[8]

El derecho, como reconocen distintos autores, no es el "único orden normativo que rige la conducta humana" y por el contrario esta se rige por un conjunto más amplio de reglas, variables en intensidad, que dan lugar a relaciones entre el "Derecho y otros órdenes normativos".[9] Destacan en estos órdenes, los usos sociales normativos que refieren al conjunto de prácticas, pautas y reglas de comportamiento admitidos en algunos sectores o en la sociedad en forma más amplia, y que revisten una cierta obligatoriedad social, derivada de la "presión del grupo" como un elemento destinado a obtener su cumplimiento sobre todo porque se conciben como el orden moral dominante.

En el caso de las normas restrictivas, se destaca el grupo de los profesionales de la medicina, de cuño androcéntrico y paternalista y todavía mayoritariamente masculina, que operan como "empresarios morales" en todos los asuntos relativos a la reproducción de las mujeres y en especial frente al aborto.[10] Según Catharine MacKinnon:

> "[...]el derecho a decidir de las mujeres se ha fusionado con el derecho de los profesionales abrumadoramente masculinos en una ecuación en la que casi todo el control que las mujeres han conseguido cuando las normas sobre aborto se han liberalizado, ha ido a parar en manos de los hombres (maridos, médicos, padres)".[11]

El orden moral se asemeja al derecho porque suele estar provisto de coacción externa dando lugar a rasgos que dificultan el establecimiento de una distinción clara con el derecho positivo, no obstante su diferencia fundamental radica en que en el derecho las sanciones se encuentran institucionalizadas y en este sentido están *justificadas*[12], mientras que en las normas informales o prácticas tal justificación está en disputa.[13]

De otro lado, como explica García Villegas[14] existe una ingente cantidad de derecho que no se cumple (donde podríamos ubicar las normas restrictivas sobre aborto en América Latina como veremos más adelante), pero que pese al incumplimiento consigue crear símbolos y órdenes, es decir, legitimar prohibiciones.[15] Como afirma este autor, el derecho como campo sirve para acoger el conflicto entre realidad social y discurso político en tanto funciona "como la *argamasa* ciudadana de los derechos y de las luchas sociales [...] como fenómeno [...] que va más allá de las normas que él consagra".[16] En este sentido, la acepción que se da en este libro a las normas restrictivas permite también entender la forma en que la disposiciones del derecho positivo se relacionan estrechamente con las prácticas, en una espiral en la que la norma formal sirve de marco a la norma informal y en la que esta última alimenta nuevas disposiciones del derecho positivo o las perpetua.

En el intersticio entre lo social y lo político, entre el derecho y la moral, se ubican las normas restrictivas comprendidas en este libro como dispositivos de poder en un sentido Foucaultiano. Es decir como mecanismos que buscan controlar la vida de las mujeres cuando se trata de decidir su destino reproductivo mediante una doble operación: controlando sus cuerpos de manera individual —mediante por ejemplo las normas informales— e interfiriendo en la reproducción como un fenómeno colectivo —mediante por ejemplo las normas formales— utilizando en ambos casos el poder punitivo del Estado, para ejercer una biopolítica de la cual son constitutivas las regulaciones relativas a la vida reproductiva.[17]

En cuanto al poder punitivo comparto la interpretación de autores como Douglas Husak,[18] la misma que ha respaldado la Corte Interamericana de Derechos Humanos, que consideran existe un conjunto amplio de normas restrictivas que son punitivas y no solo aquellas que usan el derecho penal:

> "[...] las sanciones administrativas son, como las penales, una expresión del poder punitivo del Estado y tienen, en ocasiones, naturaleza similar a la de éstas. Unas y otras implican menoscabo, privación o alteración de los derechos de las personas, como consecuencia de una conducta *ilícita*".[19] (cursivas propias)

En este contexto, el presente trabajo abarca normas restrictivas que usan el derecho penal u otras formas de sanción o coerción siendo ese el criterio principal para seleccionarlas como material de análisis.

Las normas restrictivas entonces, se entienden como un conjunto de reglas jurídicas (disposiciones normativas del derecho positivo) y de pseudo-regulaciones[20] o normas informales o sociales (prácticas), que son coercitivas, penalizan, sancionan o crean barreras y que limitan o restringen el acceso a la información y los servicios de aborto, produciendo cargas desproporcionadas u onerosas sobre las mujeres.[21] En el conjunto de normas se encontraron algunas que se dirigen a los sujetos (mujeres u operadores), a los servicios o a alguna tecnología. Según la severidad de las prohibiciones y sus potenciales efectos y daños, las normas de más alta intensidad corresponden a aquellas que criminalizan el aborto de forma absoluta, agravadas por la persecución y criminalización a las mujeres, y a partir de este caso van dispersándose en normas de más baja intensidad.

En el caso de las reglas formales es el propio estado con su aparato institucional el que utiliza el derecho para castigar a las mujeres. De esta manera, las normas formales —también denominadas regulaciones o disposiciones normativas— que integran este trabajo, son resultantes de una acción institucional que emana del poder judicial, legislativo o sanitario como una tecnología de dominación. Por su parte, las normas informales o "pseudo-regulaciones" hacen referencia a un conjunto de prácticas sobre aborto, que se explican por problemas de interpretación, incertidumbre legal, aplicación incorrecta de regulaciones y falta de especificación, entre otras, que generan un estado de "desregulación" en la práctica que lleva a la imposición de normas informales que son el resultado una acción individual —o a veces colectiva— que emana de un orden social que es normativo.[22]

Ambos tipos de normas, formales e informales, emanan de un orden de género que utiliza la punición como un dispositivo moral del poder patriarcal que ha instituido las prohibiciones sobre aborto.[23] Como afirma MacKinnon,[24] una importante serie de prácticas en nuestra sociedad se fundamentan en la dominación sexual propia del patriarcado que subordina a las mujeres. Profundamente moralizadas, se erigen en un orden social que es político y atribuible a la diferencia sexual.

Finalmente, lo que tienen en común todas estas normas, más allá de la intensidad con que operan, el momento en que se han formulado o los cambios que han sufrido en el tiempo, es que funcionan como se ha reiterado, como dispositivos de la moral patriarcal, no existiendo otra dimensión de la salud en la que el uso del poder punitivo del estado se utilice de manera tan sistemática, violenta y generalizada (sin respetar fronteras geográficas) como respuesta a una necesidad en salud. Ninguna que como la del aborto castigue y produzca tanto daño, físico y moral, sobre el cuerpo y la biografía de las personas, sobre el cuerpo y la biografía de las mujeres.

Las normas restrictivas en materia de aborto en América Latina, como se observará a continuación, son operadas por distintos agentes, entre los que destacan los médicos, las autoridades eclesiásticas y los jueces.

Normas restrictivas de intensidad variable: la evidencia en América Latina

Las normas formales descritas a continuación, abarcan los casos de normas sobre aborto que crean restricciones a partir de disposiciones normativas expresamente consignadas en el derecho positivo y que de mayor a menor intensidad abarcan la penalización total, el modelo de causales y los plazos.[25] Y abarcan también normas de intensidad media o baja, sobre los requisitos que existen para el acceso a las tecnologías que se requieren para el aborto como el misoprostol, o aquellas que se dirigen de manera directa a contenidos concretos de ciertos derechos como la información, la confidencialidad y la privacidad. En muchos casos, estas normas formales reflejan contradicciones, vacíos o tensiones con el marco de derechos humanos, probablemente relacionadas con la "colonización del campo de la salud reproductiva por actores jurídicos" en lo que se ha denominado en la literatura, la polución normativa.[26] Según la combinación del tipo de modelo de regulación de aborto (causales o plazos) y los requisitos, en un mismo país pueden convivir normas de variada intensidad o un mismo tipo de norma puede variar su intensidad. Así, por ejemplo, la indicación exclusiva de riesgo para la vida se considera altamente restrictiva ya que para poder abortar las mujeres tienen que estar en riesgo inminente de morir, pero puede considerarse medianamente restrictiva si el riesgo que se exige en la norma es un riesgo no de muerte o si el requisito para acceder al aborto en esos casos contempla solo la intervención de un profesional y no de tres. De la misma manera la persecución de las mujeres se considera altamente restrictiva más allá del tipo de régimen en el cual tenga lugar o la objeción de conciencia si es individual puede ser considerada una restricción baja mientras que si la objeción tiene lugar en toda una institución de salud pasaría a ser mediana.

TIPOS DE REGULACIONES RESTRICTIVAS EN ALGUNOS PAÍSES

NORMAS FORMALES

- Delito de aborto consignado en el Código Penal
  - *Todos los países de América Latina*
- Penalización total del aborto
  - *El Salvador*
- Régimen de indicaciones o excepciones: saludos, vida, violación, malformación y otras.
  - *Colombia - Paraguay - Bolivia - Chile*
- Régimen de plazos: aborto permitido hasta la semana 12 o 14 (violación)
  - *Uruguay*
- Aborto permitido hasta la semana 12 en única ciudad
  - *México D.F*
- Penalización parcial y persecución a mujeres y prestadores
  - *Brasil*
- Penalización total y persecución a mujeres
  - *El Salvador*
- Otras formas de castigo distintas a la cárcel: re-educación social
  - *Ecuador - Paraguay*
- Obligación de romper la confidencialidad
  - *Perú*
- Restricciones en el uso del misoprostol o en el uso del derecho a la información
  - *Argentina - Brasil*
- Objeción de conciencia
  - *Uruguay - Brasil - Ecuador - Colombia*

NORMAS INFORMALES- PRÁCTICAS

- Habeas corpus: interferencia religiosa en casos de aborto
  - *Brasil*
- Interferencia judicial
  - *Uruguay*
- Violencia obstétrica
  - *México - Colombia - Ecuador*

Tabla 2.1. Tipos de regulaciones restrictivas en algunos países Fuente: elaboración propia.

Las normas informales por su parte, abarcan la evidencia sobre prácticas que constriñen, dilatan y con frecuencia impiden el acceso a los servicios de aborto.[27] Se destacan en este grupo la objeción de conciencia, la violencia obstétrica, y las acciones judiciales en contra de las regulaciones garantistas que incluyen prácticas tan aberrantes como la admisión del *habeas corpus*, la suspensión del aborto legal para proteger los derechos de un cónyuge o la duda sistemática de los profesionales sobre la palabra de las mujeres ante los casos de violación.[28] Ni en el caso de las normas formales ni en el de las informales, este trabajo hace una descripción exhaustiva de todas las normas restrictivas sino que se centra en casos seleccionados que dan cuenta de los tipos de restricciones que interesan al mismo. Cabe aclarar en este punto que este trabajo analiza el fenómeno de las normas restrictivas en referencia al aborto siempre que exista consentimiento de la mujer y en ningún caso se refiere a los problemas derivados de la práctica del aborto que se realiza en contra de la voluntad de la mujer, es decir, al aborto forzado o coercitivo.

Las normas formales

Los tipos de restricción contenidos en las normas formales descritos a continuación abarcan leyes criminales, sentencias judiciales, normas y regulaciones sanitarias o administrativas de distintos órdenes. Estas operan en al menos dos niveles: (1) el establecimiento del delito (utilizando distintos modelos, excepciones y requisitos en donde las normas restrictivas de alta intensidad son aquellas que usan el derecho penal); (2) el establecimiento de restricciones en otros ámbitos relativos al aborto (normas de baja intensidad que usan las sanciones administrativas o éticas, o que crean obstáculos/barreras para el acceso). Estas pueden también ser producidas mediante jurisprudencia constitucional o de otros tribunales (ej. administrativos) y son relativas al prestador (obligatoriedad de la quiebra de confidencialidad, objeción de conciencia), a la mujer (solicitud de requisitos, certificados), al servicio (medicamentos, nivel de complejidad, profesionales autorizados) o a los contenidos de derechos concretos (información).

Son normas restrictivas porque establecen sanciones penales, civiles, éticas o sociales y de reeducación, o porque sus disposiciones o reglas expresamente contravienen los estándares sobre derechos concretos, prohíben el uso de una tecnología o la restringen injustificadamente. Algunas por último son restrictivas porque definen prohibiciones legales que contradicen guías técnicas o regulaciones sanitarias, porque exigen requisitos desproporcionados para el acceso al aborto o porque habilitan prácticas que al imbricarse en una estructura como la del poder médico obstruyen el acceso al aborto.[29] De esta manera, subordinan las decisiones de las mujeres a un tercero que puede ser el médico, el equipo de salud, el psicólogo o el juez.

Como se observará aquí, las restricciones configuran "paquetes" de medidas que, a partir del delito de aborto, se desgranan en medidas inferiores que abarcan diversas dimensiones relacionadas con el acceso al servicio y "aprisionan" a las mujeres en una espiral de puniciones a las cuales se ven obligadas a subordinar sus vidas.[30]

Se podría afirmar que, en América Latina sin excepción, persiste el tratamiento del aborto como un delito siendo este el *marco* en el que a las mujeres se les "permite" con mayor o menor restricción, determinar su proyecto de vida, y suplir o no, esta particular necesidad en salud en un marco de excepcionalidad.[31] Cabe aclarar por último que el nivel de restricción suele correlacionarse con el mayor o menor resquebrajamiento operado desde el feminismo a estos marcos normativos,[32] y también con el grado de apertura democrática que existe frente al debate de aborto dentro del derecho y sus instituciones del cual emana el mayor o menor grado de libertad que se les otorga a las mujeres para decidir.[33]

La intensidad de la punición con que es tratado el delito de aborto varía según se trate del modelo de penalización total, del modelo de causales o del modelo de plazos o trimestres.[34] Siguiendo esta línea, el rango de prohibiciones va reduciendo su intensidad, de la penalización total (El Salvador, República Dominicana)[35]a los casos que lo permiten solo para salvar la vida de la mujer (aborto terapéutico Costa Rica); pasando por los casos en los que se permite en varias circunstancias, es decir, aquellos que adoptan el modelo de causales (Colombia, por ejemplo, que lo permite para proteger la salud de las mujeres, en caso de violación o en caso de malformación fetal incompatible con la vida, y en ninguno de esto se considera que hay delito) hasta llegar a aquellos casos en que se lo permite hasta una determinada edad gestacional sin exigir una razón concreta para la interrupción, es decir, a demanda, bajo el modelo de plazos (Uruguay, el Distrito Federal y Oaxaca en México lo permiten hasta las 12 semanas).[36]

Según el estudio de Bergallo,[37] la mayoría de los códigos penales de la región datan de principios del siglo XX (Honduras, Argentina, Brasil, Colombia, México, Paraguay, Perú, Panamá, Venezuela y Uruguay) y otros aparecen a mediados de siglo (República Dominicana, Bolivia, Costa Rica, Ecuador, El Salvador). Algunos de ellos fueron reformados entre los 80 y los 2000 haciendo totalmente restrictivas sus leyes (Chile, El Salvador, Honduras, Nicaragua, República Dominicana).

Según esta autora, es posible diferenciar tres modelos de regulación del aborto adoptados en América Latina:

> "La estrategia de penalización total…; el modelo de indicaciones…; y el modelo de aborto voluntario. […] Según esta clasificación, los países cuyas normas adoptan una

> penalización total no admiten en principio excepciones a la criminalización del aborto en el texto de la ley, y sólo a veces pueden tolerar la aplicación del estado de necesidad. Los países que adoptaron un modelo de indicaciones, en cambio, prevén algunas excepciones a la criminalización en razón de causales, y por tanto admiten situaciones en las que la oferta y la práctica del aborto es legal o no es castigada [...] (De este modelo) identifica dos versiones: una más restrictiva [...], en la cual las indicaciones serían permisiones de mera forma, y otra versión más permisiva, cuando las indicaciones que incluyen, por ejemplo, el peligro para la vida de la mujer, el riesgo para su salud, las malformaciones incompatibles con la vida o el caso de violación conllevan cada vez más el acceso real al aborto considerado legal. Por último, la clasificación incluye como más permisivos a los países que han previsto el aborto a demanda en las etapas iniciales del embarazo o durante todo su desarrollo, para lo cual han limitado de alguna manera el alcance de la sanción penal [...] (De nuevo con grados variables) de condicionamiento regulatorio del aborto voluntario".[38]

Sin embargo, la intensidad de las restricciones no depende solo del modelo de penalización sino también como se verá más adelante, de un conjunto adicional de restricciones presentes en los distintos modelos y de la capacidad o decisión del Estado de aplicar las penas o sanciones y de controlar las barreras.

ALGUNOS EJEMPLOS DE RESTRICCIONES POR PAÍS SEGÚN MODELO Y REQUISITOS	MODELO	REQUISITOS	APLICACIÓN
EL SALVADOR	PENALIZACIÓN TOTAL	NO EXCEPCIONES	PERSECUCIÓN Y CÁRCEL A MUJERES CON SOSPECHA DE ABORTO
COLOMBIA	CAUSALES AMPLIAS	SEGÚN CAUSAL: CERTIFICADO MÉDICO (NO AUTORIZACIÓN) CON VALIDEZ DE CERTIFICADO POR PSICÓLOGO / DENUNCIA PENAL	BARRERAS DE ACCESO: MUCHO MÁS DEL 90% DE LOS ABORTOS EN COLOMBIA SIGUEN SIENDO ILEGALES
URUGUAY	PLAZOS	LA SOLA VOLUNTAD DE LA MUJER Y REQUISITOS ADICIONALES: JUNTA PROFESIONALES, PERÍODO DE REFLEXIÓN, ETC.	PARA EL ABORTO LA MUJER DEBE CUMPLIR LOS REQUISITOS

Tabla 2.2. Algunos ejemplos de restricciones por país, según modelo y requisitos Fuente: elaboración propia.

"*Crimen y castigo*".[39] El aborto está permitido en la mayoría de los países del mundo al menos para salvar la vida de la mujer, y sin embargo, América Latina corresponde a la geografía de una importante proporción de los países que lo prohíben totalmente o lo limitan de múltiples maneras.[40] [41] Según datos de la Comisión Económica para América Latina y el Caribe los Estados de la región que mantienen el aborto penalizado en todas las circunstancias son El Salvador, Honduras, Nicaragua y República Dominicana,[42] destacándose la regresión en algunos de ellos que como se verá a continuación, eliminaron las causales que habían existido hasta décadas recientes.[43] En El Salvador por ejemplo el aborto se penalizó totalmente en 1997 abandonando las causales que contenía el Código Penal de 1973. Según Michelle Oberman, la presencia de la Iglesia junto con regímenes autoritarios o dictaduras puede confirmarse en todos los cambios recientes hacia la penalización total del aborto: Chile, El Salvador, Nicaragua y República Dominicana.[44]

Con respecto al tratamiento del aborto como delito, este abarca un espectro amplio en los códigos destacándose los siguientes tipos. *Delitos contra las personas*[45] (Argentina, art. 86, Código Penal/CP actualizado en 1984), *delitos contra la personalidad física y moral de la persona* (Uruguay, art. 325 y otros), *delitos contra la vida y/o la integridad personal* (Bolivia, art. 263, CP actualizado en 2003; Honduras, CP 1983, art. 126; Brasil, art. 123)[46] que es el tipo más común pero con algunos matices entre países.[47] Así, bajo la categoría de delitos contra la vida se incluyen los *delitos contra la inviolabilidad de la vida* (Ecuador, CP de 2014, art. 149),[48] los *delitos contra la vida del ser humano en formación* (El Salvador, CP 1997, art. 135, 136), y los *delitos contra la vida, el cuerpo y la salud* (Perú, Ley 365 de 1991, art. 114–120).[49] Otros tipos incluyen los *delitos contra el orden de las familias, contra la moralidad pública* y *contra la integridad sexual* (Chile, Código Penal revisado en 2010, art. 344),[50] y los *delitos de Comiso y privación de beneficios* (Paraguay, Ley 3440, art. 109). Finalmente, unos pocos países lo desarrollan como un delito específico denominado *delitos de aborto* (Colombia, Ley 599 de 2000, art. 122; Ciudad de México, CP 2002, art. 145). Cabe destacar el caso de Colombia[51] que expresamente aclara que el delito no existe en aquellos casos despenalizados por la Corte mediante sentencia constitucional.

Con respecto a la persistencia del delito, conviene destacar la magnitud de la pena que es también variable en la región (entre 1 y 12 años como en El Salvador) tal como se puede observar en los siguientes ejemplos. Argentina, por ejemplo, contempla prisión de 1 a 4 años para las mujeres y para los profesionales más inhabilitación por el doble del tiempo que el de la condena.[52] En este caso la pena y la inhabilitación se extienden a un conjunto amplio de profesiones: médicos, parteras, cirujanos o farmacéuticos. En el caso de Bolivia la pena contemplada varía entre 2 y 6 años para los casos en que tenga lugar en menor de 16 años, y de 1 a 3 si fue hecho con consentimiento.[53] El delito del aborto en Colombia considera una pena de 1 a 3 años tanto para la mujer como para el prestador.

En Paraguay la penalización opera tanto para el aborto como para su tentativa con una pena de hasta 5 años. En Ecuador se prevén, además de penas de cárcel de 6 meses a dos años para la mujer (2 a 3 años para el profesional), penas alternativas relacionadas con roles maternos tales como el cuidado en orfanatos y guarderías, además de asesoría psicológica para "aprender a ser madres".[54] En el Distrito Federal en México, después de la semana 12 se aplican sanciones que incluyen penas de 6 meses a 3 años o trabajo a favor de la comunidad por 100 a 300 días. A nivel país, estas penas pueden ir desde 15 días hasta 6 años, puede sancionarse con multas, trabajo en la comunidad e incluir diversas formas de tratamiento médico o psicológico.[55]

Pero como se observará a continuación, la intensidad de las normas restrictivas varía según la severidad de la pena, según su aplicación a la mujeres o su aplicación a los profesionales de la medicina u otras profesiones como la farmacia, y según la cantidad y tipo de requisitos que están integrados a los distintos modelos (a través de los cuales se imponen grados variables de tutelaje, heteronomía, paternalismo y sujeción), los riesgos asociados a la clandestinidad e inseguridad del aborto, y la capacidad de algunos actores para "suspender" o limitar el acceso a servicios incluso contrariando el orden vigente.

Para el caso de la penalización total, El Salvador es un ejemplo paradigmático. Como se dijo antes, en este país el aborto es considerado como "delito relativo a la vida del ser humano en formación" aplicable a todas las mujeres que *con o sin consentimiento* realizaran un aborto o permitieran que otra persona lo hiciera por ellas, estableciendo por ello una pena de prisión de entre 2 y 8 años. Esta prohibición se agrava si el aborto es realizado por el médico, el farmacéutico o auxiliares de estas profesiones para quienes se estipula una pena de prisión de seis a doce años más la inhabilitación especial para el ejercicio de la profesión o actividad por el mismo periodo.[56] Como en otros países, el debate que condujo a la regresión se llevó a cabo con base en argumentos que dieron preeminencia a la protección de la vida del feto por sobre la de las mujeres y además también como fue mencionado, hubo una fuerte presencia religiosa.[57] Además de esta prohibición, la Constitución del Salvador reconoce como persona humana a todo ser humano desde el instante de la concepción (art. 1),[58] lo que implica tácitamente reconocer la existencia de una persona en la vida prenatal en tanto solo las personas son titulares de derechos.[59]

Adicionalmente es importante destacar la inclusión en las normas de una punición dirigida a los profesionales que es, por lo general, más fuerte que la establecida para las mujeres, la cual opera como un elemento de disuasión muy poderoso que produce efectos importantes en la perpetuación del estigma frente al aborto incluidas algunas prácticas con las que los profesionales agravan las barreras que deben enfrentar las mujeres que buscan servicios de aborto y posaborto.

Además, la penalización total potencia y fortalece un mercado negro de prestación de servicios —que puede asociarse con abortos inseguros— y venta de medicamentos a precios superiores o cuya calidad es dudosa, incrementando la inseguridad para las mujeres.[60]

Dos aspectos adicionales son destacables en este modelo de la penalización total. El primero es la aplicación de la pena (criminalización efectiva) y el segundo es la quiebra de la confidencialidad asociada al ambiente de rechazo que crean la criminalización y el estigma. Con respecto a la criminalización efectiva, por tratarse la penalización total de un caso extremo que agrava las condiciones de estigmatización frente al aborto, este genera un ambiente de persecución hacia las mujeres y en ocasiones, hacia los profesionales y prestadores de servicios de aborto. El Salvador es uno de los países de la región en donde la persecución a las mujeres que se han hecho un aborto es más severa.[61] Manuela, una mujer de 33 años fue acusada de haber tenido un aborto por los médicos que la atendían de una complicación severa después de una "pérdida". Acusada de asesinato muere en la cárcel víctima de un linfoma menos de un año después de haber sido sentenciada a 30 años de prisión.[62] Pero como ella, muchas otras mujeres que han sufrido "pérdidas" y complicaciones, y a quienes no se les comprobó nunca un aborto, han sido denunciadas en las instituciones de salud a las que acudieron buscando atención por una complicación. Las "*17*" un grupo de mujeres por cuya libertad e injusto procesamiento se viene adelantando una causa internacional son el más claro ejemplo de cómo se ha expandido la ola de condenas contra las mujeres acusadas de aborto. A muchas de ellas se les violó la presunción de inocencia y fueron maltratadas incluso por los abogados que les fueron designados para defenderlas.[63] En muchas ocasiones mujeres inocentes a quienes nunca se les probó el aborto, terminan acusadas por el propio profesional de la salud quien la denuncia solo por el hecho de "creer que hubo un aborto".

En todos estos casos, además, se observa lo que Oberman denomina el efecto diferencial de la penalización, que tiene lugar cuando la pena recae sobre "ciertos" grupos de mujeres, las más pobres, que son quienes terminan en la cárcel.[64] Adicionalmente, los casos de aplicación de la pena de aborto revelan la existencia de un aparato policial y judicial dedicado a perseguir y condenar a las mujeres, que incluye entre otras figuras aberrantes, la de los "inspectores vaginales".[65]

El otro aspecto para destacar de modelos de penalización total como el de El Salvador —aunque tampoco es exclusivo de estos— es la quiebra de confidencialidad que tienen lugar día a día en los servicios de salud a donde ocurren la mayoría de las denuncias por aborto y que se asocia claramente a la existencia de un contexto de alta restricción. De 129 denuncias por aborto estudiadas entre el 2000 y 2011, 74 provinieron de hospitales públicos o del Instituto Salvadoreño del Seguro Social (ISSS), siendo esta la fuente más común de denuncias.[66]

La quiebra de la confidencialidad por parte de los médicos tiene entre otras, una consecuencia nefasta que es la dilación en la búsqueda de ayuda por parte de las mujeres que sufren complicaciones, o bien la búsqueda de soluciones desesperadas: 57% de las adolescentes que están embarazadas en El Salvador han intentado el suicidio.[67]

Cabe destacar por último que el debate sobre el aborto en muchos países y en especial en el caso de El Salvador continúa siendo un terreno de disputas profundas. Mientras que a mediados de 2017 se esperaba que el Parlamento votara de nuevo la despenalización en algunas causales, el partido Arena, de extrema derecha, planteó una sobrecriminalización del aborto con aumento de penas de hasta 40 años de cárcel para las mujeres que se los practiquen.[68]

La penalización total constituye el caso de más alta intensidad dentro de las normas restrictivas, observándose en este: la existencia de penas importantes para las mujeres y los profesionales, la inhabilidad profesional para quienes practiquen abortos, la condena que recae especialmente en las mujeres más pobres y/o en profesionales de la medicina, la enfermería y la farmacéutica, la existencia de un mercado negro de servicios —a menudo inseguros— que incluye el sobreprecio en la venta de medicamentos y la inseguridad frente a la calidad de los mismos, y la regresión en materia de derechos. En este tipo de casos, además, la protección de la vida desde la concepción ha funcionado como una estrategia coadyuvante de la perpetuación de la criminalización total.

Nota sobre la criminalización activa. Importa aclarar en este trabajo que la persecución y castigo a mujeres no es exclusiva del modelo de penalización total, destacándose por ejemplo el caso de Brasil, en donde según el Código Penal, las mujeres que se ocasionen el aborto pueden ser condenadas con 1 a 3 años de prisión y los profesionales que lo realicen con penas que pueden duplicarse por ejemplo hasta 8 años.[69] Estas penas elevadas han tenido como efecto una baja ocurrencia de abortos legales más no una baja ocurrencia de abortos en general.[70] El estigma, la persecución y la investigación criminal, incluida la revelación de los datos personales sobre la historia médica de las mujeres a sus familias o compañeros de trabajo o incluso al público de una manera más general, son el resultado de una intensificación en la aplicación de la ley penal.

Es de destacar el caso en Brasil de Mato Grosso, donde la policía realizó una redada en una clínica confiscando historias clínicas de casi 1000 mujeres y cuyas consecuencias paradigmáticas se han replicado en otros estados.[71] En esta ocasión, el médico y dueño de la clínica fue encontrado muerto (aparentemente por suicidio), y posteriormente en el 2010, cuatro empleados de esa institución fueron hallados culpables y sentenciados: el psicólogo a 6 años y 6 meses y tres auxiliares de enfermería a 4, 7 y 1 año de prisión. Estas últimas acusadas de haber participado en 25 abortos.[72]

Este también es el caso de Ecuador donde entre 2013 y 2014 se iniciaron 51 procesos penales por aborto consentido, sin que resulte claro si ha sido procesada la mujer, el proveedor o ambos. A las mujeres incluso se les recomienda declararse culpables para no pasar tiempo en la cárcel. Como en los casos de El Salvador, se trata de mujeres que llegan a los servicios sangrando y que son denunciadas sin que se pruebe que el aborto fue provocado. En estos casos se notifica a la Policía, violando la confidencialidad y sometiendo a las mujeres a interrogatorios en el hospital, que se revelan como tratos crueles e inhumanos.[73]

Otro ejemplo de la judicialización lo constituye México en donde distintos estados castigan a las mujeres en grados variables y de maneras diversas. Así, por ejemplo, en Aguascalientes "además de la pena privativa de la libertad y la multa, se impone a la mujer que aborta la sanción de reparar los daños y perjuicios ocasionados".[74] En San Luis de Potosí el aborto se considera un delito grave en virtud de lo cual las personas acusadas permanecen "recluidas durante su proceso penal," como sucedió en el caso de "Hilda" quien con un embarazo de 6 semanas consultó al hospital por sangrado en donde fue acusada de un aborto provocado debiendo permanecer custodiada por la policía.[75]

Se observa entonces que la criminalización no es potestad exclusiva de los lugares en donde el aborto es más restringido, sino que sigue asociándose a la persistencia del delito que opera como telón de fondo en todas las normas restrictivas. De hecho, desde la despenalización en el Distrito Federal en México, se han reportado unas 625 denuncias por aborto de las cuales 183 corresponden a Ciudad de México y se han emitido 29 sentencias por delito de aborto.[76] Además de las cifras, la preocupación central de las organizaciones que documentan y denuncian esta criminalización, se relaciona con el hecho de que se trata de supuestos abortos con medicamentos cuyo material probatorio es en todos los casos la confesión de la mujer. Según el Grupo de Información en Reproducción Elegida,[77] las "entidades federativas reportaron 13 casos de personas en prisión preventiva y nueve en prisión definitiva para el periodo de agosto de 2012 a diciembre de 2013".[78]

Las causales: de la interpretación y la aplicación. Bajo el *modelo de causales* se encuentra en la región, una importante variabilidad de casos según las indicaciones o excepciones bajo las cuales el aborto está permitido. Configura parte de esa variabilidad el universo amplio de requisitos estipulados para la aplicación de las causales, que se encuentran también contenidos en las normas. Cuatro son las aristas a resaltar del tipo de restricciones relativas a las causales: (1) la variabilidad de las indicaciones, excepciones o causales; (2) la variabilidad de los requisitos; (3) los problemas de interpretación —propios de la causal salud[79] y la causal malformación— y (4) los problemas de aplicación —propios de la causal violación—[80] que dan origen a formas variadas de restricción.[81]

De esta manera, siguiendo al modelo de despenalización total, las normas restrictivas van reduciendo su intensidad —en cuanto norma restrictiva— encontrándonos con países que permiten el aborto en ciertas circunstancias —con importantes variaciones— en un espectro de más o menos permisión en donde la más alta intensidad en términos de restricciones la constituyen los casos que lo permiten solo para salvar la vida de las mujeres y la más baja quienes lo hacen en forma más amplia y comprensiva para proteger su salud. Así, el gradiente de indicaciones va ampliándose desde aquellos que lo permiten solo para salvar la vida de la mujer (Guatemala, Paraguay), hacia aquellos que lo permiten para proteger la salud y la vida (Costa Rica), o la salud y la vida junto con los casos de violación (Argentina), hasta alcanzar el gradiente más amplio que abarca las anteriores causales junto con la malformación fetal (Bolivia, Brasil)[82] y en donde se destaca el caso de Colombia que incorporó en su decisión judicial la protección de la salud en su forma más amplia, es decir, como un estado completo de bienestar físico, mental y social, ampliando significativamente la posibilidad de acceso para las mujeres que procuran un aborto (Colombia lo permite para proteger la salud de las mujeres, en casos de violación o en casos de malformación fetal incompatible con la vida).[83] Es importante señalar que además de las indicaciones mencionadas en estos casos, existen también excepciones por las razones socioeconómicas (Cuba, Ecuador) o por inseminación artificial no consentida (México, Colombia).[84]

El primer elemento para destacar es la variabilidad de las indicaciones o causales. Si bien algunas de ellas son constantes en una buena parte de los países, prevaleciendo un cierto criterio de derecho comparado, la permisión es variada y abarca modelos con una sola causal (vida), modelos en donde la causal salud es interpretada de forma variable (en algunos casos es la salud física, en otros la mental, en otros no se define), modelos con rangos de edad gestacional que varían según la causal, modelos con causales sin límite de edad gestacional, etc.[85] En relación con la edad gestacional, es de destacar el caso de la ausencia de límites y en virtud del cual es posible solicitar un aborto a lo largo de todo el embarazo que fue la forma como se reguló en Colombia el aborto en el año 2006. En otros casos el límite no es expreso (Argentina, Costa Rica) y en otros más se fija por ejemplo en la semana 12 (Bolivia), en la semana 20 (México) o en una edad más avanzada si se trata de salvar la vida de la mujer reflejando un amplio nivel de arbitrariedad (Bolivia y Brasil: 22 semanas; Perú: menos de 22).[86] [87] Es así como la determinación de los límites a la edad gestacional suele hacerse según las distintas indicaciones. Es el caso por ejemplo de la permisión del aborto a lo largo de toda la gestación cuando la "vida" de las mujeres está en riesgo (Uruguay). Todas estas diferencias contribuyen también con la variabilidad en la intensidad de las restricciones.

El segundo rasgo que hay que destacar es la variabilidad de los modelos según los requisitos que contemplan las normas para la aplicación de las causales, destacándose (1) la autorización de uno o más médicos (o incluso de juntas médicas de especialistas o más de un médico y/o especialista). La autorización médica se exige en países como Argentina, México (dos médicos) y Perú (comité médico); (2) la denuncia penal o la autorización judicial (autorización judicial se exige en Bolivia y Panamá. En Argentina se exige el reporte policial y en Colombia la denuncia penal); (3) el certificado médico para constatación de la causal (salud, vida o malformación fetal en Colombia) o para autorizar del procedimiento, entre otros. Así, en unos casos el profesional autoriza y en otros simplemente certifica.[88]

El tercer elemento para destacar en el modelo de causales es la interpretación en virtud de la cual la restricción frente al aborto es variable, destacándose al menos dos casos que son paradigmáticos por distintas razones: Argentina y Colombia. Con respecto a la Argentina, cabe recordar que el aborto no es punible cuando tenga lugar para evitar un peligro para la vida o la salud de la madre (si no puede ser evitado por otros medios) y en aquellos casos en los que el embarazo proviene de una violación o de un atentado al pudor cometido sobre una mujer idiota o demente.[89] En este marco, el *artículo 86* (que establece las causales) fue interpretado durante décadas —por parte de los profesionales de la salud y el derecho— como aplicable solo a las mujeres idiotas o dementes, hasta cuando la Corte Suprema Argentina resolvió en un fallo paradigmático (F. A. L) una de las trabas más grandes experimentadas por las mujeres de este país para acceder al aborto legal.[90] En este fallo se aclara que todas las mujeres, y no solo aquellas idiotas o dementes, pueden acceder a un aborto en casos de violación. En este fallo además la Corte exhorta a que se eliminen requisitos y barreras y se creen condiciones para prestar los servicios. En el considerando 15 la Corte sostiene:

> "15) Que en este orden de ideas, es necesario puntualizar que los principios de igualdad y de prohibición de toda discriminación, que son ejes fundamentales del orden jurídico constitucional argentino e internacional y que en este caso poseen, además, una aplicación específica respecto de toda mujer víctima de violencia sexual, conducen a adoptar la interpretación amplia de esta norma [...]. En efecto, reducir por vía de interpretación la autorización de la interrupción de los embarazos sólo a los supuestos que sean consecuencia de una violación cometida contra una incapaz mental implicaría establecer una distinción irrazonable de trato respecto de toda otra víctima de análogo delito que se encuentre en igual situación y que, por no responder a ningún criterio válido de diferenciación, no puede ser admitida".[91]

Este caso nos muestra hasta qué punto la interpretación restrictiva termina afectando el acceso más allá de las limitaciones que le son propias al modelo y a las causales.

En el otro extremo, y avanzando en la reducción de las restricciones, se puede ubicar el caso de la permisión amplia de causales en donde destaca el caso de Colombia que ha establecido —vía constitucional—[92] una gama amplia e integral de indicaciones. Hasta el 2006 el aborto en este país estaba totalmente penalizado y aunque hoy sigue siendo un delito hoy son legales tres excepciones que han sido reiteradas, precisadas y ampliadas por una serie de sentencias constitucionales.[93] Las excepciones son las siguientes: (1) cuando la continuación del embarazo constituya peligro para la vida o la salud de la mujer; (2) cuando exista grave malformación del feto que haga inviable su vida; y (3) cuando el embarazo sea el resultado de una conducta, debidamente denunciada, constitutiva de acceso carnal o acto sexual sin consentimiento, abusivo o de inseminación artificial o transferencia de óvulo fecundado no consentidas, o de incesto.[94]

Los requisitos concretos para acceder al aborto dependen de cada causal, indicación o excepción, pero en general se podría resumirlos así: certificado médico para la causal salud (indicando el riesgo que representa para la mujer la continuación del embarazo) y la causal de malformación (indicando que la inviabilidad del feto); copia de la denuncia (en el caso de la causal violación). Es importante enfatizar que la Corte Constitucional ha reconocido la validez de los certificados emitidos por psicólogos reduciendo la dureza de los requisitos y el poder del cuerpo médico. Específicamente ha dicho que considera que su rechazo es un obstáculo y en este sentido está prohibido descalificar conceptos expedidos por psicólogos a quienes la Ley 1090 de 2006 les reconoce el estatus de profesionales de la salud.[95] Adicionalmente, en la Sentencia T-946 de 2008 se reitera que el único requisito para acceder a la IVE bajo la causal violación es la denuncia del hecho y se establece que cualquier otro requisito es una barrera en el acceso a los derechos sexuales y reproductivos de las mujeres.[96]

En este ejemplo interesa destacar dos elementos que resultan pertinentes para entender la restricción en el caso del modelo de causales en lo que concierne al "margen" de interpretación del que gozan quienes tienen la responsabilidad legal de aplicarlo. Este margen se produce porque las formulaciones legales no siempre definen en forma expresa el alcance de las excepciones o indicaciones desde la perspectiva médica. El primer elemento es el papel que ha jugado la Corte Constitucional a través de la producción de reglas jurisprudenciales que han sido críticas en la reiteración, clarificación, definición de alcances o incluso ampliación acerca de la interpretación de las tres causales que fueron despenalizadas en Colombia.[97] Todas estas reglas constituyen hoy, el marco legal vigente en el país[98] y su nivel de especificidad, aunque busca ampliar el acceso y el aborto legal, en cierta manera refleja las barreras que enfrentan las mujeres que buscan servicios de aborto legal indicando la fragilidad que supone para las mujeres, la potestad interpretativa del operador en relación a las causales.[99]

El segundo elemento, relacionado con el primero, se refiere al papel que en la interpretación de las causales han tenido otros actores sociales distintos a la Corte. La Mesa por la Vida y la Salud de las Mujeres en Colombia, de manera conjunta con otras organizaciones y grupos de América Latina:

"[…] tomaron la decisión política de impulsar una discusión amplia y plural sobre los alcances de la causal salud en virtud de la cual se podría promover una interpretación en derecho de esta causal y al mismo tiempo garantizar el acceso de las mujeres a servicios de interrupción legal del embarazo y generar elementos para asegurar certidumbre a los/as profesionales que habrían de aplicarla".[100]

Esta iniciativa dio lugar *al consenso de la causal salud* construido por un grupo amplio de personas e instituciones, provenientes de diversas disciplinas, con un sólido reconocimiento por sus aportes en el tema.[101] En este consenso se definieron los alcances de esta causal en cuanto a su interpretación, con base en una comprensión amplia e integral del derecho a la salud en concordancia con la ética aplicada y los tratados internacionales y otros instrumentos relevantes en materia de derechos humanos.[102] La causal salud fue entre otras cosas, un ejercicio pedagógico orientado a difundir una interpretación en clave de derechos humanos, acerca de lo que significa la noción de salud y su afectación, el riesgo, la probabilidad de afectación del embarazo sobre la salud y sus tres dimensiones, etc. Este proceso permitió, en Colombia —y en otros países—[103] afianzar una interpretación amplia de la noción de salud, en general ausente de los países en que existe la causal, favoreciendo el acceso al aborto legal.[104]

No obstante, si bien la causal salud ha tenido por objetivo avanzar en una interpretación amplia de la salud siendo sido una estrategia fundamental para ampliar el acceso de las mujeres al aborto legal en varios países de la región y en particular en Colombia —donde más de un 90% de los casos de aborto legal se realizan invocando la causal salud—, este solo hecho confirma que la interpretación a la que están sujetas las causales representa un rasgo emblemático —sujeto a restricciones— del caso relativo al modelo de indicaciones. Así, mientras que en el caso de Colombia ha servido para impulsar el acceso, en el resto de la región, hasta épocas recientes fue objeto de interpretaciones muy restrictivas que prevalecen hoy en la práctica médica haciendo con que solo puedan obtener un aborto —cuando operan— aquellas mujeres cuya vida está en riesgo

Estos casos nos muestran que, en efecto, las indicaciones y en particular las relativas a la salud, la vida y la malformación fetal, se caracterizan por el margen que dejan a la interpretación. De esta manera, el alcance que a través de esta tienen las causales, termina por definir grados mayores o menores de restricción.[105]

Vale la pena destacar que los problemas de interpretación no son exclusivos de la causal salud, sino que involucran también a la causal malformación fetal. En este caso los debates se centran en temas complejos como la "calidad de la vida" del feto, lo que abarcan o no las malformaciones y los criterios mediante los cuales se puede determinar la existencia de incompatibilidad o inviabilidad fetal. Cada uno de estos conceptos gravita en torno a la vida biológica centralmente, la calidad de la vida del feto, y también la potencial afectación a la que puede verse sujeta la mujer.[106]

Por último, en el caso del modelo de causales se encuentran los problemas de aplicación que son de distinta naturaleza y alcance. Se destacan, por ejemplo, en los modelos más restrictivos de causales (aquellos con menor variabilidad de indicaciones), las limitaciones derivadas de la forma que adopta el delito de aborto. Se encontró así casos en donde el aborto es un delito de acción penal pública, llevada de oficio por el Ministerio Público o la Fiscalía (Paraguay). Allí, en el año 2008 se creó como única excepción a la penalización del aborto (además de haberse reconocido la protección de la vida desde la concepción) la del caso en el que se produzca "indirectamente la muerte de un feto, si esto, según los conocimientos y las experiencias del arte médico, fuera necesario para proteger de un peligro serio la vida de la madre".[107] Las complejidades derivadas de tipo de delito se pueden resumir así. Por un lado, la policía interviene desde el primer momento, teniendo lugar un juicio público en el que actúan tres jueces o juezas penales de sentencia y para imputar, el Ministerio Público cuenta con 24 a 48 horas como máximo, todo lo cual genera sobre el sistema de salud una fuerte presión. Esta presión se ve aumentada porque en el Paraguay el aborto es un problema de salud pública debido a su incidencia en la mortalidad y en la salud de las mujeres y por la cantidad de personas que acuden al servicio público procurando atención a las complicaciones derivadas del aborto realizado en condiciones inseguras y frente a quienes hay que demostrar, o no, el aborto.[108] Y aunque según los datos, en comparación con las que abortan, las mujeres excepcionalmente terminan en condena, su paso por la justicia es una experiencia plagada de arbitrariedad y humillación. Las medidas aplicadas a "Cecilia" a quien la Fiscalía imputó por aborto, abarcaron por ejemplo comparecencia obligatoria una vez por mes, prohibición de cambiar el domicilio y obligación de donación de 500 mil guaraníes a un comedor social durante el plazo de un año.[109]

Otro rasgo de los problemas de aplicación lo constituye la variabilidad de requisitos en los casos de aborto no punible por violación. Aunque el establecimiento de requisitos previos es inherente como se observó antes a las distintas regulaciones que contemplan causales, es de destacar el caso del acceso a la causal violación, pues involucra una amplia gama de requisitos que van desde la mera palabra de la mujer (Brasil), hasta la denuncia o el cumplimiento de trámites judiciales previos al aborto, como ocurre en algunos estados de México o Panamá.[110] [111] La denuncia previa es un requisito común "en provincias de la Argentina y en Colombia, Costa Rica y Uruguay". Países como Ecuador, Guatemala y Paraguay, en cambio, no exigen expresamente la denuncia previa de la violación y por tanto su solicitud se hace más bien según la interpretación de quienes tienen la función de aplicar la indicación o causal, sean estos operadores sanitarios o judiciales. Importa también la consideración sobre la permisión o exigencia (por parte de profesionales de la salud) de la denuncia o notificación posterior de la violación y la toma de pruebas para la futura investigación del delito.

Vale la pena destacar el reciente caso de Chile, en donde se despenalizó el aborto en tres circunstancias en 2017, una de las cuales es la de los casos de violación. Según la Ley no. 21030, será conformado un equipo de salud a fin de confirmar la "concurrencia de los hechos y la edad gestacional," con lo cual una vez más se traslada al poder del equipo de salud, la potestad hasta para confirmar un hecho tan íntimo como la violación.

Se evidenció así, una serie de requisitos que varían entre los países, para acceder a un aborto en casos de violación, y también decisiones recientes que contribuyen a hacer más difícil el acceso a servicios: la propia definición de la violación, la exigencia de denuncia previa de la violación, "el tipo de formato de la denuncia (escrita/oral, policial, judicial, documento público), la exigencia de autorización judicial o administrativa previa (pautas, trámites ante fiscalías, juzgados, policía), los requisitos para constatación de la violación (test, ADN, equipo de salud), los requisitos de denuncia posterior de la violación (deber u opcional); la presunción de violación en víctimas mujeres menores de edad o con discapacidad", entre otros.[112] [113]

Conviene destacar el caso de México en donde el modelo de causales varía según estado, siendo la causal violación la más extendida por el país (legal en todos los estados que han incorporado esta excepción en sus legislaciones) aunque en la práctica el acceso a servicios por esta causa es nulo o limitado, entre otras, porque es una causal sujeta a plazos como se explicó antes, que coexiste con una importante ausencia (15 Estados) de la indicación de riesgo para la salud de las mujeres en los códigos penales estatales.[114]

Los problemas de aplicación por último pueden agravarse en la medida en que coexisten distintos requisitos o características en las regulaciones, los cuales de un modo general se relacionan con la causal salud o la causal malformación. Vale la pena destacar entre estos: la determinación médica del peligro para la vida o la salud de la mujer o la determinación de una malformación fetal incompatible con la vida;[115] la interpretación o definición del concepto de salud (arriba explicado) o del concepto de malformación, y el papel del profesional de la medicina como "certificador" de la existencia de una indicación. En relación con este último, esta participación puede incluir uno o varios profesionales de la medicina —a menudo con la obligatoriedad de la presencia de especialistas—[116] (México), o la existencia de un comité que puede ser interdisciplinario, de ética o de especialistas.[117]

Libertad versus heteronomía: los plazos o trimestres. En el modelo de plazos, aunque el período de la gestación durante el cual el aborto puede ser solicitado por la sola voluntad de la mujer indica una cesión del uso del poder punitivo del Estado frente a la autonomía de las mujeres,[118] también es cierto que con este modelo coexisten un conjunto de aspectos que operan como restricciones, aunque estas sean de más baja intensidad. Además de esto, se trata de regímenes que coexisten con el delito de aborto establecido en los códigos penales, con el modelo de indicaciones que se aplica después del plazo legalmente establecido,[119] en incluso con la persecución a las mujeres. Interesa destacar de este caso, la variabilidad y arbitrariedad en los plazos fijados, las condiciones e indicaciones que pueden invocarse una vez cumplido el plazo, y los distintos requisitos que permiten su operacionalización, además de los problemas de inequidad que resultan directamente de la legalización en algunas porciones de la geografía nacional (como sería el caso de Ciudad de México).

El primer elemento para destacar es entonces, la variabilidad del límite de edad gestacional que es característico de este modelo.[120] Variabilidad que se presenta no solo en cuanto al plazo (8 semanas en Guayana), sino también al ámbito de aplicación (México que lo permite hasta las 12 solamente en el Distrito Federal) o a la razón (Uruguay lo permite por la sola demanda hasta las 12 semanas y hasta la semana 14 en los casos de violación). De la misma manera, son variables las causales aplicables después del plazo para el aborto libre como se explicó en el apartado anterior.

El caso de la desigualdad que produce la legalización en una única geografía dentro de un territorio nacional (México), destaca entre todos porque la liberalización cobija solo al Distrito Federal produciendo una situación de inequidad al interior del país ampliamente documentada en otros estudios.[121] El modelo de plazos fue establecido en México mediante una reforma al Código Penal y en el reglamento de Ley de Salud del Distrito Federal que estableció la permisión del aborto hasta la semana 12.[122] Esta inequidad se puede apreciar en la práctica cuando se compara Ciudad de México con otros estados como el de Aguascalientes o el de San Luis de Potosí.[123]

De otro lado, con respecto a los requisitos y las excepciones posteriores al plazo, en el caso de Uruguay, se permite el aborto hasta las 12 semanas siempre que dentro de este plazo la mujer "ponga en conocimiento del médico las circunstancias derivadas de las condiciones en que ha sobrevenido la concepción… que a su criterio le impiden continuar con el embarazo en curso".[124] Este plazo se amplía hasta las 14 semanas si el embarazo es el producto de una violación acreditada con la "constancia de la denuncia judicial".[125] Adicionalmente, después del plazo, las mujeres podrán abortar siempre que la gravidez implique un grave riesgo para la salud de la mujer (en cuyo caso deberá tratarse de salvar la vida del embrión o feto) y cuando existan malformaciones incompatibles con la vida extrauterina. En todos los casos el médico tratante debe dejar constancia por escrito en la historia clínica sobre las circunstancias precedentes mencionadas. Y en todos los casos, las indicaciones que operan después del plazo favorecen la protección de la vida de las mujeres en su sentido biológico.

Pero además de estos, otros requisitos condicionan la aplicación del aborto por demanda, según el modelo de plazos en Uruguay, todos ellos definidos en la misma ley que despenalizó el aborto: la consulta con un equipo interdisciplinario (tres profesionales: un ginecólogo, un especialista en salud psíquica y otro en el área social), la recepción de información sobre las alternativas al aborto provocado incluyendo programas de apoyo social y económico (o la adopción), recibir información para tomar una decisión consciente y responsable, y disponer de un período de reflexión mínimo de 5 días. "El equipo interdisciplinario deberá constituirse en un ámbito de apoyo psicológico y social a la mujer para contribuir a superar las causas que puedan inducirla a la interrupción del embarazo [...]".[126] Con las menores de 18 años corresponde recabar el consentimiento según las normas vigentes y en los casos en que no sea posible o le sea negado, la adolescente deberá presentarse ante el juez competente con los antecedentes médicos para que resuelva en tres días.

De esta manera se establecen, en forma simultánea con el modelo de aborto más favorable a la autonomía de las mujeres, un conjunto de requisitos que operan como restricciones en tanto imponen a las mujeres, la heteronomía —sujetando sus decisiones por ejemplo a la certificación médica—, y el tutelaje —imponiéndoles períodos de reflexión, ofreciéndoles alternativas al aborto, y brindándoles apoyo psicológico—.[127]

Otras formas de restricción. Veamos por último otros casos de normas restrictivas formales, además de las ya analizadas bajo los modelos de penalización total, la imposición de la pena, las causales o a los requisitos asociados a los plazos. Se trata de normas que en América Latina han incorporado paulatinamente restricciones al acceso y/o a los contenidos concretos de ciertos derechos. Se trata, en el primer caso, de normas formales que regulan aspectos específicos del servicio o tecnologías (misoprostol en Brasil y Argentina) y en el segundo de normas que regulan o limitan contenidos concretos de los derechos como la confidencialidad y la información (Perú, Ecuador).

En cuanto a las restricciones por la vía del acceso, un rasgo contemporáneo dentro de las restricciones propias de nuestro caso paradigmático —el uso del poder punitivo en materia de aborto—, se destacan las prohibiciones variables para el uso del misoprostol.[128] Al respecto es importante acotar que mientras estas restricciones crecen y se complejizan, el aborto con medicamentos se ha convertido en una solución cada vez más frecuente frente a la ilegalidad, llegando a protagonizar casi completamente la escena del aborto ilegal en América Latina no solo al controlar algunas de las consecuencias más dramáticas y negativas del aborto clandestino sino al incrementar la potestad de las mujeres para abortar según su propia voluntad. "En contextos altamente restrictivos, los abortos clandestinos son ahora más seguros porque muy pocos se practican con métodos invasivos o peligrosos. Las mujeres utilizan para abortar, de manera creciente, los medicamentos y en especial el misoprostol"[129] (traducción propia).

Sin embargo, su prohibición ha llegado a ser tan extrema que en algunos casos no está permitida su compra aun cuando está indicado en las normas sanitarias, generando contradicciones en la regulación interna. En otros, las restricciones abarcan también la difusión de información relacionada con el medicamento.

Según un estudio realizado recientemente por el Consorcio Latinoamericano Contra el Aborto Inseguro,[130] la mayoría de los países que cuentan con registro para el misoprostol, no incluyen entre sus indicaciones el manejo del aborto ni incompleto ni legal pese a estar recomendado por la OMS como un método seguro y sencillo para el aborto. Esta situación está presente en la Argentina, un país en el que el misoprostol está expresamente indicado para el aborto legal como un medicamento de elección pero que, sin embargo, no cuenta con un registro que permita este uso generando cuando menos una profunda contradicción entre normas internas.[131] En Paraguay la situación es similar pues no existe indicación para el aborto legal pero además el medicamento es de uso exclusivo hospitalario y está sujeto a, entre otros, receta restrictiva (por cuadruplicado) en caso de ser utilizado en abortos incompletos.[132]

En el caso de Brasil la restricción al aborto por la vía del acceso limitando el misoprostol, abarca además una restricción al contenido concreto del derecho a la información. De esta manera, como se ha mostrado a lo largo de esta revisión, las normas sobre aborto coexisten y operan en distintos niveles aumentando la intensidad de las restricciones. En Brasil existen básicamente dos prohibiciones. La primera impide la venta del medicamento en farmacias y establece la venta hospitalaria pese a que la venta libre del medicamento estuvo permitida hasta 1991[133] y la segunda prohíbe cualquier tipo de publicidad.[134] Esto a su vez genera al menos dos consecuencias. La primera, que las mujeres, como se ha estudiado ampliamente en el Brasil, acceden al medicamento a través de redes de venta clandestinas e inseguras, y la segunda que la información sobre el medicamento les está vedada viéndose enfrentadas a complicaciones propias del déficit de información.[135]

En relación con el comercio ilegal, la imposibilidad de acceder al medicamento ha "empujado" a las mujeres a un mercado clandestino que les impide gozar de garantías sobre la procedencia y seguridad del medicamento. Pero además de prohibirse su comercialización fuera de los hospitales que estén debidamente registrados, está prohibida su publicidad en medios impresos o virtuales. Este último aspecto resulta más grave si se tiene en cuenta que existe en el Brasil una prohibición de restringir el derecho a la información, hecho que es ampliamente denunciado y estudiado a nivel internacional.[136] Se trata en este caso de una regulación dirigida a limitar la divulgación de información sobre salud sexual y reproductiva limitando de manera indirecta el derecho a la salud explícitamente protegido en la Constitución Federal de Brasil.[137] Los efectos de esta medida son claros: la afectación principal ocurre en la vida de las mujeres pobres que no cuenta con suficientes recursos económicos ni otras fuentes para practicarse un aborto seguro: la mayoría de los abortos incompletos e inseguros que son admitidos en los hospitales públicos en Brasil, afectan a las mujeres jóvenes, pobres y negras.[138]

Como bien indica el Relator Especial del Derecho a la Salud, cuando las propias leyes penales u otro tipo de restricción legal constituyen barreras, existe una obligación de los estados de removerlas.[139] Silvia De Zordo en su estudio sobre la biomedicalización del aborto ilegal en Brasil lo explica claramente: el misoprostol en Brasil tiene una doble vida. Pese a ser un medicamento eficiente, de bajo costo y con bajos efectos secundarios, es escaso en los hospitales del país por la ilegalidad del aborto y su estatus médico y legal es ambiguo.[140] Mientras que en los hospitales se obtiene y utiliza en una amplia gama de procedimientos obstétricos, en las calles su compra ilegal tiene lugar en el mercado negro o vía internet y las mujeres lo utilizan sin información apropiada para inducirse sus propios abortos constituyéndose de esta manera un régimen de ciudadanía reproductiva dual.[141]

Adicionalmente, la regulación sobre misoprostol crea un conjunto disperso de pequeñas restricciones que se derivan de disposiciones como la obligación del registro para establecimientos hospitalarios que usan medicamentos con base misoprostol, la suspensión de toda publicidad y foros de discusión o incluso la disposición de mensajes en sitios de internet. Con esta última prohibición, además, las mujeres y quienes proveen por medios virtuales el medicamento, han sido víctimas de persecución y castigo.[142]

Con respecto a las restricciones dirigidas a los contenidos concretos de los derechos, además del ejemplo del misoprostol cuyas restricciones comprometen tanto el acceso a servicios como el contenido concreto del derecho a la información, otra de las prohibiciones existentes es la que pone en juego la protección del secreto profesional o el derecho a la confidencialidad. Según la Universidad de Georgetown "muchos países en las Américas con leyes restrictivas referentes al aborto ahora exigen, protegen, o motivan a profesionales médicos a no cumplir con su deber cuando atienden a mujeres que buscan atención postaborto" y algunos incluso tienen el deber de denunciar ante la "sospecha" del aborto.[143] Como con otras normas restrictivas, las instituciones de salud terminan convertidas en puertas de entrada a los sistemas judiciales —y son fuente de sanciones o castigos normalizadores— perdiendo parte de su esencia asistencial pues como lo reitera la literatura, estas amenazas conducen a búsquedas tardías de atención por miedo al maltrato, a la tortura o a la denuncia y producen complicaciones y a veces la muerte o la enfermedad extrema.

Según la OMS, la confidencialidad se refiere al siguiente deber:

> "[...] proteger la información del paciente contra la divulgación no consentida por el paciente. Con la finalidad de disuadir del aborto, limitando la atención médica, se ha fomentado una nueva norma jurídica perturbadora: incumplimiento del deber legal de proteger la confidencialidad médico-paciente".[144]

Como son diversos los modelos de violación de la confidencialidad que, entre otras, propone la Universidad de Georgetown, se revisará acá uno que es paradigmático (Perú) porque que se enmarca en las normas penales que incorporan el deber expreso de violar la confidencialidad y producen un conflicto entre obligaciones. Según esta clasificación, ello supone la coexistencia del delito de aborto y el deber positivo de denunciar.

En Perú, la Ley 26842 de 1997 contempla que el médico que brinda atención, entre otras, a mujeres en quienes haya "indicios" de aborto criminal, está obligado a poner el hecho en conocimiento de la autoridad competente. Además de las posibles sanciones penales y otras acciones civiles, el profesional se enfrenta a una o más de las siguientes sanciones administrativas: amonestación, multa, cierre temporal o clausura del establecimiento, entre otras, y se tendrá en cuenta la condición de reincidencia o reiteración del infractor.[145]

"A pesar de la exención establecida en el artículo 327(2) del Nuevo Código Procesal Penal (2004), un conflicto en deberes es creado por el artículo 30 de la Ley de Salud Peruana, que les impone a profesionales de la salud el deber positivo de denunciar toda mujer que haya tenido un aborto sospechado como ilegal, quien haya acudido al profesional de la salud en busca de atención postaborto".[146] Más aún, el artículo 407 del Código Penal[147] sanciona a las personas que no denuncian un crimen cuando tienen la obligación de hacerlo.[148]

De manera clara se trata de un tipo de prohibición enfocada en el profesional, la cual pone en colisión el derecho al secreto profesional y la existencia de denunciar los *indicios* de un aborto provocado, resquebrajando un elemento constitutivo de la relación médico paciente e incluso afectando la propia libertad del profesional y la calidad de sus servicios, por tratarse el secreto profesional entre otras, de una razón de humanidad.[149] [150] Como afirma la CIDH se trata de una medida "abiertamente injustificada y desproporcionada".[151] [152]

En otros países como Ecuador, las mujeres que llegan sangrando al hospital son denunciadas sin que se haya probado el aborto provocado. El personal sanitario notifica a la Policía e incluso revela información de la historia clínica, sometiendo con frecuencia a las mujeres a interrogatorios en el hospital y como en otros casos,

INTENSIDAD DE LAS RESTRICCIONES SEGÚN TIPO DE NORMA

NORMA FORMAL	PAÍS	ALGUNAS CARACTERÍSTICAS DETERMINANTES DE LA INTENSIDAD
MODELO DE PLAZOS	URUGUAY	REQUISITOS: JUNTAS Y PLAZOS DE REFLEXIÓN

BAJA INTENSIDAD*

NORMA FORMAL	PAÍS	ALGUNAS CARACTERÍSTICAS DETERMINANTES DE LA INTENSIDAD
RÉGIMEN CAUSALES	COLOMBIA	REQUISITO ÚNICO: CERTIFICADO MÉDICO Y DENUNCIA
MODELO DE PLAZOS	MÉXICO	INEQUIDADES ENTRE ESTAODS
PENAS DISTINTAS A CÁRCEL	ECUADOR - PARAGUAY	REEDUCACIÓN - MULTAS
MISOPROSTOL	BRASIL - ARGENTINA	VIGILANCIA Y PROHIBICIÓN DE INFORMACIÓN - CONTRADICCIÓN ENTRE NORMAS
OBJECIÓN DE CONCIENCIA	URUGUAY- BRASIL, ECUADOR, COLOMBIA	LÍMITES POR TCA - PRÁCTICA AMPLIA

MEDIA INTENSIDAD**

NORMA FORMAL	PAÍS	ALGUNAS CARACTERÍSTICAS DETERMINANTES DE LA INTENSIDAD
RÉGIMEN PENALIZACIÓN TOTAL	EL SALVADOR	NÚMERO DE AÑOS DE LA CONDENA Y APLICACIÓN DE LA PENA
CRIMINALIZACIÓN	BRASIL - EL SALVADOR	JUICIOS A PROFESIONALES Y MUJERES - CONDENAS
CONFIDENCIALIDAD	PERÚ	CONTRADICCIÓN DE NORMAS

ALTA INTENSIDAD***

Tabla 2.3. Intensidad de las restricciones según tipo de norma. La asignación de colores —según intensidad— a los tipos de normas restrictivas, retoma un ejercicio presentado por Paola Bergallo. En su ejercicio, esta autora clasifica los códigos penales en color rojo cuando penalizan totalmente el aborto, amarillo cuando hay causales y verde cuando hay plazos. Retomando esta clasificación, acá se presenta enriquecida cuando al tipo de penalización se suman otras normas restrictivas lo que amplía los tipos de normas contenidas en la clasificación o hace que en un mismo país coexista más de un color según tipo de normas (Bergallo, "Interpretando derechos"). Así, con el gris más oscuro se clasifica las normas de más alta intensidad en cuanto a las restricciones y con el más claro, las de más baja intensidad. Fuente: elaboración propia con base en el texto de Paola Bergallo, "Interpretando derechos: la otra legalización del aborto en América Latina".

las mujeres que están en la cárcel por aborto son de escasos recursos, afroecuatorianas, indígenas y mestizas.[153]

De esta manera, las restricciones relativas a la confidencialidad señalan dos tipos de problema. Por un lado, las normas formales que la imponen (Perú) y por el otro, las prácticas incentivadas por la penalización casi total (Ecuador) o total (El Salvador).[154] Con respecto a este último, si bien el secreto profesional médico está protegido en la legislación del país que penaliza la quiebra del mismo,[155] se ha convertido un elemento crítico que agrava la situación de penalización total. Como se mencionó antes, el incumplimiento del deber del secreto profesional es una práctica frecuente en el país en el contexto de la atención a mujeres que acuden con emergencias obstétricas a los hospitales que se han convertido en "sospechosas" en los servicios, como consecuencia de la penalización total.[156]

Algunas reflexiones sobre las normas formales. La evidencia sobre las normas formales presentada hasta aquí nos permite apreciar que existen en torno al aborto, una serie de normativas sin solución de continuidad, que se dirigen a las mujeres específica y principalmente —y a los profesionales de la salud con fines disuasivos—, que son de intensidad variable, que constituyen un marco desproporcionado de punición y amenazan el acceso a los servicios en lo que constituye un caso paradigmático de la salud reproductiva: el aborto. Y nos permite también comprender que más allá del tratamiento generalizado del aborto como un delito, el debate en torno a este transcurre en un campo de disputas morales —entre muchas otras— en el que pese a ello —y a una infinidad de avances— imperan un conjunto amplio y variable de normas restrictivas que se entrelazan de manera ininterrumpida como producto del orden moral de género que otorga a las vidas y biografías de las mujeres una menor legitimidad cuando ellas rehúsan el destino de la maternidad.[157]

En todos los casos y bajo todos los modelos, el aborto sigue siendo considerado un delito y como tal recibe tratamiento en el código penal.[158] La pena en general establece "privación de la libertad para la mujer que consienta el aborto y para el personal de salud o las personas que la ayuden [...]" a fin de disuadirles, y desarticular la prestación del servicio de salud empujándolas a arriesgar la salud y la vida.[159]

Todos los modelos operan en el marco de la penalización, que coexisten con las excepciones que se expresan, por ejemplo, en un conjunto de requisitos variables que se imponen a la mujer para acceder al aborto y/o con esquemas que otorgan el papel de intérprete a distintos profesionales involucrados en la aplicación de las normas, y en particular a los de la medicina, marcando uno de los rasgos distintivos de las normas restrictivas sobre aborto: la heteronomía. Otros requisitos como se ha observado hasta aquí, abarcan los plazos, la intervención de distintos profesionales, la "refrenda por parte de autoridades superiores (directores, autoridades del sistema de salud), la denuncia en los casos de violación; los contenidos sobre la información; la asesoría previa y los períodos de espera o reflexión".[160]

Según el Comité de Derechos Económicos, Sociales y Culturales:

> [...] en la mayoría de los países de América Latina, las normas legales que regulan el aborto se encuentran en los Códigos Penales, mas no existen legislaciones particulares sobre los medios, aseguramientos y condiciones para el aborto legal repercutiendo directa e irremediablemente en la tasa de mortalidad de mujeres.[161]

La objeción de conciencia: entre la norma formal y la informal. El caso de la objeción de conciencia se constituye en este trabajo en un tipo de "norma de pasaje" entre las disposiciones formales como la del Tribunal en lo Contencioso Administrativo de Uruguay y la práctica abusiva de la objeción en una variedad importante de países que muchas veces contraviene las normativas vigentes.

La objeción de conciencia se entiende de la siguiente forma:

> [...] la negación al cumplimiento de un deber contenido en el ordenamiento jurídico, derivada de un conflicto entre dicho deber y una convicción moral que es central para el sujeto. Se trata de una acción basada en la conciencia y, por ende, es un derecho personalísimo, cimentado en creencias profundas, absolutas, sinceras y no fácilmente modificables.[162]

Se trata de una práctica reconocida —con distintos niveles de permisión— en algunas regulaciones e instalada con intensidad variable en la región, especialmente en los países en que se ha avanzado en alguna forma de liberalización del aborto y/o en la implementación de servicios. Así, la práctica surge como una nueva restricción que limita el acceso de las mujeres al aborto y que refleja como pocas, la relación en espejo que existe entre disposiciones normativas formales y prácticas normalizadoras que se imponen para preservar un orden. El orden del control sobre la reproducción de las mujeres.

Para ilustrar el caso de la objeción se revisará, por un lado, disposiciones formales como la contenida en la decisión reciente del Tribunal Contencioso Administrativo del Uruguay que configura una protección desproporcionada y de privilegio a los derechos de los prestadores para que puedan objetar, por sobre los derechos de las mujeres a los servicios de aborto legal. Por el otro veremos la práctica cada más extendida en algunos países de la región.[163]

Veamos la situación. En el año 2012 se despenaliza el aborto en el Uruguay y la ley de ese año reconoce la objeción de ideario. Para su implementación el Ministerio de Salud expide una regulación sanitaria —Decreto no. 375 de 2012—[164] y un grupo de médicos la impugnan alegando entre otras cosas, que la regulación les impide ejercer la objeción de conciencia. Ya el reconocimiento de la objeción de ideario había otorgado un poder desproporcionado a una poderosa institución médica.[165] Como afirma Constanza Moreira, pese a la intención de "proteger" a las instituciones cuyo ideario podría impedirles la prestación de servicios de aborto, en la realidad esta figura terminó habilitando una especie de desobediencia civil, pues el volumen de quienes empezaron a utilizar la figura potenciada por la decisión del TCA, terminó siendo en la práctica una forma de sanción y desacuerdo con la legalización del aborto.[166] Pero veamos que dijo el Tribunal y que problemas acarrea su decisión, entre otras porque con esta decisión esta instancia "usurpa" la labor de intérprete que corresponde al legislativo.

Según el Tribunal, el decreto impugnado por un grupo de profesionales de la medicina, si restringía ilegítimamente el ejercicio del derecho a la objeción de conciencia del personal de salud y bajo este argumento la decisión del Tribunal produce varios efectos: otorga y amplía el derecho a la objeción más allá de lo que dice la Ley; se expide sobre aspectos que no competen a la demanda ni al tribunal como por ejemplo la noción de riesgo para la salud sobre la cual interpreta que la Ley se refería solo a la vida. Y además, moraliza el debate al afirmar que las normas vigentes son "un atentado al sentido último de la profesión" (médica) e, incluso, a la dignidad personal y al libre desarrollo de la personalidad de los médicos quienes por su peculiar vocación están comprometidos humana y profesionalmente con *la defensa de la vida humana (el feto)*.[167]

Con su decisión el Tribunal contradice —derogando— las medidas tomadas por el ejecutivo para implementar la Ley de aborto en al menos los siguientes aspectos: (1) la delimitación del derecho de objeción de conciencia a los actos de ejecución del aborto (recetar el fármaco o hacer el legrado). Es decir, amplía el alcance de la objeción a más actos; (2) la restricción de la objeción solo a los médicos y el personal técnico. Es decir, amplía el sujeto potencial objetor; (3) la definición del "grave riesgo de salud para la mujer," como "riesgo de salud". Es decir, restringe la noción de riesgo para la salud al riesgo de vida; y (4) las limitaciones a la función de los médicos en el asesoramiento para evitar que disuadan a las mujeres. Es decir, habilita la disuasión.[168]

La decisión del Tribunal en últimas termina ampliando el derecho a la objeción, más allá de lo que reconoce la propia Ley que despenalizó el aborto, en sus artículos 10 y 11, violando el espíritu de la misma al permitir con su decisión: que la objeción sea ejercida sin límites, al incluir en la permisión de objeción al personal administrativo, al quitarle su carácter excepcional y específico, entre otras, y termina produciendo una mayor desprotección a las mujeres cuya vida y salud vuelven a subordinarse, y sobreprotegiendo a un gremio ya poderoso, el médico.

Pero el caso de las normas sobre objeción, no tratan solo de una restricción que opera como en el caso anterior, en el marco de la formalidad sino que incluso cuando existen regulaciones que limitan su ejercicio desproporcionado buscando proteger a las mujeres a través de reglas jurisprudenciales (Colombia),[169] en la práctica se encuentran la objeción institucional o colectiva que no solo contraría la propia definición de la conciencia, sino que termina constituyéndose más en una oposición al marco legal que en una protección a un derecho de una minoría. Propiciando lo que ya se ha nombrado en la literatura como deserción del deber médico.[170]

Contribuye a esta situación el hecho de que el sector salud suele desconocer la jurisprudencia de la Corte Colombiana, que como tal le resulta distante en tanto no son reglas que emanen de la autoridad sanitaria. Así, entre el desconocimiento y la certeza del poder del que gozan aun cuando se nieguen a prestar un servicio, en la práctica la objeción de conciencia individual — institucional o colectiva— es frecuente en el país.[171]

Tres leyes en Colombia habilitan al médico y a las enfermeras, para rehusar la prestación de servicios que impliquen actos que sean contrarios a la moral, constituyendo adicionalmente, un caso de contradicciones internas con respecto a la jurisprudencia vigente. Por tratarse de leyes ordinarias, muy amplias, dotan de poder a una corporación que ya es poderosa, alterando la relación de poder y subordinando a las mujeres a un dispositivo más de la moral patriarcal.[172] [173]

Por otro lado, la objeción se configura como una norma informal paradigmática en tanto encuentra en la persistencia del delito de aborto y en normas específicas no siempre claras o incluso más garantistas con los profesionales que con las mujeres, la fuente de la cual bebe, dando lugar a una de las prácticas de mayor intensidad cuando se trata de restringir el acceso a los servicios de salud.

Miremos algunas cifras de cuando la práctica de la objeción que opera como una restricción informal de intensidad variable, se asocia con el acceso a una particular causal: la violación. En Brasil la objeción de conciencia llega a ser de más del 40%, entre otras, por la incertidumbre que gran cantidad de profesionales dicen tener frente a la existencia o no de una violación. Más del 80% de los profesionales solicitan pruebas de la violación que no son exigidas por la ley argumentando que existe una "banalización de la demanda" por parte de las mujeres que les lleva a no confiar de los casos de violación, llegando a casos extremos en que se las denuncia ante la autoridad policial contraviniendo la norma vigente que protege el secreto profesional por sospechar que han mentido.[174]

"Toda mulher vai vir dizendo que foi estuprada".[175]

De otro lado, en Colombia, según datos de una encuesta nacional realizada por el Grupo Médico por el Derecho a Decidir, un 59% de los ginecólogos que participaron de una encuesta nacional no han realizado nunca una interrupción voluntaria del embarazo (IVE) y cerca del 65% no la realizan cuando es solicitada por una causa legal lo que en parte se corresponde con el elevado porcentaje de profesionales que no están de acuerdo con la legislación actual. Entre quienes nunca han practicado el aborto, 8% declara expresamente su objeción de conciencia, pero un 24% de quienes no lo practican hacen referencia a asuntos estrictamente morales o religiosos pudiéndose considerar estos, de manera indirecta, formas de objeción. En este sentido, si bien la objeción no se reconoce explícitamente por parte de los profesionales, sí parece expresarse en la negación de servicios que se hace sobre la base de convicciones personales acerca de lo que está bien o mal en materia de aborto y en especial a partir del juicio moral contra el aborto legal que encuentra sus fundamentos en la persistente penalización. Adicionalmente, las barreras (institucionales o individuales), según datos de la misma encuesta llegan a casi 60% entre quienes nunca han prestado el servicio, dejando claro que aun cuando la objeción de conciencia no sea expresamente reconocida, los profesionales de la salud obstaculizan el acceso a los servicios en coherencia con su desacuerdo frente al régimen de despenalización actual vigente en el país.[176]

El caso de la objeción opera así en un doble nivel: la disposición normativa y la práctica abusiva.

Las normas informales

Como se mencionó al inicio de este capítulo, las normas restrictivas sobre aborto abarcan también un conjunto de prácticas o normas sociales —que proliferan al amparo de las reglas formales o ante su ausencia— que normalizan la sanción y el castigo —a las mujeres que procuran un aborto—. De un modo general, estas normas informales o "seudo-regulaciones" hacen referencia a un conjunto de prácticas sobre aborto, que comprenden problemas de interpretación, incertidumbre legal, aplicación incorrecta de regulaciones y falta de especificación, entre otras, que generan un estado de "desregulación" en la práctica que resulta de una acción individual —y a veces colectiva—.[177]

En este se incluye evidencia sobre algunos casos de prácticas que constriñen, dilatan y con frecuencia impiden el acceso a los servicios de aborto actuando como normas restrictivas que son en general de intensidad más baja que la de las normas formales.[178] En ningún caso, como se ha explicado a lo largo de este libro, esta evidencia pretende ser exhaustiva sino señalar los tipos de restricciones que se presentan en distintos países de la región, de manera que estos sirvan al hilo argumental de la tesis que se elabora en el siguiente capítulo. Adicionalmente, todos los casos aquí narrados constituyen ejemplos sólidos de interferencia en las decisiones de las mujeres por parte de distintos poderes estatales y sociales: judicial, religioso y médico. Todos los cuales se engranan para intensificar las restricciones que enfrentan las mujeres frente al aborto.

Se destacan de manera significativa, yendo de una mayor a menor intensidad, la objeción de conciencia (descrita arriba), la admisión del *habeas corpus*, la suspensión del aborto legal para proteger los derechos del cónyuge, y la violencia obstétrica expresada, por ejemplo, en una duda sistemática de los profesionales sobre la palabra de las mujeres ante los casos de violación y en la imposición de requisitos técnicos desproporcionados que complejizan y encarecen la práctica del aborto.

Admisión del Habeas Corpus. El caso del *Habeas Corpus* que ocurrió en Brasil en 2005 refleja de manera drástica la forma en que una práctica individual, en este caso propulsada por un representante de la Iglesia, se engrana en el aparato del Estado —judicial y sanitario— para impedir un aborto legal. Se trata del caso de una joven de 19 años que se encontraba en un Hospital de la Ciudad de Goiás recibiendo medicamentos para interrumpir la gestación de un feto anencefálico.[179] La joven había sido admitida para dicha interrupción mediante una autorización judicial pues para esa época el aborto por anencefalia seguía siendo ilegal en el Brasil.[180] Mientras estaba esperando la interrupción, la mujer fue informada por parte de las autoridades del Hospital que el procedimiento iba a ser cancelado para cumplir *otra* autorización judicial que ordenaba la protección de la vida del *nascitūrus* invocando la figura del *Habeas Corpus*.[181] [182]

El caso interesa por diversas razones, pero sobre todo, porque deja clara la compleja maraña mediante la cual una acción individual apalancada en el Estado y en particular en el poder judicial y el sistema sanitario (operando por medio de pactos fraternos del patriarcado), se convierte en una interferencia en la vida privada de una mujer. Como explica Dante Neto, "es la voz del Estado afirmando que existe un cuerpo raptado [...] *el del feto*"[183] (traducción y cursivas propias). Se trata de la presencia de voces del estado (jueces, procuradores y autoridades sanitarias) que afirman y deciden, que se suman a las voces de la jerarquía de la Iglesia Católica y de una organización antiaborto, representada por el "Padre Lodi," quien interpuso la acción judicial que llevó a la suspensión del aborto.[184]

Este caso se trata de la producción de un discurso, desde el aparato judicial, que "controla, selecciona, ordena y redistribuye, dentro de los procedimientos que componen su flujo burocrático"[185] (traducción propia). De esta manera, una mujer de 19 años, su decisión y el proyecto de vida que había elegido para ella y su pareja, quedan atrapados en una burocracia que "legitima y legaliza" la interferencia del representante de la Iglesia, mediante una acción que la obliga a llevar a término la gestación —como en efecto sucede—, dar a luz a un feto que muere de manera inmediata al nacer, registrarlo, declararlo muerto y enterrarlo. La que podría considerarse una acción individual, aislada e incluso *disparatada*, terminó convertida en una acción de un Estado que usando todos sus aparatos, terminó por subordinar la vida de la mujer a la del feto.

Entre el cónyuge y la Jueza: ¿Pura Concepción? En la misma línea de interferencias individuales que suceden en connivencia con la estructura del Estado, se ubica la acción de suspensión del trámite de un aborto legal por parte de una Jueza en Uruguay. Se trata de Pura Concepción, jueza de la Ciudad de Mercedes en Soriano, Uruguay, quien emitió una sentencia "suspendiendo" un aborto legal a una mujer que había solicitado el servicio por su sola voluntad.[186]

La Sentencia siguió a un amparo interpuesto por la pareja de la mujer, en el cual solicitaba a la Corte que se aplazara el aborto instando a la mujer a cambiar su decisión. La Jueza acepta escuchar el caso (pese a que la ley define expresamente que la voz de autoridad de la decisión es la de la mujer y en ningún caso la pareja) y asigna al feto un abogado de oficio autorizado para cuestionar las razones que llevaron a la mujer a decidir el aborto. Por su carácter inusual y por tener lugar en un país de amplia tradición laica y solidez democrática, además de tratarse de una de las regulaciones más liberales en materia de aborto en la región, el caso es sin duda inquietante, pues refleja la fragilidad en que transcurre la prestación de los servicios de aborto y lo vulnerable e ilegítima que puede ser en cualquier momento la decisión de una mujer que decide sobre su propio cuerpo.[187]

El caso, una mujer de 24 años con 10 semanas de embarazo, terminó resolviéndose como consecuencia de un aborto espontáneo —posiblemente debido a estrés desproporcionado— lo que impidió saber el curso que tomaría la apelación a la decisión de la Jueza que había sido iniciada por la abogada de la mujer, y que seguramente hubiera alcanzado la Corte Suprema de Justicia.

En todo caso, si bien la decisión de la Jueza fue suspendida y calificada por distintas autoridades políticas y sanitarias como inconstitucional y como una extralimitación de funciones (incluso la Jueza enfrenta cargos que podrían apartarla del ejercicio de la profesión), es ilustrativa del uso del poder punitivo del estado cuando se trata de las mujeres y sus cuerpos en relación con la decisión de abortar. Poder que opera a través de normas y prácticas que como esta, son restrictivas y reflejan la interferencia de las creencias personales e ideológicas sobre las decisiones judiciales.

Violencia e imposición de requisitos desproporcionados. Según Juliana Tamayo Muñoz, et al., la violencia obstétrica se entiende de la siguiente forma:

> [...] la apropiación del cuerpo y procesos reproductivos de las mujeres por parte del personal de salud, que se expresa en un trato deshumanizador o en un abuso de medicalización y patologización de los procesos naturales, trayendo consigo pérdida de autonomía y capacidad de decidir libremente sobre sus cuerpos y sexualidad, e impactando negativamente en la calidad de vida de las mujeres.[188]

En relación con el aborto, una serie de prácticas que tienen lugar durante el proceso de atención se destacan como formas de violencia:

> [...] el *cuidado no confidente* (referirse a la mujer en público con calificativos estigmatizantes o no ofrecer privacidad para la consulta y el examen físico); *el cuidado no digno/discriminación* (negar información veraz e imparcial, retrasar la atención y la realización del procedimiento, retrasar o no asignar cama, acomodar intencionalmente y con fines 'aleccionadores' junto a madres con sus recién nacidos); *el cuidado sub-óptimo* (uso de tecnologías inadecuadas u obsoletas: legrado cortante en lugar de aspiración endouterina); el *abuso físico* (manejo insuficiente o no manejo del dolor) y el *abuso psicológico* (amenazar, acusar, culpabilizar, humillar, revictimizar, tratar de cambiar su decisión).[189] (cursivas propias)

Si bien estas prácticas tienen lugar de forma amplia y en grados variables en la región, a continuación, presento el caso de una práctica asociada a la forma de violencia descrita como cuidado subóptimo, sobre la cual se dispone de algunos datos de Colombia.

Según cifras de Elena Prada et al.,[190] pese a la despenalización del aborto que tuvo lugar en Colombia en tres circunstancias en el año 2006, el 99% de los abortos siguen siendo ilegales, hay un aumento de las complicaciones por cada mil mujeres (de 7,1 a 9) y los abortos legales terminan en la práctica siendo más costosos cuando se practican en instituciones de niveles mayores de complejidad y en condiciones no adecuadas. Esto refleja al menos una paradoja entre la legalidad y la legitimidad: entre la despenalización y el acceso a los servicios.

Según dos estudios realizados en Colombia en el año 2013, cuando el aborto legal tiene lugar en las instituciones privadas especializadas de primer nivel —en donde se le realiza con el método de Aspiración Manual Endouterina/AMEU y/o con medicamentos—, la mediana del costo de la prestación del servicio es de USD 45. Este costo es mucho más bajo que la mediana del servicio cuando este se presta en entidades especializadas (que no son la primera elección según las normas) pues en estas últimas los costos (directos e indirectos) se elevan a expensas de una serie de aspectos, resultando en promedio en un costo de USD213 (en instituciones de segundo nivel) y USD189 (en las de tercer nivel). La razón principal es que la atención en los niveles 2 y 3 se lleva a cabo mediante procedimientos obsoletos y costosos (dilatación y curetaje), es objeto de una serie amplia de barreras administrativas y sobre todo, no debería ser la primera línea de elección cuando se trata de realizar un aborto legal. Los costos del aborto legal en estas condiciones ocurren básicamente a expensas de los salarios del personal de salud, del mayor tiempo que requieren los procedimientos allí utilizados (incluido por ejemplo el uso innecesario de anestesia), de la hospitalización (innecesaria), los medicamentos, materiales y suministros que son utilizados.[191] El estudio encontró por ejemplo que un procedimiento de aborto seguro, que es en general ambulatorio, tuvo una duración de entre 3 y 7 días cuando la literatura y el propio estudio de Colombia afirman que en el primer nivel los servicios no solo son menos costosos sino que usan procedimientos menos invasivos y eficientes, que suelen ser ambulatorios.[192]

Lo que parece claro es que con estas prácticas se busca aleccionar a las mujeres en los servicios de salud cada vez que intentan obtener un aborto legal, mediante la imposición de múltiples barreras que conducen a una atención más tardía y en edades gestacionales superiores, incrementando con ello, a más del doble, los costos del personal de salud a expensas de la mayor dedicación de tiempo en los casos de aborto legal, de un mayor lapso de hospitalización (que a su vez incrementa el tiempo que el personal dedica al caso) y del uso de tecnologías obsoletas. Así, en virtud de esta práctica, los servicios de aborto legal terminan siendo más costosos para el sistema de salud y para las mujeres, reflejo de las barreras para el acceso que se imponen en la práctica del día a día.[193] [194]

En relación con la "constatación" o "verificación" de la violación a la que se ha hecho referencia en un apartado anterior, es importante anotar que existe un serio problema de aplicación de la causal violación como resultado de una práctica bastante extendida entre profesionales de la medicina, que consiste en el cuestionamiento de la veracidad de la información por parte de las mujeres que reportan haber sido víctimas de una violación. Amparados en un "criterio técnico," rechazan la historia de violación de las mujeres argumentando inconsistencias con la edad gestacional. Es decir, afirmando que no coincide la fecha en que las mujeres reportan la violación, y el tiempo del embarazo. De esta manera, y sin importar si las mujeres han cumplido el requisito —denuncia penal u otro— o incluso si no existe ninguno para invocar un aborto amparado en la causal violación, los profesionales la desconocen y se rehúsan a prestar el servicio.

Norma	**País**	**Característica principal determinante de la intensidad**
	Prácticas	
Habeas Corpus	Brasil	Extralimitación autoridad religiosa
Interferencia Judicial	Uruguay	Interferencia poder judicial
Violencia obstétrica o tratamiento de aborto como servicio de alta complejidad	Colombia México Ecuador	Barreras

Tabla 2.4. Intensidad de las restricciones según práctica (gris oscuro: alta; gris medio: media; gris claro: baja) Fuente: elaboración propia.

Algunas reflexiones. La evidencia sobre las normas informales nos permite construir un panorama sobre la variedad de las restricciones que abundan con relación al aborto en América Latina. Prácticas en las que a la ilegalidad del aborto o las excepciones bajo las cuales se le permite, se suman la inseguridad, las interferencias indebidas y la violencia. En todos los casos, nuevamente, el poder punitivo del estado es ejecutado por diversos agentes que terminan por subordinar los intereses, necesidades y las vidas de las mujeres, a una serie de normas restrictivas de intensidad variable.

En el capítulo siguiente, se discutirá justamente, la forma en que estas normas sustentan y alimentan una menor legitimidad de las vidas de las mujeres cuando se trata de decidir sobre su reproducción y sus cuerpos.

El conjunto de restricciones analizadas en todo el capítulo tiene consecuencias sobre la salud de las mujeres y afectan su acceso a los servicios de salud. En una operación doble, las normas formales irradian (como resultado del estigma, por ejemplo) la práctica médica y producen o permiten normas informales (prácticas) que son ejercidas por prestadores y/o autoridades judiciales, sanitarias o administrativas.

Las normas formales se asientan en el derecho para castigar, utilizando la criminalización como su fórmula de más alta intensidad observable en las normas restrictivas sobre aborto, mientras que las prácticas utilizan el estatus que les confiere a quienes las llevan a cabo, el ser médicos, jueces o "curas" para poner en marcha el poder punitivo del Estado.[195]

Notas

1. Cuando había concluido un primer borrador de este manuscrito, y había adoptado el uso de la expresión "normas restrictivas", la Organización Mundial de la Salud lanzó su base de datos sobre políticas de aborto a nivel global (Abortion Policies Database [online database], en la cual también discute las distintas restricciones existentes en materia de regulación de aborto en el mundo entero). World Health Organization. *Global Abortion Policies Database.* Geneva, 2018. https://srhr.org/abortion-policies/.
2. Carlos Santiago Nino, "¿Es la tenencia de drogas con fines de consumo personal una de las 'acciones privadas de los hombres'?" *Revista Jurídica La Ley* (4 de octubre de 1979); Carlos Santiago Nino, *Fundamentos de derecho constitucional: análisis filosófico, jurídico y politológico de la práctica constitucional* (Buenos Aires: Astrea, 1992).
3. Encarnación Fernández y José García Añón, "Derecho y otros órdenes normativos", en *Introducción a la teoría del derecho.* 3.ª ed., coordinado por Javier de Lucas (Valencia: Tirant lo Blanch, 1997).
4. Julieta Lemaitre, *El derecho como conjuro: fetichismo legal, violencia y movimientos sociales* (Bogotá: Siglo del Hombre, 2009).

5. Mauricio García Villegas, *Normas de papel* (Bogotá: Siglo del hombre, 2010); Mauricio García Villegas, *La eficacia simbólica del derecho: sociología política del campo jurídico en América Latina* (Bogotá: IEPRI, 2014).
6. Paola Bergallo, "Interpretando derechos: la otra legalización del aborto en América Latina", en *Debates y reflexiones en torno a la despenalización del aborto en Chile*, editado por Lidia Casas Becerra y Delfina Lawson (Santiago de Chile: UDP Facultad de Derecho, 2016); Paola Bergallo, "La lucha contra las normas informales que regulaban el aborto en Argentina", en *El aborto en el derecho transnacional: casos y controversias*, editado por Rebecca J. Cook, Joanna N. Erdman y Bernard M. Dickens (México: Fondo de Cultura Económica, 2016).
7. Maria Clara Dias, *Sobre nós: expandindo as fronteiras da moralidade* (Río de Janeiro: Pirilampo, 2016). Es importante aclarar que, si bien desde una perspectiva jurídica la función del derecho positivo es restringir, el uso de la expresión normas restrictivas, busca señalar además, una consecuencia común a todas estas normas: la creación o profundización de barreras para acceder a los servicios de aborto legal.
8. Entrevista oral a Julieta Lemaitre. México, Ciudad de México. Junio de 2017.
9. Fernández y García Añón, "Derecho y otros órdenes normativos".
10. Didier Fassin, *When bodies remember experiences and politics of AIDS in South Africa* (Berkeley: University of California Press, 2007).
11. Catharine A. Mackinnon, *Hacia una teoría feminista del Estado* (Madrid: Cátedra, 1995), 337.
12. Fernández y García Añón, "Derecho y otros órdenes normativos".
13. Las relaciones entre derecho y moral, tan estrechas en el ámbito del aborto, se relacionan con la posibilidad de imposición de unos valores morales determinados por medio del derecho. De la imposición de estos valores trata justamente la tesis de este libro en virtud de la cual la "deslegalización de la moral" (Fernández y García Añón, "Derecho y otros órdenes normativos", 56) supondría abandonar la intervención del Estado en la elección de los planes de vida de las mujeres, incluida la maternidad y por ende el aborto.
14. García Villegas, *Normas de papel.*
15. De ahí que el derecho se haya utilizado de dos maneras distintas, más no excluyentes en la batalla legal por la liberalización del aborto en América Latina: para cuestionarlo o para afianzarlo a través de su interpretación. Es así como el conjunto de normas restrictivas del que trata este libro se enfrenta hoy con una intensa movilización social proliberalización del aborto liderada por el feminismo latinoamericano, lo que refleja que se trata de un campo en disputa. Ana Cristina González-Vélez y Paola Bergallo, *Repertorios juridizados de la movilización por la liberalización del aborto en América Latina*, 2018 (en prensa); Cora Fernández Anderson, "Decriminalizing abortion in Uruguay: women's movements, secularism, and political allies", *Journal of Women, Politics and Policy* 38, no. 2 (2016): 221–246, https://www.tandfonline.com/doi/abs/10.1080/1554477X.2016.1219583; Lynn Marie Morgan, "¿Honrar a Rosa Parks? Intentos de los sectores católicos conservadores a favor de los 'derechos' en la América Latina contemporánea", *Sex., Salud Soc., Rio de Janeiro*, no. 17 (2014): 174–197, http://www.scielo.br/scielo.php?script=sci_arttext&pid=S1984-64872014000200174&lng=pt&nrm=iso; Alba M. Ruibal, "Movilización y contra-movilización legal: propuesta para su análisis en América Latina", *Polít. gob, México* 22, no. 1 (2015): 175–198, http://www.scielo.org.mx/scielo.php?script=sci_arttext&pid=S1665-20372015000100006&lng=es&nrm=iso.
16. García Villegas, *Normas de papel.*
17. Michel Foucault, *Historia de la sexualidad: 1. La voluntad del saber* (México: Siglo XXI, 1977).
18. Douglas Husak, *Overcriminalization: the limits of criminal* law (Oxford: Oxford University Press, 2008).

19. Corte Interamericana de Derechos Humanos, *Caso Baena Ricardo y otros Vs. Panamá. (Fondo, Reparaciones y Costas)*, 2 de febrero de 2001, 106, http://www.corteidh.or.cr/docs/casos/articulos/Seriec_72_esp.pdf.
20. Para distinguirlas de una regla jurídica.
21. Entre estas cargas se encuentran las vulneraciones a ciertos derechos que abarcan el derecho a la salud, a la información, a la autonomía, a la intimidad, a la privacidad, entre otros. Estas vulneraciones sin embargo, no son el objeto de este libro si bien constituyen una buena parte de los casos litigados por el feminismo en cortes nacionales e internacionales en las que se disputa el reconocimiento de las violaciones y su consecuente reparación. Como referencia consultar: Paulina (caso contra México antes la Comisión Interamericana de Derechos Humanos: Report No. 21/07: Petition 161–02: Friendly Settlement, 2007); K. L. v. Perú (Comité de Derechos Humanos, Comunicación No. 1153/2003, 2005); L. C. v. Perú (Comité para la Eliminación de toda forma de discriminación contra la mujer, CEDAW, Comunicación No. 22/2009, 2011).
22. Estas ideas se basan en los marcos sobre (Un)Rule of Law que se encuentran en la literatura en trabajos como los de: Guillermo O'Donnell, "Polyarchies and the (Un)Rule of Law in Latin America: A partial conclusión", *Kellogg Institute,* working paper no. 254 (1998), https://kellogg.nd.edu/sites/default/files/old_files/documents/254_0.pdf; García Villegas, *Normas de papel*; Paola Bergallo, "La lucha contra las normas informales", 205–207.
23. Véase el Capítulo 1.
24. Catharine A. Mackinnon, *Are women human? And other international dialogues* (Cambridge, Mass.: Belknap Press of Harvard University Press, 2006.
25. Según Patricia Laurenzo Copello, las normas jurídicas son "juicios prescriptivos de carácter generalmente imperativo que regulan la conducta externa [...] y están rigurosamente determinadas. Poseen un contenido fijo, cierto y reconocible. Son imperativas, imponen un deber. Son coactivas, es decir potencialmente imponibles por la fuerza y son heterónomas (al igual que las normas de trato social). Es decir, un sujeto (autoridad normativa u órgano normativo) emite la norma, cuyo destinatario es otra persona". En "Teoría general de las normas". Materiales de trabajo para la unidad (Patricia Laurenzo Copello, *Dogmática y política criminal del aborto* (Valencia: Tirant lo Blanch, 2012)).
26. Ana Cristina González-Vélez y Diana Guzmán, "La juridificación del campo de la salud sexual y reproductiva en Colombia", en *El aborto en América Latina: estrategias para luchar por su legalización y enfrentar las resistencias conservadoras*, compilado por Paola Bergallo, Isabel Cristina Jaramillo y Juan Marco Vaggione (Siglo Veintiuno Editores, 2018).
27. Continuando con Laurenzo Copello, no todas las prescripciones son normas formales (para ello se requiere que estas emanen de la voluntad del emisor de la norma es decir de una autoridad normativa y que sean promulgadas). Nuestras normas informales, no son "normas" en un sentido clásico del derecho positivo sino en el sentido de producir normalización e instituir órdenes, en muchas ocasiones al amparo de las normas formales (Laurenzo, *Dogmática y política*).
28. La objeción de conciencia como se explicará más adelante, está en el umbral entre las normas formales y las informales en tanto opera desde ambas lógicas y es motivada tanto por prescripciones del derecho positivo como por las prácticas y el orden social normativo del grupo de profesionales de la medicina.
29. Vale la pena anotar que algunas normas contienen más prohibiciones de las que son analizadas en este capítulo.
30. En la presentación de esta evidencia no se pretende ordenar las normas según la jerarquía que tienen en la pirámide propuesta originalmente por Kelsen como tampoco analizar la dinámica de producción de las mismas.

31. Penelope Deutscher, "The inversion of exceptionality: Foucault, Agamben, and 'Reproductive Rights'", *South Atlantic Quarterly* 107, no. 1 (2008): 55–70, https://read.dukeupress.edu/south-atlantic-quarterly/article-abstract/107/1/55/52619/The-Inversion-of-Exceptionality-Foucault-Agamben.
32. Para comprender mejor la movilización proliberalización y la variedad de estrategias desplegadas por el feminismo latinoamericano, véase González-Vélez y Bergallo, *Repertorios juridizados.*
33. Estos modelos reflejan las distintas posiciones liberales en el derecho.
34. Paola Bergallo y Ana Cristina González-Vélez, *Interrupción legal del embarazo por causal violación: enfoques de salud y jurídico* (Bogotá: La Mesa por la Vida y la Salud de las Mujeres, 2012), http://www.safeabortionwomensright.org/wp-content/uploads/2016/04/Causal-Violacion_salud_juridico.pdf.
35. "Los médicos, cirujanos, parteras, enfermeras, farmacéuticos y otros profesionales médicos, que, abusando de su profesión, causaren el aborto o cooperaren a él, incurrirán en la pena de cinco a veinte años de trabajos públicos, si el aborto se efectuare" (El Salvador. Decreto no. 1030, de 26 de abril de 1997. Código Penal. Diario Oficial, San Salvador, 6 oct. 1997. Artículo 317. http://www.oas.org/juridico/MLA/sp/slv/index.html).
36. Vale la pena destacar el caso de Canadá que no considera el aborto un delito (ya no está incorporado en el código penal) y lo regula como un servicio de salud, estableciendo las limitaciones para el acceso a partir de criterios técnicos relacionados con la edad gestacional, la viabilidad fetal, etc. La exclusión del delito de aborto del código penal en Canadá puede consultarse en https://www.canlii.org/en/ca/scc/doc/1988/1988canlii90/1988canlii90.html.
37. Bergallo, "Interpretando derechos".
38. Bergallo, "Interpretando derechos", 8.
39. Si bien este es un tema ampliamente estudiado en la literatura latinoamericana (Bergallo y González-Vélez, *Interrupción legal del embarazo*; Bergallo, "La lucha contra las normas"; Ruibal, "Movilización y contra-movilización"; Rodríguez-Ruiz, "Gender in constitutional"; Grupo de Información en Reproducción Elegida, *Niñas y mujeres sin justicia: derechos reproductivos en México* (Ciudad de México: 2015), http://informe2015.gire.org.mx/#/inicio) en este capítulo se introduce para señalar las diversas formas de criminalización y su variable intensidad, pero desde una lectura que abarca no solo la descripción de estos modelos sino también el conjunto de requisitos que los acompañan y su aplicación o *enforcement.* No se trata como ya se aclaró en las anotaciones metodológicas, pero vale reiterar acá, de ofrecer una lectura exhaustiva por país sino de señalar los "casos tipo" según restricción para avanzar en el capítulo siguiente en el desarrollo de la teoría propuesta en el libro.
40. Center for Reproductive Rights, *The world's abortion law's 2018* (Nueva York, 2018), http://worldabortionlaws.com/.
41. Según Ana Cristina González-Vélez, cerca del 90% de los Estados de la región tienen disposiciones sobre aborto en el código penal: Andorra, Antigua y Barbuda, Argentina, Bahamas, Barbados, Belice, Bolivia, Brasil, Chile, Colombia, Costa Rica, Dominica, Ecuador, El Salvador, Granada, Guatemala, Haití, Honduras, Jamaica, México, Nicaragua, Panamá, Paraguay, Perú, República Dominicana, San Cristóbal y Nieves, San Vicente y Las Granadinas, Santa Lucía, Surinam, Trinidad y Tobago, Uruguay, y Venezuela. Ana Cristina González-Vélez, "Una mirada analítica a la legislación sobre interrupción del embarazo en países de Iberoamérica y el Caribe", *Serie Mujer y Desarrollo de la CEPAL*, no. 110 (2011), http://repositorio.cepal.org/bitstream/handle/11362/5837/S1100855_es.pdf?sequence=1&isAllowed=y.
42. Hasta el año 2017, Chile era parte de los países en donde estaba totalmente penalizado el aborto desde 1989 (Bergallo, "Interpretando derechos"). Durante los debates que tuvieron lugar desde

2016, fue posible identificar dos ejes discursivos antagónicos: la defensa de la vida humana desde la concepción y la autonomía de las mujeres. Los argumentos alrededor de la sacralidad de la vida, junto con un desconocimiento expreso de que las decisiones sobre el aborto implican en primer lugar a las mujeres, dominaron la esfera conservadora, que se opone a la propuesta de despenalización. Por su parte, las opiniones progresistas frente a la despenalización señalan claramente que la mujer es simbolizada en los debates conservadores como incapaz y mentirosa además de que, de un modo general, la vida de la mujer como persona no es tenida en cuenta en el debate. Así, el eje argumental en torno de la autonomía se plantea en los siguientes términos: con "esta legislación se les da la posibilidad a las mujeres de decidir si seguir adelante con su embarazo, sin tener la obligación de hacerlo si está en alguno de los tres escenarios (de despenalización) [...] es una decisión de la mujer, libre y soberana..." Todos los fragmentos que aparecen entre comillas en los párrafos de este aparatado fueron tomados de las siguientes fuentes: Cooperativa Cl – Noticias de Chile, "Las posturas de los diputados que marcaron debate por despenalización del aborto", 16 de marzo de 2016, https://www.cooperativa.cl/noticias/pais/salud/aborto/las-posturas-de-los-diputados-que-marcaron-debate-por-despenalizacion/2016-03-16/224319.html; BBC, "Chile: Cámara de Diputados aprueba el proyecto de despenalización del aborto por tres causales", 17 de marzo de 2016, https://www.bbc.com/mundo/noticias/2016/03/160317_chile_diputados_despenalizacion_aborto_ap; Diario Uchile – Radio Universidad de Chile, "Cámara aprueba despenalización del aborto en tres causales", 17 de marzo de 2016, http://radio.uchile.cl/2016/03/17/camara-aprueba-despenalizacion-del-aborto-en-tres-causales/.

43. Es importante anotar que el debate sobre la penalización total del aborto, y los argumentos que defienden a ultranza la vida del feto por sobre la de las mujeres, permean en estos mismos países otras conversaciones sobre salud reproductiva, siendo de particular relevancia la de la anticoncepción de emergencia. Así, encontramos países como Chile en donde intentó imponerse la penalización de la anticoncepción de emergencia en un debate que duró varios años, o países como Honduras en donde en efecto, el uso de este tipo de anticonceptivos es considerado un delito. *En el caso de Chile*, el debate recogido por Casas Becerra en el texto La saga de la anticoncepción de emergencia en Chile, refleja bien estas posiciones conservadoras. *En el caso de Honduras* se mantiene la anticoncepción de emergencia como un delito frente al cual se penaliza la compra, venta y distribución (Honduras, Presidencia de la Republica, Veto presidencial, Veto al decreto no. 54–2009 de fecha 2 de abril del 2009, Tegucigalpa, 15 de mayo de 2009, https://data.miraquetemiro.org/sites/default/files/documentos/Decreto%2054-2009,%20Prohibibi%C3%B3n%20de%20la%20PAE,%20Honduras.pdf).
44. Michelle Oberman, "Cristina's world: lessons from El Salvador's ban on abortion", *Santa Clara Univ. Legal Studies Research Paper no. 17–13 y Stanford Law & Policy Review* 24 (2013), https://papers.ssrn.com/sol3/papers.cfm?abstract_id=2304988##.
45. Siendo el feto la persona.
46. En el año 2017, Bolivia aprobó la Ley no. 1005 de 2017 en la que se modificó de manera sustancial el delito de aborto, ampliando las causales para incluir entre otras, el aborto durante las primeras ocho (8) semanas de gestación cuando la mujer tuviera a su cargo personas adultas mayores, con discapacidad u otros menores consanguíneos o no; o fuera estudiante. Se incluyeron también otras causales como el riesgo presente o futuro para la vida de la mujer embarazada y el riesgo presente o futuro para la salud integral de la mujer embarazada, entre otras. Sin embargo, en enero de 2018 el Presidente Morales deroga en su totalidad el Código Penal recientemente aprobado, volviendo así a la antigua norma (artículo único. Se abroga la Ley no. 1005 de 15 de diciembre de 2017, "Código del Sistema Penal"). Remítase al Órgano Ejecutivo para fines constitucionales.

47. Persiste en el Código de Bolivia la figura del aborto honoris causa que plantea una reducción de pena en los casos en que el "delito" se lleva a cabo para salvar la vida de la mujer.
48. En este caso, además, el delito está enmarcado dentro de la categoría más amplia de delitos de libertad que abarcan además los delitos de femicidio y el sicariato por mencionar solo algunos.
49. De destacar en el caso de Perú, el artículo 120 que incorpora la categoría aborto sentimental y eugenésico. El aborto será reprimido con pena privativa de libertad no mayor de tres meses: (1) Cuando el embarazo sea consecuencia de violación sexual fuera de matrimonio o inseminación artificial no consentida y ocurrida fuera de matrimonio, siempre que los hechos hubieren sido denunciados o investigados, cuando menos policialmente; o (2) Cuando es probable que el ser en formación conlleve al nacimiento graves taras físicas o psíquicas, siempre que exista diagnóstico médico.
50. Como se verá más adelante, en el 2017 Chile aprobó una ley que incorpora un régimen de indicaciones que abarcan el riesgo vital para la mujer, la malformación fetal y la violación (Chile. Ley no. 21030. Regula la despenalización de la interrupción voluntaria del embarazo en tres causales. Diario Oficial, 23 de septiembre de 2017. https://www.leychile.cl/Navegar?idNorma=1108237).
51. La Corte Constitucional *condicionó* la *exequibilidad* del artículo 122 bajo el entendido que "no se incurre en el delito de aborto, cuando con la voluntad de la mujer, la interrupción del embarazo se produzca en los siguientes casos: (1) Cuando la continuación del embarazo constituya peligro para la vida o la salud de la mujer, certificada por un médico; (2) Cuando exista grave malformación del feto que haga inviable su vida, certificada por un médico; y (3) Cuando el embarazo sea el resultado de una conducta, debidamente denunciada, constitutiva de acceso carnal o acto sexual sin consentimiento, abusivo o de inseminación artificial o transferencia de óvulo fecundado no consentidas, o de incesto" (Corte Constitucional de Colombia. Sentencia C-355/06 de 10 de mayo de 2006. M.P. Jaime Araújo Rentería y Clara Inés Vargas Hernández, http://www.corteconstitucional.gov.co/relatoria/2006/C-355-06.htm).
52. En general las penas para los profesionales —que operan como elemento disuasorio fundamental— suelen ser iguales o mayores a las de las mujeres.
53. Bolivia, Decreto Ley 10426 de 23 de agosto de 1972, Código Penal, Gaceta Oficial. 26 de agosto de 1972, http://www.derechoteca.com/gacetabolivia/decreto-ley-10426-del-23-agosto-1972/.
54. Centro de Apoyo y Protección de los Derechos Humanos Surkuna, *Códigos patriarcales construyendo desigualdades: realidades sobre criminalización y judicialización de las mujeres en Ecuador* (Quito, 2016), https://www.dropbox.com/s/5g7wycvd5fjv77z/resolucion-Imprenta.pdf?dl=0.
55. Reproducción Elegida, *Niñas y mujeres.*
56. El Salvador, Código Penal.
57. Oberman, "Cristina's world".
58. Una cuarta parte de los Estados que integran la CEPAL consagran el derecho a la vida desde el momento de la concepción (Chile, Ecuador, El Salvador, Guatemala, Honduras, Paraguay, República Dominicana y Venezuela) y según el organismo en estos casos el efecto sobre las regulaciones y/o el acceso es un incremento en las restricciones (González-Vélez, 2011, 14).
59. La Corte Interamericana de Derechos Humanos ha dicho sobre el artículo 4.1 de la Convención Americana que la vida no es un derecho absoluto sino gradual e incremental, de acuerdo al desarrollo de la vida y a los otros derechos involucrados y que a la luz de la Convención Americana, el embrión no es una persona (Caso Artavia Murillo y Otros – "Fecundación in Vitro" – v. Costa Rica. Diciembre de 2012). Corte Interamericana de Derechos Humanos, 2012, https://www.reproductiverights.org/document/fiv-en-costa-rica.

60. Débora Diniz y Rosana O. Castro, "Comércio de medicamentos de gênero na mídia impressa brasileira: misoprostol e mulheres", *Cad. Saúde Pública, Rio de Janeiro* 27, no. 1 (2011): 94–102, http://www.scielo.br/scielo.php?script=sci_arttext&pid=S0102-311X2011000100010.
61. E incluso a quienes habiendo tenido una pérdida espontánea se las acusa de haberlo hecho sin tener pruebas de ello.
62. Center for Reproductive Rights, "Center for Reproductive Rights files case revealing the horrifying reality of El Salvador's ban on abortion", 21 de marzo de 2012, https://www.reproductiverights.org/press-room/center-for-reproductive-rights-files-case-revealing-the-horrifying-reality-of-el-salvador.
63. https://las17.org/. A muchas de ellas se les violó la presunción de inocencia y fueron maltratadas hasta por los abogados que les fueron designados para defenderlas. En muchos de estos casos terminan acusadas muchas mujeres inocentes a quienes nunca se les probó el aborto, y frente a las que el profesional de la salud hace una denuncia solo por el hecho de "creer que hubo un aborto".
64. Como afirma esta autora, las leyes más restrictivas del mundo en materia de aborto están en el Sur y este hecho, más que reflejar una división entre Oriente y Occidente, reflejan una división según pobreza y desigualdad. Lo mismo sucede en el Brasil en donde las mujeres más pobres son las que tienen las posibilidades más altas de morir o sufrir por complicaciones derivadas de abortos inseguros. Incluso se sabe que la mortalidad materna que ocurrió como resultado de abortos inseguros en Recife y Petrolina pudo haberse evitado de haber estado disponible el servicio de aborto seguro (Beatriz Galli, "Negative impacts of abortion criminalization in Brazil: systematic denial of women's reproductive autonomy and human rights", *University of Miami Law Review*, 54 (2011), https://papers.ssrn.com/sol3/papers.cfm?abstract_id=1944598).
65. Este aparato de justicia genera importantes erogaciones del Estado para perseguir a las mujeres, y no para mejorar su atención o incluso para prevenir el embarazo no deseado o brindar atención a las complicaciones y el aborto (Oberman, "Cristina's world").
66. Centro de Derechos Reproductivos, *Excluidas, perseguidas, encarceladas: el impacto de la criminalización absoluta del aborto en El Salvador* (Nueva York, 2013).
67. Oberman, "Cristina's world". La confidencialidad será retomada como un tema específico más adelante en este texto.
68. Pero estas disputas no son exclusivas de los contextos en donde el grado de restricción es más alta destacándose, por ejemplo, el Ecuador en donde durante la época en que se estaba discutiendo el Código Penal, el Presidente Correa amenazó con renunciar a su cargo público, llegando a castigar a las asambleístas de su partido que proponían el aborto en casos de violación (BBC, "Ecuador: Correa amenaza con renunciar si despenalizan el aborto", 11 de octubre de 2013, https://www.bbc.com/mundo/ultimas_noticias/2013/10/131008_ultnot_ecuador_correo_aborto_renuncia_cch).
69. Según el art. 127 del Código Penal de Brasil, las penas pueden aumentar hasta en un tercio si como consecuencia del aborto la mujer sufre una lesión grave o pueden ser duplicadas si llegara a ocurrir la muerte (Brasil, Decreto-Ley no. 2.848, de 7 de diciembre de 1940, Código Penal, Diario Oficial de 31 de diciembre de 1940, http://srhr.org/abortion-policies/documents/countries/09-Brazil-Penal-Code-1940.pdf).
70. Según algunas cifras, se estima que en Brasil ocurren aproximadamente un millón de abortos cada año pero entre 1989 y 2008 tan solo 1606 mujeres pudieron acceder a un aborto legal (Galli, "Negative impacts").
71. Evanize Sydow y Beatriz Galli, "Isoladas: a história de oito mulheres criminalizadas por aborto", *SSRN Electronic Journal* (2011), https://dx.doi.org/10.2139/ssrn.2682533.
72. Sydow y Galli, "Isoladas".

73. Centro de Apoyo y Protección de los Derechos Humanos Surkuna, *Códigos patriarcales*.
74. Grupo de Información en Reproducción Elegida, *Niñas y mujeres sin justicia*, 102.
75. Hilda no obstante haber sido sentenciada tras un largo y arbitrario proceso a un año de prisión, fue liberada después de que Gire interviniera en su defensa y lograr que el Supremo Tribunal de Justicia de San Luis de Potosí revocara la sentencia de un juez (Grupo de Información en Reproducción Elegida, *Niñas y mujeres sin justicia*, 90).
76. Grupo de Información en Reproducción Elegida, *Niñas y mujeres sin justicia*.
77. Grupo de Información en Reproducción Elegida, *Niñas y mujeres sin justicia*, 104.
78. Existen en la región otros casos de criminalización a mujeres por aborto. En Colombia, por ejemplo, según datos de la Fiscalía General de la Nación, existen 5737 procesos registrados por el delito de aborto desde 1998 hasta la fecha. No obstante, estos datos han crecido exponencialmente desde 2006 cuando el aborto se despenalizó en tres circunstancias, al punto que desde 1998 hasta 2005 todos los casos suman menos que los casos totales registrados por año a partir de 2008 (base de datos de la Fiscalía General de la Nación). En todo caso la descripción de este fenómeno supera los alcances de este libro que revisa los casos de normas restrictivas en América Latina como parte del ejercicio de formulación de la teoría sobre la centralidad de la biolegitimidad en el debate sobre aborto.
79. Por ejemplo, la noción de salud y la amplitud de su definición, o el concepto de riesgo. Quién define cuánto riesgo debe soportar una mujer antes de poder acceder al aborto, y cuándo ese riesgo es suficiente como para configurar la causal (Ana Cristina González-Vélez, *Causal salud: interrupción legal del embarazo, ética y derechos humanos* (Montevideo: FLASOG, 2008), http://www.clacaidigital.info:8080/xmlui/bitstream/handle/123456789/152/libroCausalSalud.pdf?sequence=1&isAllowed=y).
80. La aplicación de esta causal está ligada al tipo y cantidad de los requisitos legales o judiciales (González-Vélez, *Causal salud*); y a menudo también a la confrontación que hacen los profesionales a la palabra de la mujer, cuando buscan establecer la veracidad de la violación calculando la edad gestacional como se verá más adelante (Débora Diniz, Alberto Madeiro y Cristião Rosas, "Conscientious objection, barriers, and abortion in the case of rape: A study among physicians in Brazil", *Reproductive Health Matters* 22, no. 43 (2014): 141–148, https://www.tandfonline.com/doi/abs/10.1016/S0968-8080%2814%2943754-6).
81. Según Arantza Campos, el derecho está compuesto tanto por el derecho creado o legislado como por el derecho interpretado. Es decir, que el derecho es, por un lado, un sistema de normas y por el otro, un ordenamiento, organización o institución derivada del derecho aplicado (Arantza Campos, *Iusfeminismo: ciudadanía y representación política. El derecho a la participación política de las mujeres* (Mimeo, 2017). En proceso de publicación).
82. No lo permite para salvar la salud sino la vida. Adicionalmente la causal referida a la malformación fetal aplica solo en los casos de anencefalia.
83. Center for Reproductive Rights, *The world's abortion law's 2018* (Nueva York, 2018), http://worldabortionlaws.com/.
84. World Health Organization, *Global Abortion*.
85. La salud mental por ejemplo no se incluye en Brasil ni en Costa Rica. La vida a su vez es una causal que suele permitirse más allá de cualquier límite de edad gestacional en Uruguay.
86. En relación a los plazos, se encuentran variaciones que incluyen por ejemplo al Estado de México que lo permite hasta las 12 semanas en casos de violación (artículo 151 del Código de Procedimientos Penales del Estado de México) o el caso de Hidalgo que lo permite hasta los 90 días (Código Penal de Hidalgo). En el caso de Aguascalientes por ejemplo, se encuentra permitido el aborto en caso de grave peligro de muerte pero no en los casos de riesgo para la

salud de la mujer. En el caso del Estado de México como en un total de 14 estados se exige autorización del juez, llegando incluso a incluirse la "acreditación" por parte de alguna institución de salud la existencia del embarazo (si no lo ha declarado la "ofendida"). (Grupo de Información en Reproducción Elegida, *Niñas y mujeres sin justicia*).

87. Adicionalmente, algunas regulaciones dentro de las que contemplan atenuantes o disminución de la pena bajo algunas circunstancias, como, por ejemplo, en los casos en que existió el delito de violación —destacándose el llamado "Aborto honoris causa"— (Costa Rica y Bolivia) y la circunstancia de que la mujer "no tenga mala fama" (México, Código Penal Federal, última reforma publicada DOF 14–07–2014, Diario Oficial de la Federación, 14 de agosto de 1931, https://web.oas.org/mla/en/Countries_Intro/Mex_intro_txtfun_esp_2.pdf; México, Reglamento de la Ley de Salud del Distrito Federal, Gaceta Oficial del Distrito Federal, 7 de julio de 2011, https://srhr.org/abortion-policies/documents/countries/03-Mexico-DF-Rules-on-health-law-Mexico-DF-2011.pdf).
88. Bergallo y González-Vélez, *Interrupción legal del embarazo*.
89. En desarrollos normativos posteriores, la Guía de Abortos no punibles (Argentina, 2010) explicita que siguiendo el Código penal, en ambos casos el médico/a debe "constatar" las condiciones para el aborto no punible, además de asegurarse la existencia de la denuncia de violación o declaración jurada.
90. Corte Suprema de Justicia de la Nación de Argentina, *Caso F., A.L. s/ medida autosatisfactiva*, 13 de marzo de 2012. Centro de Información Judicial, Buenos Aires. http://www.articulacionfeminista.org/a2/index.cfm?fuseaction=MUESTRA&codcontenido=2229&plcontampl=3&aplicacion=app003&cnl=3&opc=4.
91. Corte Suprema de Justicia de la Nación de Argentina, *Caso F., A.L. s/ medida autosatisfactiva*.
92. Corte Constitucional de Colombia. Sentencia C-355/06 de 2006.
93. Estos desarrollos jurisprudenciales se encuentran en las sentencias: Tutela: Corte Constitucional de Colombia. Sentencia T-171/07 del 9 de marzo de 2007. M. P. Jaime Córdoba Triviño, http://www.corteconstitucional.gov.co/relatoria/2007/t-171-07.htm; Sentencia T-988/07 del 20 de noviembre de 2007. M. P. Humberto Antonio Sierra Porto, http://www.corteconstitucional.gov.co/relatoria/2007/T-988-07.htm; Sentencia T-209/08 del 20 de febrero de 2008. M. P Clara Inés Vargas Hernández, http://www.corteconstitucional.gov.co/relatoria/2008/t-209-08.htm; Sentencia T-009/09 del 16 de enero de 2009. M. P. Manuel José Cepeda Espinosa, http://www.corteconstitucional.gov.co/relatoria/2009/T-009-09.htm; Sentencia T-388/09 del 28 de mayo de 2009. M. P. Humberto Antonio Sierra Porto, http://www.corteconstitucional.gov.co/relatoria/2009/t-388-09.htm; Sentencia T-585/10 del 22 de julio de 2010. M. P. Humberto Antonio Sierra Porto, http://www.corteconstitucional.gov.co/relatoria/2010/T-585-10.htm; Sentencia T-363/11 del 6 de mayo de 2011. M. P. Juan Carlos Henao Pérez. http://www.corteconstitucional.gov.co/relatoria/2011/T-363-11.htm; Sentencia T-841/11 del 3 de noviembre de 2011. M. P. Humberto Antonio Sierra Porto, http://www.corteconstitucional.gov.co/RELATORIA/2011/T-841-11.htm; Sentencia T-959/11 del 16 de diciembre de 2011. M. P. Gabriel Eduardo Mendoza Martelo, http://www.corteconstitucional.gov.co/relatoria/2011/T-959-11.htm; Sentencia T-627/12 del 10 de agosto de 2012. M. P. Humberto Antonio Sierra Porto, http://www.corteconstitucional.gov.co/relatoria/2012/t-627-12.htm; Sentencia T-532/14 del 18 de julio de 2014. M. P. Luis Guillermo Guerrero Pérez, http://www.corteconstitucional.gov.co/relatoria/2014/t-532-14.htm; Constitucionalidad: Sentencia C-754/15 del 10 de diciembre de 2015. M. P. Gloria Stella Ortiz Delgado, http://www.corteconstitucional.gov.co/relatoria/2015/C-754-15.htm (Ana Cristina González-Vélez y Laura Castro, *Barreras de acceso a la Interrupción Voluntaria del Embarazo de las mujeres en Colombia* (Bogotá: La Mesa por la Vida y la Salud de las Mujeres, 2017), http://www.despenalizaciondelaborto.org.co/wp-content/uploads/2017/05/Barreras_IVE_vf_WEB.pdf).

94. Corte Constitucional de Colombia. Sentencia C-355/06 de 2006.
95. Corte Constitucional de Colombia. Sentencia T-301/16 del 9 de junio de 2016. M.P. Alejandro Linares Cantillo, http://www.corteconstitucional.gov.co/relatoria/2016/t-301-16.htm.
96. Corte Constitucional de Colombia. Sentencia T-946/08 del 2 de octubre de 2008. M. P. Jaime Córdoba Triviño, http://www.corteconstitucional.gov.co/RELATORIA/2008/T-946-08.htm.
97. En este sentido, ha sido central la Tutela, un mecanismo legal por el cual cualquier ciudadana/o de Colombia puede pedir la protección de un derecho fundamental que cree vulnerado: "Toda persona tendrá acción de tutela para reclamar ante los jueces, en todo momento y lugar, mediante un procedimiento preferente y sumario, por sí misma o por quien actúe a su nombre, la protección inmediata de sus derechos constitucionales fundamentales, cuando quiera que estos resulten vulnerados o amenazados por la acción o la omisión de cualquier autoridad pública" (Corte Constitucional de Colombia. Sentencia T-301/16 de 2016).
98. Véase estudio compilación analítica de las normas (Ministerio de Salud y Protección Social de Colombia, *Compilación analítica de las normas sobre salud sexual y reproductiva en Colombia*, coordinado por Ana Cristina González-Vélez (Bogotá: UNFPA, 2014), https://www.minsalud.gov.co/sites/rid/Lists/BibliotecaDigital/RIDE/VS/PP/compilado-normativa-salud-sexual-reproductiva.pdf).
99. Es decir que la Corte Constitucional ha ido clarificando la interpretación de las causales en la medida en que esta ha supuesto barreras para las mujeres. Ver el libro *Barreras* (González-Vélez y Castro, 2017).
100. Ana Cristina González-Vélez, Viviana Bohórquez Monsalve, Laura Castro González, Line Bareiro y Catalina Ruiz-Navarro, *Las causales de la ley y la causa de las mujeres. La implementación del aborto legal en Colombia: diez años profundizando la democracia* (Bogotá: La Mesa por la Vida y la Salud de las Mujeres, 2016), https://www.rednacionaldemujeres.org/phocadownloadpap/causas_ley_.pdf.
101. Entre los actores regionales que contribuyeron a esta construcción colectiva, se pueden mencionar: la Alianza Nacional por el Derecho a Decidir; ANIS – Instituto de Bioética, Direitos Humanos e Gênero; Articulación Feminista Marcosur; Centro de Estudios de Estado y Sociedad/CEDES; Consorcio Latinoamericano contra el Aborto Inseguro/CLACAI; Comité de América Latina y el Caribe para la Defensa de los Derechos de la Mujer, CLADEM; Federación Latinoamericana de Sociedades de Ginecología y Obstetricia/FLASOG; Federación Internacional de Planificación de la Familia/Región Hemisferio Occidental (IPPF/RHO); Fundación ESAR; La Mesa por la Vida y la Salud de las Mujeres.
102. González-Vélez, et al., *Las causales de la ley*.
103. En Argentina por ejemplo fue la fuente de algunos protocolos locales.
104. Ana Cristina González-Vélez e Isabel Cristina Jaramillo Sierra, "Legal knowledge as a tool for social change: La Mesa por la Vida y la Salud de las Mujeres as an expert on Colombian abortion law", *Health and Human Rights Journal* 19, no. 1 (2017): 109–118, https://www.ncbi.nlm.nih.gov/pmc/articles/PMC5473042/pdf/hhr-19-109.pdf.
105. Un proceso similar tuvo lugar con la causal violación aunque en este caso los problemas por resolver estaban más orientados a la aplicación que a la interpretación (Bergallo y González-Vélez, *Interrupción legal del embarazo*).
106. Según la Mesa por la Vida y la salud de las Mujeres "uno de los aspectos constitutivos del debate sobre la malformación fetal —y así lo expresan las regulaciones existentes en distintos países de la región, incluido Colombia— es el establecimiento de la gravedad de la 'malformación' o la inviabilidad del feto que la padece. A partir de este elemento se producen una serie de preguntas

y preocupaciones en cascada, que hacen a las tensiones con el movimiento contra la discriminación a las personas con discapacidad, pero también a una serie de preguntas que se despiertan en la mujer embarazada con un diagnóstico de malformación fetal. Estas preguntas tienen que ver con la supervivencia, el bienestar y la calidad de vida de un futuro *nasciturus* severamente malformado o con secuelas y discapacidades que puedan afectarle posteriormente, y las responsabilidades que ello supone para las mujeres como principales cuidadoras en nuestra sociedad" (Constanza Moreira, "Intervención de Constanza Moreira, Senadora del Frente Amplio en Uruguay – Segundo seminario", en *¿Objeción de conciencia institucional? Impacto en la prestación de servicios de interrupción voluntaria del embarazo. Segundo Seminario Regional Latinoamericano. Memorias* (Bogotá: La Mesa por la Vida y la Salud de las Mujeres, Profamilia, 2017), 13, http://www.codajic.org/sites/www.codajic.org/files/ABORTO%20objeci%C3%B3n%20de%20conciencia_0.pdf).

107. Clyde Soto y Mirta Moraga, *Aborto, sistema penal y derechos humanos de las mujeres* (Asunción: Codehupy, 2013), http://www.clacaidigital.info:8080/xmlui/bitstream/handle/123456789/609/Aborto%2c%20sistema%20penal%20y%20DDHH-Paraguay.pdf?sequence=1&isAllowed=y.
108. Soto y Moraga, *Aborto, sistema penal.*
109. Cecilia (22 años), era soltera, trabajaba como vendedora y había culminado el tercer curso de la media. Fue denunciada por los médicos del hospital al que acudió con síntomas de aborto incompleto, hemorragia y con dos cordones umbilicales colgados. Llegó 8 horas después de la expulsión de fetos gemelares de aproximadamente 20 semanas. Se habría inyectado oxitocina. La denuncia fue realizada ante la comisaría, que dio aviso a la Fiscalía. La Fiscalía imputó por aborto y solicitó la aplicación de medidas alternativas a la prisión preventiva. Estuvo detenida un día, desde su salida del hospital hasta la audiencia y finalmente el juzgado resolvió hacer lugar al pedido de SCP, por el plazo de un año, imponiendo las siguientes medidas: (1) residir en un lugar determinado, debiendo informar acerca de cualquier cambio; (2) Comparecer bimestralmente al juzgado a fin de firmar el cuadernillo judicial correspondiente; (3) Obligación de donar 50 000 guaraníes mensuales al comedor social de la señora Sara Servián durante el plazo de un año, debiendo presentar bimestralmente los recibos correspondientes (Soto y Moraga, *Aborto, sistema penal*).
110. Autorización judicial.
111. Bergallo y González-Vélez, *Interrupción legal del embarazo.*
112. Bergallo y González-Vélez, *Interrupción legal del embarazo.*
113. En Bolivia por ejemplo, el aborto no es punible en dos casos principales. En caso de violación, rapto no seguido de matrimonio e incesto, y en los casos en que se trate de evitar un peligro para la salud o la vida de la madre si no existen otros medios para impedirlo, siempre que exista autorización judicial. Este requisito sin embargo, fue eliminado en 2014 y basta la denuncia judicial en los casos de violación y la autorización opera solo si existe incapacidad de la propia mujer. Esta previsión no obstante fue eliminada en 2014 por la Sentencia Constitucional Plurinacional No. 206, que estableció que ya no es necesaria tal autorización (Tribunal Supremo de Justicia de Bolivia. Sentencia Constitucional Plurinacional no. 0206/2014 del 05 de febrero de 2014 – 1. Gaceta Oficial, Sucre, 2 de octubre de 2014, http://www.derechoteca.com/gacetabolivia/sentencia-constitucional-plurinacional-no-02062014-del-05-de-febrero-de-2014/).
114. En los casos en que si está permitido además, se incluye una cláusula que es común a todos los estados, que indica que el médico que asiste a la mujer, deberá "oír previamente el dictamen de otro médico" siempre que sea posible y no implique peligro (Grupo de Información en Reproducción Elegida, *Niñas y mujeres sin justicia*).

115. En la determinación de esa incompatibilidad ya se involucran infinidad de cuestiones técnicas como se explica en el texto sobre causal malformación fetal de la Mesa (2017).
116. En México por ejemplo, se exigen dos médicos especialistas en casos de malformaciones: Artículo 148 Código Penal del Distrito Federal.
117. Bergallo y González-Vélez, *Interrupción legal del embarazo.*
118. Para ampliar esta discusión remitirse a "la cuestión de la mujer".
119. Ver arriba. Uruguay México.
120. Se ha señalado la viabilidad como el elemento orientador del modelo de plazos. Sin embargo, la semana 12, el plazo más común es significativamente menor que el plazo que convencionalmente se ha establecido para hablar de la viabilidad fetal: 22 a 24 semanas. En todo caso, aún este plazo de la viabilidad puede variar según las condiciones de acceso a la tecnología, siendo mucho más elevado en los países más pobres y en las zonas más alejadas de la geografía, que en aquellos con un mayor nivel de desarrollo.
121. Grupo de Información en Reproducción Elegida, *Niñas y mujeres sin justicia*; Alejandro Madrazo, "The evolution of México City's abortion laws: from public morality to women's autonomy", *International Journal of Gynecology and Obstetrics* 106, no. 3 (2009): 266–269.
122. Después de este periodo se aplican sanciones que incluyen penas de 6 meses a 3 años o trabajo a favor de la comunidad por 100 a 300 días. Conviene destacar que en el país las penas pueden ir desde 15 días hasta 6 años, puede sancionarse con multas, trabajo en la comunidad e incluir diversas formas de tratamiento médico o psicológico (Grupo de Información en Reproducción Elegida, *Niñas y mujeres sin justicia*).
123. Grupo de Información en Reproducción Elegida, *Niñas y mujeres sin justicia*, 102.
124. Uruguay, Ley no. 18987, de 22 de octubre de 2012. Ley sobre interrupción voluntaria del embarazo. Ley del aborto. Diario Oficial del 30 de octubre de 2012, artículo 3, https://www.impo.com.uy/bases/leyes/18987-2012.
125. Uruguay, Ley no. 18987 de 2012, artículos 2, 3 y 6.
126. Uruguay, Ley no. 18987 de 2012, artículo 3.
127. Al igual que por ejemplo en Estados Unidos, si bien el aborto no estaría en estas circunstancias en el sistema criminal, las regulaciones producen una versión civil del proceso como castigo. Carol Sanger, *About abortion: terminating pregnancy in twenty-first-century America* (Cambridge: Harvard University Press, 2017).
128. Cabe anotar que las restricciones por la vía del acceso son crecientes en el campo de las normas informales como veremos con algunos ejemplos en el apartado siguiente. A diferencia de las informales, o prácticas, las que acá tratamos están instauradas en el orden legal vigente.
129. Susheela Singh, Lisa Remez, Gilda Sedgh, Lorraine Kwok y Tsuyoshi Onda, *Abortion worldwide 2017: uneven progress and unequal Access* (Nueva York: Guttmacher Institute, 2017), 5, https://www.guttmacher.org/sites/default/files/report_pdf/abortion-worldwide-2017.pdf.
130. Luis Távara Orozco (coord.), *Disponibilidad y uso obstétrico del misoprostol en los países de América Latina y el Caribe* (Lima: Consorcio Latinoamericano Contra el Aborto Inseguro, 2017), http://clacaidigital.info/bitstream/handle/123456789/173/usomisoprostolenamericalatinaycaribe.pdf?sequence=5&isAllowed=y.
131. Véase listado de normas formales, Argentina sobre misoprostol.
132. Según los datos de Paraguay, estas prohibiciones se basan en estudios realizados en Brasil que como veremos tiene una de las regulaciones más complejas al respecto del misoprostol.
133. Diniz y Castro, "Comércio de medicamentos".

134. Diniz y Castro, "Comércio de medicamentos". Su venta libre estuvo permitida en las farmacias hasta 1991 cuando ANVISA determinó que el medicamento sería retirado de circulación debido a su uso clandestino como abortivo.
135. Diniz y Castro, "Comércio de medicamentos"; Silvia De Zordo, "The biomedicalisation of illegal abortion: the double life of misoprostol in Brazil", *História, Ciências, Saúde-Manguinhos* 23, no. 1 (2016): 19–36, http://www.scielo.br/scielo.php?script=sci_arttext&pid=S0104-59702016000100019.
136. United Nations. General Assembly. *National report submitted in accordance with paragraph 5 of the annex to Human Rights Council resolution 16/21 – Brazil.* Geneva: Universal Periodic Review – Human Rights Council, 2012, https://www.upr-info.org/sites/default/files/document/brazil/session_13_-_may_2012/ahrcwg.613bra1e.pdf.
137. Comissão de Cidadania e Reprodução –CCR–, "Misoprostol and violation of the right to health and the right to information on sexual and reproductive health", *Periodic Universal Review*, cycle 2 (2012), http://www.sxpolitics.org/wp-content/uploads/2012/01/ccr-un-hrc2011.pdf.
138. Importa recalcar que el uso del misoprostol es amplio y antiguo y sus restricciones se han ampliado, tal como consta en el informe de la Comissão de Cidadania e Reprodução –CCR–, se sabe que tanto las mujeres adultas como las jóvenes usan el misoprostol para abortar, obteniéndolo de manera irregular, comprándolo en mercados paralelos (de venta de drogas), y a menudo con casi ninguna información para su uso.
139. El Reporte del Relator Especial del Derecho a la salud, Anand Grover reafirma la importancia de la información para asegurar el derecho a la salud reproductiva así como la eliminación de las normas que criminalizan (United Nations. General Assembly. *Right of everyone to the enjoyment of the highest attainable standard of physical and mental health* (Nueva York: 2011), https://documents-dds-ny.un.org/doc/UNDOC/GEN/N11/443/58/PDF/N1144358.pdf?OpenElement).
140. Zordo, "The biomedicalisation".
141. Zordo, "The biomedicalisation". Algunos profesionales incluso consideran que no poder brindarles información a las mujeres es en sí misma una forma de violencia institucional.
142. Diniz y Castro, "Comércio de medicamentos".
143. Mark Schulz, Tabitha M. King y Victoria Valencia, *Deber de incumplimiento: cuando a profesionales de la salud se les impide proteger a sus pacientes* (Washington, D. C.: Georgetown University Law Center, 2017).
144. Schulz, King y Valencia, *Deber de incumplimiento*, 6.
145. Se trata además de una orden que es contradictoria con otras disposiciones como la contenida en el artículo 141 del Código de Procedimientos Penales, Ley no. 9024 que dice que "la legislación procesal penal vigente establece que no podrán ser obligados a declarar los eclesiásticos, abogados, médicos, notarios y obstétricos, respecto de los secretos que se les hubieran confiado en el ejercicio de su profesión" (Erika García Cobián, *Médicos en conflicto entre la cura y la denuncia: Artículo 30: análisis de constitucionalidad de la Ley General de Salud sobre la obligación de médicos y médicas de denunciar* (Lima: Centro de Promoción y Defensa de los Derechos Sexuales y Reproductivos –PROMSEX–, 2006), https://promsex.org/wp-content/uploads/2007/08/Medicos-en-conflicto.pdf).
146. Perú. Ley no. 26842 de 9 de julio de 1997. Ley general de salud, 20 de julio de 1997, http://www.wipo.int/wipolex/es/text.jsp?file_id=203140.
147. Perú. Decreto legislativo no. 635 de 3 de abril de 1991. Código Penal, 10 de abril de 1991, https://apps.contraloria.gob.pe/unetealcontrol/pdf/07_635.pdf.

148. Schulz, King y Valencia, *Deber de incumplimiento*.
149. García Cobián, *Médicos en conflicto entre la cura y la denuncia*.
150. La disuasión a los profesionales para la prestación de servicios de aborto es un elemento presente en las normas restrictivas toda vez que es a través del poder del profesional desde donde se pretende impedir que las mujeres aborten.
151. Corte Interamericana de Derechos Humanos, 2004, citado por Schulz, King y Valencia, *Deber de incumplimiento*.
152. Deber de incumplimiento. *Cuando a profesionales de la salud se les impide proteger a sus pacientes*. La imposición del incumplimiento de confidencialidad convierte muchas consultas médicas que podrían salvar vidas en la etapa preliminar de una investigación policial y detención (Schulz, King y Valencia, *Deber de incumplimiento*).
153. Fuente: Centro de Apoyo y Protección de los Derechos Humanos Surkuna, *Códigos patriarcales*.
154. Véase el problema de la confidencialidad en El Salvador en el apartado Crimen y castigo.
155. El Salvador, Código Penal, artículo 187.
156. Vale la pena destacar que esta violación no es única de las entidades de salud sino de otras autoridades como Medicina Legal. Esta institución ha sido acusada de entregar a la prensa expedientes completos de las mujeres, incluyendo sus nombres y las de sus familiares y otros datos personales (además de las actas policiales). La Prensa Gráfica, "Director de IML en contra de indulto para 17 mujeres", 28 de agosto de 2014, https://www.laprensagrafica.com/elsalvador/Director-de-IML-en-contra-de-indulto-para-17-mujeres-20140828-0074.html. Véase también: ElSalvador.com, "Fortín: 'Son capaces de mentir y están mintiendo'", 25 de septiembre de 2014, http://www.elsalvador.com/noticias/nacional/135568/fortin-son-capaces-de-mentir-y-estan-mintiendo/; Diario1.co, "Fortín Magaña: 'Las 17' están presas por infanticidio, no por aborto", 19 de agosto de 2014, http://diario1.com/nacionales/2014/08/fortin-magana-las-17-estan-presas-por-infanticidio-no-por-aborto/.
157. Este debate, sin embargo, no es único ni propio de América Latina y la pregunta por la restrictividad con que se le trata en distintos contextos puede trazarse en los trabajos de muchas autoras, entre las que podemos destacar las siguientes: Mackinnon, *Hacia una teoría feminista*; en los Estados Unidos: Celia Amorós, *Hacia una crítica de la razón patriarcal* (Barcelona: Anthropos Editorial, 1991); en España: Tamar Pitch, *Un derecho para dos: la construcción jurídica de género, sexo y sexualidad* (Madrid: Trotta, 2003); en Italia, adicionalmente, el artículo académico de Marge Berer, "Abortion law and policy around the world: in search of decriminalization", *Health and Human Rights* 19, no. 1 (2017): 13–27, http://www.ncbi.nlm.nih.gov/pmc/articles/PMC5473035/, quien a su vez, coordina la Campaña Internacional por la Despenalización del Aborto, describe ampliamente, en una línea muy similar a la que ya se había desarrollado desde el primer manuscrito de este libro, la "plétora de leyes y restricciones que rodean al aborto". Entre las cosas que allí se afirman, en línea con los planteamientos de este libro, destaca la preocupación por las progresivas y permanentes restricciones que de hecho tienen lugar sin necesidad de cambiar la ley.
158. Durante el Primer Congreso Latinoamericano Jurídico sobre Derechos Reproductivos, realizado en Arequipa, el Exmagistrado Jaime Araújo, ponente de la Sentencia C-355 que despenalizó el aborto en Colombia, argumentó que cuando se establecen excepciones al delito, no puede hablarse más de "delito" al menos en tales circunstancias. Esta argumentación abre una oportunidad excelente para promover el acceso de las mujeres a los servicios de aborto en forma oportuna y segura, puesto que "elimina" del discurso la palabra delito que opera como una barrera para el acceso, proveniente de los profesionales.

159. Penas mayores a 7 años están establecidas en un amplio conjunto de países del Caribe inglés que no hacen parte de este análisis: "Antigua y Barbuda, Bahamas, Belice, Dominica, El Salvador, Granada, Saint Kitts y Nevis, San Vicente y Las Granadinas y Santa Lucia" (González-Vélez, "Una mirada analítica", 12).
160. Sin mencionar aspectos más directamente relacionados con el acceso, por no ser parte del tipo de normas incluidas aquí (ya que se trata de guías sanitarias), relativas por ejemplo, al funcionamiento de redes de servicios y sistemas de referencia, los requisitos sobre las instalaciones, el tipo de profesionales que pueden practicar el aborto, las credenciales que se le exigen, el entrenamiento que se le otorga o el que no se le ofrece, o los sistemas de información que han resultado a la fecha, incapaces de dar cuenta de la práctica del aborto sea este legal, seguro, ilegal o inseguro.
161. Naciones Unidas. Comité de Derechos Económicos, Sociales y Culturales, "Observación General no. 14 – E/C.12/2000/4, CESCR: el derecho al disfrute del más alto nivel posible de salud", 11 de agosto de 2000, 45, http://www.acnur.org/fileadmin/scripts/doc.php?file=fileadmin/Documentos/BDL/2001/1451. Esto, pese a que en 2013 los países de América Latina se comprometieron, entre otras, en el Consenso de Montevideo (medida 35) a revisar la legislación, las normas y prácticas que restringen el acceso a los servicios de salud sexual y salud reproductiva.
162. Ana Cristina González-Vélez y Carolina Melo Arévalo, *¿Objeción de conciencia institucional? Impacto en la prestación de servicios de interrupción voluntaria del embarazo. Segundo Seminario Regional Latinoamericano. Memorias* (Bogotá: La Mesa por la Vida y la Salud de las Mujeres, Profamilia, 2017), 14, http://www.codajic.org/sites/www.codajic.org/files/ABORTO%20 objeci%C3%B3n%20de%20conciencia_0.pdf. Objetar significa negar o recusar la prestación de un servicio porque realizarlo va contra la conciencia. Servicios que son legal y profesionalmente aceptados y que están dentro de las competencias que se esperan de una determinada profesión. Se trata entonces de una excepción para sí mismo dirigida a proteger la integridad moral de la persona, que no busca impugnar o cambiar las normas (González-Vélez y Melo, *¿Objeción de conciencia institucional?*). La objeción de conciencia debe ser una excepción más que una práctica generalizada que se lleva a cabo en la forma de obstrucción o imposición de barreras para evitar cumplir con las obligaciones propias del ejercicio de la profesión. Cuando produce daño (mediante la no remisión o la negación o la tergiversación de la información), no es objeción de conciencia sino negación de servicios sin razones de conciencia (Ana Cristina González-Vélez, *Negación de servicios por razones de conciencia* (Bogotá: Grupo Médico por el Derecho a Decidir, 2012), http://globaldoctorsforchoice.org/wp-content/uploads/Negaci%C3%B3n-de-servicios-por-razones-de-conciencia.pdf).
163. Tribunal de lo Contencioso Administrativo de Uruguay, Sentencia 586 del 11 de agosto de 2015, http://www.tca.gub.uy/visornew.php?numero=586&ano=2015.
164. Uruguay, Decreto no. 375/012 del 22 de noviembre de 2012, Reglamentación de la ley sobre interrupción voluntaria del embarazo, Ley del aborto, Diario Oficial del 29 de noviembre de 2012, https://www.impo.com.uy/bases/decretos/375-2012/17.
165. Moreira, "Intervención en el Segundo Seminario Regional Latinoamericano ¿Objeción de conciencia institucional? Impacto en la prestación de servicios de interrupción voluntaria del embarazo".
166. La figura de la desobediencia civil hace referencia a una acción que se promueve con el expreso propósito de oponerse a una norma vigente. Al contrario, la objeción hace referencia a una acción de carácter individual y un recurso que opera para proteger la propia conciencia. De acuerdo con John Rawls, la desobediencia civil es "un acto público, no violento, consciente y político,

contrario a la ley, cometido con el propósito de ocasionar un cambio en la ley o en los programas de gobierno. Actuando de este modo apelamos al sentido de justicia de la mayoría de la comunidad, y declaramos que, según nuestra opinión, los principios de la cooperación social entre personas libres e iguales no están siendo respetados". John Rawls, *Teoría de la justicia* (Ciudad de México: Fondo de Cultura Económica, 1978, 405).

167. Según la Senadora Constanza Moreira tanto los contenidos como el espíritu de la Ley que despenalizó el aborto en el Uruguay hablan de la salud como un concepto integral en el sentido que lo entiende la OMS (Senadora Moreira durante el II Seminario Regional sobre Objeción de Conciencia). González-Vélez y Melo, *¿Objeción de conciencia institucional?*
168. Artículos impugnados por el TCA: 28, 29, 30, 31, 32, 33, 34 y 35.
169. Entre la reglas jurisprudenciales garantistas para el ejercicio de la objeción de conciencia en Colombia se pueden destacar: (1) solo puede ser ejercida por personas naturales, no por personas jurídicas, puesto que no es posible adjudicar a estas la existencia de una conciencia; (2) no puede haber instituciones ni colectivos que ejerzan válidamente la objeción de conciencia; (3) se requiere que haya una declaración expresa y escrita de quien se considera objetor, no basta con la simple mención verbal; (4) se establece el deber de las instituciones prestadoras de servicios de salud de contar con un número adecuado de prestadores habilitados para prestar servicios de IVE (Corte Constitucional de Colombia, Sentencia T-209/08 de 2008).
170. Esta noción fue introducida por Marcelo Alegre durante el II Seminario Regional sobre Objeción de conciencia (González-Vélez y Melo, *¿Objeción de conciencia institucional?*).
171. Importa aclarar que no todo lo que se nombre como objeción lo es y que muchas veces esta etiqueta oculta la imposición de barreras para el acceso (Ana Cristina González-Vélez, "Objeción de conciencia, bioética y derechos humanos: una perspectiva desde Colombia", *Revista de Bioética y Derecho*, no. 42 (2018): 105–126, http://revistes.ub.edu/index.php/RBD/article/view/18590/23326).
172. Colombia. Ley 23 de 1981, por la cual se dictan normas en materia de ética médica, 27 de febrero de 1981, artículo 6, https://docs.supersalud.gov.co/PortalWeb/Juridica/Leyes/L0023_81.pdf; Colombia. Ley 1164 de 2007, por la cual se dictan disposiciones en materia del Talento Humano en Salud, 4 de octubre de 2007, artículo 37, https://www.minsalud.gov.co/Normatividad_Nuevo/LEY%201164%20DE%202007.pdf; Colombia. Ley 911 de 2004, por la cual se dictan disposiciones en materia de responsabilidad deontológica para el ejercicio de la profesión de Enfermería en Colombia; se establece el régimen disciplinario correspondiente y se dictan otras disposiciones, 6 de octubre de 2004, artículo 9, https://www.mineducacion.gov.co/1621/articles-105034_archivo_pdf.pdf.
173. Compilación analítica de las normas de SSR en Colombia del Ministerio de Salud y Protección Social, 2014.
174. En Brasil, según el Código de Ética Médica, es derecho del médico "negarse a realizar actos médicos que, aunque lo permita la ley, sean contrarios a los dictados en su conciencia". Por otro lado, el Ministerio de Salud, a través de la Norma Técnica de Atención al Aborto Humanizado, determina que no cabe el reclamo de objeción de conciencia por parte de los servicios de referencia en los siguientes casos: "a) en caso de necesidad de aborto cuando la mujer se encuentre en riesgo de muerte; b) en cualquier situación de aborto legalmente permitido, en ausencia de un médico que lo realice y cuando exista el riesgo de que la mujer sufra daños o problemas de salud debido a la omisión del médico; c) en el cuidado de las complicaciones derivadas del aborto inseguro, pues estos son casos urgentes" (Ministerio de Salud de Brasil, 15). Traducción propia.
175. Diniz, Madeiro y Rosas, "Conscientious objection".
176. González-Vélez, "Objeción de conciencia".

177. Bergallo, "La lucha contra las normas informales".
178. Como se explicó antes, las normas de más alta intensidad son aquellas cuyos efectos sobre la vida de las mujeres son más severos. Esta severidad está determinada por el tipo de delito y su aplicación, o por la afectación que ocasionan sobre sus vidas. La intensidad puede variar y agravarse si a las normas formales se suman prácticas que convierten la vida de las mujeres y sus cuerpos en territorios inseguros.
179. Paulo José de Lara Dante Neto, "Judiciário, aborto e laicidade: análise das entrelinhas de um habeas corpus" (Tesis de Maestría en Derecho, Universidad de Brasilia, Brasilia, 2017), http://repositorio.unb.br/handle/10482/24359.
180. En el año 2012 la Corte Suprema de Justicia de Brasil modifica la ley vigente para permitir el aborto en casos de anencefalia.
181. Es relevante anotar que para ese momento este tipo de interrupciones tenían lugar mediante autorización judicial
182. Según la Constitución de Brasil, 1988, en los artículos 66 y 67: Se concederá "habeas corpus" siempre que alguien sufriera o se creyera amenazado de sufrir violencia o coacción en su libertad de locomoción, por ilegalidad o abuso de poder; 68. Se concederá mandamiento de seguridad para proteger un derecho determinado y cierto, no amparado por "habeas corpus" o "habeas data" cuando el responsable por la ilegalidad o abuso de poder fuese una autoridad o un agente de persona jurídica en el ejercicio de atribuciones del Poder Público.
183. Dante Neto, "Judiciário, aborto e laicidade", 11.
184. El Padre Lodi, es el personaje que ha sido además el autor de otras acciones de *Habeas Corpus* que buscaban derogar las autorizaciones judiciales que autorizaban el procedimiento de aborto (Dante Neto, 2017).
185. Michel Foucault, 1999, citado por Dante Neto, "Judiciário, aborto e laicidade", 7.
186. Véase las notas de prensa de La Red 21, "Pura Concepción Book: 'Todo va a hacerse antes de las 12 semanas de gestación'", 1 de marzo de 2017, http://www.lr21.com.uy/justicia/1323677-pura-concepcion-book-aborto-mercedes-apelacion-plazo.
187. Importa indicar que la despenalización en Uruguay tiene lugar en un modelo de prestación de servicios en donde por ley, las mujeres se ven obligadas a esperar un tiempo, de reflexión, y al mismo tiempo deben recibir información sobre alternativas al aborto en un modelo que es cuando menos, tutelado por los equipos de salud.
188. Juliana Tamayo Muñoz, Clara María Restrepo Moreno, Laura Gil y Ana Cristina González-Vélez, *Violencia obstétrica y aborto: aportes para el debate en Colombia* (Bogotá: Grupo Médico por el Derecho a Decidir –GDC Colombia–, 2015), 9, http://globaldoctorsforchoice.org/wp-content/uploads/GDC_Obstetric-Violence_ES.pdf.
189. Tamayo et al., *Violencia obstétrica y aborto*, 11.
190. Elena Prada, Susheela Singh, Lisa Remez y Cristina Villarreal, *Embarazo no deseado y aborto inducido en Colombia: causas y consecuencias* (Nueva York: Guttmacher Institute, 2011), https://www.guttmacher.org/sites/default/files/report_pdf/embarazo-no-deseado-colombia_1.pdf.
191. Estos costos incluyen, además, costos indirectos (gastos generales: electricidad, agua, personal no médico, etc.), y costos de capital: infraestructura, equipos médicos, otros de mantenimiento.
192. Elena Prada, Isaac Maddow-Zimet y Fátima Juárez, "El costo de la atención postaborto y del aborto legal en Colombia", *Perspectivas Internacionales en Salud Sexual y Reproductiva* (2013): 2–12, Doi: 10.1363/SP00214.
193. Otros casos de violencia obstétrica se pueden consultar en: Grupo de Información en Reproducción Elegida, *Niñas y mujeres sin justicia*; Coalición Nacional de Organizaciones de

Mujeres, *Informe Sombra al Comité de la CEDAW – Ecuador 2014*, http://tbinternet.ohchr.org/Treaties/CEDAW/Shared%20Documents/ECU/INT_CEDAW_NGO_ECU_18897_S.pdf.

194. Prada et al., "El costo de la atención postaborto".
195. A esto denomina Mackinnon, la cara legal de la misoginia en virtud de la cual, para ser igual, hay que ser el mismo que aquel que ha fijado el estándar dominante, y por tanto "si los hombres no lo necesitan, las mujeres no lo obtienen" (Mackinnon, *Are women human?*). A la luz de este hecho, las normas que prohíben aquello que las mujeres necesitan para ser iguales, y dentro de ellas las restricciones en materia de aborto, no serían obligatorias según la perspectiva de esta autora.

Bibliografía

Amorós, Celia. *Hacia una crítica de la razón patriarcal.* Barcelona: Anthropos Editorial, 1991.

Argentina. Ley no. 11179. Código Penal de la Nación. Boletín Oficial del 3 de noviembre de 1921. http://servicios.infoleg.gob.ar/infolegInternet/anexos/15000-19999/16546/texact.htm.

BBC. "Chile: Cámara de Diputados aprueba el proyecto de despenalización del aborto por tres causales". 17 de marzo de 2016. https://www.bbc.com/mundo/noticias/2016/03/160317_chile_diputados_despenalizacion_aborto_ap.

BBC. "Ecuador: Correa amenaza con renunciar si despenalizan el aborto". 11 de octubre de 2013. https://www.bbc.com/mundo/ultimas_noticias/2013/10/131008_ultnot_ecuador_correo_aborto_renuncia_cch.

Berer, Marge. "Abortion law and policy around the world: in search of decriminalization". *Health and Human Rights* 19, no. 1 (2017): 13–27. http://www.ncbi.nlm.nih.gov/pmc/articles/PMC5473035/.

Bergallo, Paola. "Interpretando derechos: la otra legalización del aborto en América Latina". En *Debates y reflexiones en torno a la despenalización del aborto en Chile.* Editado por Lidia Casas Becerra y Delfina Lawson. Santiago de Chile: UDP Facultad de Derecho, 2016.

Bergallo, Paola. "La lucha contra las normas informales que regulaban el aborto en Argentina". En *El aborto en el derecho transnacional: casos y controversias.* Editado por Rebecca J. Cook, Joanna N. Erdman y Bernard M. Dickens. México: Fondo de Cultura Económica, 2016.

Bergallo, Paola y Ana Cristina González-Vélez. *Interrupción legal del embarazo por causal violación: enfoques de salud y jurídico.* Bogotá: La Mesa por la Vida y la Salud de las Mujeres, 2012. http://www.safeabortionwomensright.org/wp-content/uploads/2016/04/Causal-Violacion_salud_juridico.pdf.

Bolivia. Decreto Ley no. 10426 del 23 de agosto de 1972. Código Penal. Gaceta Oficial. 26 de agosto de 1972. http://www.derechoteca.com/gacetabolivia/decreto-ley-10426-del-23-agosto-1972/.

Brasil. Constitución de 1988. Constituição da República Federativa do Brasil. Texto consolidado até a Emenda Constitucional no. 66 de 13 de julio de 2010. 11 de julio de 2011. http://pdba.georgetown.edu/Constitutions/Brazil/vigente.html.

Brasil. Decreto Ley no. 2848 de 7 de diciembre de 1940. Código Penal. 31 de diciembre de 1940. http://srhr.org/abortion-policies/documents/countries/09-Brazil-Penal-Code-1940.pdf.

Brasil. Ministério da Saúde. Secretaria de Atenção à Saúde. Departamento de Ações Programáticas Estratégicas. Atenção humanizada ao abortamento: norma técnica. Brasilia: Ministério da Saúde, 2005. http://bvsms.saude.gov.br/bvs/publicacoes/atencao_humanizada_abortamento.pdf.

Campos, Arantza. *Iusfeminismo: ciudadanía y representación política. El derecho a la participación política de las mujeres*. Mimeo, 2017. En proceso de publicación.

Center for Reproductive Rights. "Center for Reproductive Rights files case revealing the horrifying reality of El Salvador's ban on abortion". 21 de marzo de 2012. https://www.reproductiverights.org/press-room/center-for-reproductive-rights-files-case-revealing-the-horrifying-reality-of-el-salvador.

Center for Reproductive Rights. *The world's abortion law's 2018*. Nueva York, 2018. http://worldabortionlaws.com/.

Centro de Derechos Reproductivos. *Excluidas, perseguidas, encarceladas: el impacto de la criminalización absoluta del aborto en El Salvador*. Nueva York, 2013.

Centro de Apoyo y Protección de los Derechos Humanos Surkuna. *Códigos patriarcales construyendo desigualdades: realidades sobre criminalización y judicialización de las mujeres en Ecuador*. Quito, 2016. https://www.dropbox.com/s/5g7wycvd5fjv77z/resolucion-Imprenta.pdf?dl=0.

Chile. Ley no. 20480 de 14 de diciembre de 2010. Código Penal. 18 de diciembre de 2010. https://www.leychile.cl/Navegar?idNorma=1021343.

Chile. Ley no. 21030. Regula la despenalización de la interrupción voluntaria del embarazo en tres causales. Diario Oficial, 23 de septiembre de 2017. https://www.leychile.cl/Navegar?idNorma=1108237.

Coalición Nacional de Organizaciones de Mujeres. *Informe Sombra al Comité de la CEDAW – Ecuador 2014*. http://tbinternet.ohchr.org/Treaties/CEDAW/Shared%20Documents/ECU/INT_CEDAW_NGO_ECU_18897_S.pdf.

Colombia. Ley no. 599 de 2000. Código Penal. 24 de julio de 2000. http://www.oas.org/juridico/MLA/sp/col/sp_col-int-text-cp.pdf.

Colombia. Ley no. 23 de 1981. Por la cual se dictan normas en materia de ética médica. 27 de febrero de 1981. https://docs.supersalud.gov.co/PortalWeb/Juridica/Leyes/L0023_81.pdf.

Colombia. Ley no. 1164 de 2007. Por la cual se dictan disposiciones en materia del Talento Humano en Salud. 4 de octubre de 2007. https://www.minsalud.gov.co/Normatividad_Nuevo/LEY%201164%20DE%202007.pdf

Colombia. Ley no. 911 de 2004. Por la cual se dictan disposiciones en materia de responsabilidad deontológica para el ejercicio de la profesión de Enfermería en Colombia; se establece el régimen disciplinario correspondiente y se dictan otras disposiciones. 6 de octubre de 2004. https://www.mineducacion.gov.co/1621/articles-105034_archivo_pdf.pdf.

Comissão de Cidadania e Reprodução –CCR–. "Misoprostol and violation of the right to health and the right to information on sexual and reproductive health". *Periodic Universal Review*, cycle 2 (2012). http://www.sxpolitics.org/wp-content/uploads/2012/01/ccr-un-hrc2011.pdf.

Cooperativa Cl – Noticias de Chile. "Las posturas de los diputados que marcaron debate por despenalización del aborto". 16 de marzo de 2016. https://www.cooperativa.cl/noticias/pais/salud/aborto/las-posturas-de-los-diputados-que-marcaron-debate-por-despenalizacion/2016-03-16/224319.html.

Corte Constitucional de Colombia. Sentencia C-355/06 de 10 de mayo de 2006. M. P. Jaime Araújo Rentería y Clara Inés Vargas Hernández http://www.corteconstitucional.gov.co/relatoria/2006/C-355-06.htm.

Corte Constitucional de Colombia. Sentencia T-171/07 del 9 de marzo de 2007. M. P. Jaime Córdoba Triviño. http://www.corteconstitucional.gov.co/relatoria/2007/t-171-07.htm.

Corte Constitucional de Colombia. Sentencia T-988/07 del 20 de noviembre de 2007. M. P. Humberto Antonio Sierra Porto. http://www.corteconstitucional.gov.co/relatoria/2007/T-988-07.htm.

Corte Constitucional de Colombia. Sentencia T-209/08 del 20 de febrero de 2008. M. P Clara Inés Vargas Hernández. http://www.corteconstitucional.gov.co/relatoria/2008/t-209-08.htm.

Corte Constitucional de Colombia. Sentencia T-946/08 del 2 de octubre de 2008. M. P. Jaime Córdoba Triviño. http://www.corteconstitucional.gov.co/RELATORIA/2008/T-946-08.htm.

Corte Constitucional de Colombia. Sentencia T-009/09 del 16 de enero de 2009. M. P. Manuel José Cepeda Espinosa. http://www.corteconstitucional.gov.co/relatoria/2009/T-009-09.htm.

Corte Constitucional de Colombia. Sentencia T-388/09 del 28 de mayo de 2009. M. P. Humberto Antonio Sierra Porto. http://www.corteconstitucional.gov.co/relatoria/2009/t-388-09.htm.

Corte Constitucional de Colombia. Sentencia T-585/10. Del 22 de julio de 2010. M. P. Humberto Antonio Sierra Porto. http://www.corteconstitucional.gov.co/relatoria/2010/T-585-10.htm.

Corte Constitucional de Colombia. Sentencia T-363/11 del 6 de mayo de 2011. M. P. Juan Carlos Henao Pérez. http://www.corteconstitucional.gov.co/relatoria/2011/T-363-11.htm.

Corte Constitucional de Colombia. Sentencia T-841/11 del 3 de noviembre de 2011. M. P. Humberto Antonio Sierra Porto. http://www.corteconstitucional.gov.co/RELATORIA/2011/T-841-11.htm.

Corte Constitucional de Colombia. Sentencia T-959/11 del 16 de diciembre de 2011. M. P. Gabriel Eduardo Mendoza Martelo. http://www.corteconstitucional.gov.co/relatoria/2011/T-959-11.htm.

Corte Constitucional de Colombia. Sentencia T-627/12 del 10 de agosto de 2012. M. P. Humberto Antonio Sierra Porto. http://www.corteconstitucional.gov.co/relatoria/2012/t-627-12.htm.

Corte Constitucional de Colombia. Sentencia T-528/14 del 8 de julio de 2014. M. P. María Victoria Calle Correa. http://www.corteconstitucional.gov.co/relatoria/2014/t-528-14.htm.

Corte Constitucional de Colombia. Sentencia T-532/14 del 18 de julio de 2014. M. P. Luis Guillermo Guerrero Pérez. http://www.corteconstitucional.gov.co/relatoria/2014/t-532-14.htm.

Corte Constitucional de Colombia. Sentencia C-754/15 del 10 de diciembre de 2015. M. P. Gloria Stella Ortiz Delgado. http://www.corteconstitucional.gov.co/relatoria/2015/C-754-15.htm.

Corte Constitucional de Colombia. Sentencia T-301/16 del 9 de junio de 2016. M. P. Alejandro Linares Cantillo. http://www.corteconstitucional.gov.co/relatoria/2016/t-301-16.htm.

Corte Interamericana de Derechos Humanos. *Caso Artavia Murillo y otros (Fertilización in vitro) vs. Costa Rica. San José*. 28 de noviembre de 2012. http://www.corteidh.or.cr/tablas/fichas/artaviamurillo.pdf.

Corte Interamericana de Derechos Humanos. *Caso Baena Ricardo y otros Vs. Panamá. (Fondo, Reparaciones y Costas)*. 2 de febrero de 2001. http://www.corteidh.or.cr/docs/casos/articulos/Seriec_72_esp.pdf.

Corte Suprema de Justicia de la Nación de Argentina. *Caso F., A.L. s/ medida autosatisfactiva*. 13 de marzo de 2012. Centro de Información Judicial, Buenos Aires. http://www.articulacionfeminista.org/a2/index.cfm?fuseaction=MUESTRA&codcontenido=2229&plcontampl=3&aplicacion=app003&cnl=3&opc=4.

Dante Neto, Paulo José de Lara. "Judiciário, aborto e laicidade: análise das entrelinhas de um habeas corpus". Tesis de Mestrado em Direito, Universidade de Brasília, Brasilia, 2017. http://repositorio.unb.br/handle/10482/24359.

Deutscher, Penélope. "The inversion of exceptionality: Foucault, Agamben, and 'Reproductive Rights'". *South Atlantic Quarterly* 107, no. 1 (2008): 55–70. https://read.dukeupress.edu/south-atlantic-quarterly/article-abstract/107/1/55/52619/The-Inversion-of-Exceptionality-Foucault-Agamben.

Diario1.co. "Fortín Magaña: 'Las 17' están presas por infanticidio, no por aborto". 19 de agosto de 2014. http://diario1.com/nacionales/2014/08/fortin-magana-las-17-estan-presas-por-infanticidio-no-por-aborto/.

Diario Uchile – Radio Universidad de Chile. "Cámara aprueba despenalización del aborto en tres causales". 17 de marzo de 2016. http://radio.uchile.cl/2016/03/17/camara-aprueba-despenalizacion-del-aborto-en-tres-causales/.

Dias, Maria Clara. *Sobre nós: expandindo as fronteiras da moralidade*. Río de Janeiro: Pirilampo, 2016.

Diniz, Débora, Alberto Madeiro y Cristião Rosas. "Conscientious objection, barriers, and abortion in the case of rape: A study among physicians in Brazil". *Reproductive Health Matters* 22, no. 43 (2014): 141–148. https://www.tandfonline.com/doi/abs/10.1016/S0968-8080%2814%2943754-6.

Diniz, Débora y Rosana O. Castro. "Comércio de medicamentos de gênero na mídia impressa brasileira: misoprostol e mulheres". *Cad. Saúde Pública, Rio de Janeiro* 27, no. 1 (2011): 94–102. http://www.scielo.br/scielo.php?script=sci_arttext&pid=S0102-311X2011000100010.

Ecuador. Asamblea Nacional. Código Orgánico Integral Penal. Suplemento [do] Registro Oficial, Quito, no. 180, 10 de febrero de 2014. https://oig.cepal.org/sites/default/files/2014_ecu_codpenal.pdf.

ElSalvador.com. "Fortín: 'Son capaces de mentir y están mintiendo'". 25 de septiembre de 2014. http://www.elsalvador.com/noticias/nacional/135568/fortin-son-capaces-de-mentir-y-estan-mintiendo/.

El Salvador. Decreto no. 1030, de 26 de abril de 1997. Código Penal. 6 de octubre de 1997. http://www.oas.org/juridico/MLA/sp/slv/index.html.

Fassin, Didier. *When bodies remember experiences and politics of AIDS in South Africa.* Berkeley: University of California Press, 2007.

Fernandez Anderson, Cora. "Decriminalizing abortion in Uruguay: women's movements, secularism, and political allies". *Journal of Women, Politics and Policy* 38, no. 2 (2016): 221–246. https://www.tandfonline.com/doi/abs/10.1080/1554477X.2016.1219583.

Fernández, Encarnación y José García Añón. "Derecho y otros órdenes normativos". En *Introducción a la teoría del derecho.* 3.ª ed. Coordinado por Javier de Lucas. Valencia: Tirant lo Blanch, 1997.

Foucault, Michel. *Historia de la sexualidad: 1. La voluntad del saber.* México: Siglo XXI, 1977.

Galli, Beatriz. "Negative impacts of abortion criminalization in Brazil: systematic denial of women's reproductive autonomy and human rights". *University of Miami Law Review*, 54 (2011). https://papers.ssrn.com/sol3/papers.cfm?abstract_id=1944598.

García Cobián, Erika. *Médicos en conflicto entre la cura y la denuncia: Artículo 30: análisis de constitucionalidad de la Ley General de Salud sobre la obligación de médicos y médicas de denunciar.* Lima: Centro de Promoción y Defensa de los Derechos Sexuales y Reproductivos –PROMSEX–, 2006. https://promsex.org/wp-content/uploads/2007/08/Medicos-en-conflicto.pdf.

García Villegas, Mauricio. *La eficacia simbólica del derecho: sociología política del campo jurídico en América Latina.* Bogotá: IEPRI, 2014.

García Villegas, Mauricio. *Normas de papel.* Bogotá: Siglo del hombre, 2010.

González-Vélez, Ana Cristina. *Causal salud: interrupción legal del embarazo, ética y derechos humanos.* Montevideo: FLASOG, 2008. http://www.clacaidigital.info:8080/xmlui/bitstream/handle/123456789/152/libroCausalSalud.pdf?sequence=1&isAllowed=y.

González-Vélez, Ana Cristina. *Negación de servicios por razones de conciencia.* Bogotá: Grupo Médico por el Derecho a Decidir, 2012. http://globaldoctorsforchoice.org/wp-content/uploads/Negaci%C3%B3n-de-servicios-por-razones-de-conciencia.pdf.

González-Vélez, Ana Cristina. "Objeción de conciencia, bioética y derechos humanos: una perspectiva desde Colombia". *Revista de Bioética y Derecho*, no. 42 (2018): 105–126. http://revistes.ub.edu/index.php/RBD/article/view/18590/23326.

González-Vélez, Ana Cristina. "Una mirada analítica a la legislación sobre interrupción del embarazo en países de Iberoamérica y el Caribe". *Serie Mujer y Desarrollo de la CEPAL*, no. 110 (2011). http://repositorio.cepal.org/bitstream/handle/11362/5837/S1100855_es.pdf?sequence=1&isAllowed=y.

González-Vélez, Ana Cristina (Comp. y ed.). *La causal malformación fetal: aportes para un debate pendiente.* Bogotá: La Mesa por la Vida y la Salud de las Mujeres, 2017.

González-Vélez, Ana Cristina e Isabel Cristina Jaramillo Sierra. "Legal knowledge as a tool for social change: La Mesa por la Vida y la Salud de las Mujeres as an expert on Colombian abortion law". *Health and Human Rights Journal* 19, no. 1 (2017): 109–118. https://www.ncbi.nlm.nih.gov/pmc/articles/PMC5473042/pdf/hhr-19-109.pdf.

González-Vélez, Ana Cristina, Viviana Bohórquez Monsalve, Laura Castro González, Line Bareiro y Catalina Ruiz-Navarro. *Las causales de la ley y la causa de las mujeres. La implementación del aborto legal en Colombia: diez años profundizando la democracia*. Bogotá: La Mesa por la Vida y la Salud de las Mujeres, 2016. https://www.rednacionaldemujeres.org/phocadownloadpap/causas_ley_.pdf.

González-Vélez, Ana Cristina y Carolina Melo Arévalo. *¿Objeción de conciencia institucional? Impacto en la prestación de servicios de interrupción voluntaria del embarazo. Segundo Seminario Regional Latinoamericano. Memorias*. Bogotá: La Mesa por la Vida y la Salud de las Mujeres, Profamilia, 2017. http://www.codajic.org/sites/www.codajic.org/files/ABORTO%20objeci%C3%B3n%20de%20conciencia_0.pdf.

González-Vélez, Ana Cristina y Diana Guzmán. "La juridificación del campo de la salud sexual y reproductiva en Colombia". En *El aborto en América Latina: estrategias para luchar por su legalización y enfrentar las resistencias conservadoras*. Compilado por Paola Bergallo, Isabel Cristina Jaramillo y Juan Marco Vaggione. Siglo Veintiuno Editores, 2018.

González-Vélez, Ana Cristina y Laura Castro. *Barreras de acceso a la Interrupción Voluntaria del Embarazo de las mujeres en Colombia*. Bogotá: La Mesa por la Vida y la Salud de las Mujeres, 2017. http://www.despenalizaciondelaborto.org.co/wp-content/uploads/2017/05/Barreras_IVE_vf_WEB.pdf.

González-Vélez, Ana Cristina y Paola Bergallo. *Repertorios juridizados de la movilización por la liberalización del aborto en América Latina*, 2018. En prensa.

Grupo de Información en Reproducción Elegida. *Niñas y mujeres sin justicia: derechos reproductivos en México*. Ciudad de México: 2015. http://informe2015.gire.org.mx/#/inicio.

Honduras. Decreto no. 144-83, de 23 de agosto de 1983. Código Penal. Diario Oficial La Gaceta, Tegucigalpa, 12 de marzo de 1984. http://www.oas.org/juridico/MLA/sp/hnd/sp_hnd-int-text-cp.pdf.

Honduras. Presidencia de la Republica. Veto presidencial. Veto al decreto no. 54-2009 de fecha 2 de abril del 2009. Tegucigalpa, 15 mayo 2009. https://data.miraquetemiro.org/sites/default/files/documentos/Decreto%2054-2009,%20Prohibibi%C3%B3n%20de%20la%20PAE,%20Honduras.pdf.

Husak, Douglas. *Overcriminalization: the limits of criminal* law. Oxford: Oxford University Press, 2008.

La Prensa Gráfica. "Director de IML en contra de indulto para 17 mujeres". 28 de agosto de 2014. https://www.laprensagrafica.com/elsalvador/Director-de-IML-en-contra-de-indulto-para-17-mujeres-20140828-0074.html.

La Red 21. "Pura Concepción Book: 'Todo va a hacerse antes de las 12 semanas de gestación'". 1 de marzo de 2017. http://www.lr21.com.uy/justicia/1323677-pura-concepcion-book-aborto-mercedes-apelacion-plazo.

Laurenzo Copello, Patricia. *Dogmática y política criminal del aborto*. Valencia: Tirant lo Blanch, 2012.

Lemaitre, Julieta. *El derecho como conjuro: fetichismo legal, violencia y movimientos sociales*. Bogotá: Siglo del Hombre, 2009.

Mackinnon, Catharine A. *Are women human? And other international dialogues*. Cambridge, Mass.: Belknap Press of Harvard University Press, 2006.

Mackinnon, Catharine A. *Hacia una teoría feminista del Estado*. Madrid: Cátedra, 1995.

Madrazo, Alejandro. "The evolution of México City's abortion laws: from public morality to women's autonomy". *International Journal of Gynecology and Obstetrics* 106, no. 3 (2009): 266–269.

México. Código Penal Federal. Última reforma publicada DOF 14-07-2014. Diario Oficial de la Federación, Ciudad de México, 14 de agosto de 1931. https://web.oas.org/mla/en/Countries_Intro/Mex_intro_txtfun_esp_2.pdf.

México. Código Penal para el Distrito Federal. 16 de julio de 2002. https://srhr.org/abortion-policies/documents/countries/01-Mexico-Criminal%20Code-Federal-District-2002.pdf.

México. Reglamento de la Ley de Salud del Distrito Federal. 7 de julio de 2011. https://srhr.org/abortion-policies/documents/countries/03-Mexico-DF-Rules-on-health-law-Mexico-DF-2011.pdf.

Ministerio de Salud de Argentina. "Guía técnica para la atención integral de los abortos no punibles". 2010. http://srhr.org/abortion-policies/documents/countries/02-Argentina-Technical-Guide-Comprehensive-Abortion-Care-2010.pdf.

Ministerio de Salud y Protección Social de Colombia. *Compilación analítica de las normas sobre salud sexual y reproductiva en Colombia*. Coordinado por Ana Cristina González-Vélez. Bogotá: UNFPA, 2014. https://www.minsalud.gov.co/sites/rid/Lists/BibliotecaDigital/RIDE/VS/PP/compilado-normativa-salud-sexual-reproductiva.pdf.

Moreira, Constanza. "Intervención de Constanza Moreira, Senadora del Frente Amplio en Uruguay – Segundo seminario". En *¿Objeción de conciencia institucional? Impacto en la prestación de servicios de interrupción voluntaria del embarazo. Segundo Seminario Regional Latinoamericano. Memorias*. Bogotá: La Mesa por la Vida y la Salud de las Mujeres, Profamilia, 2017. http://www.codajic.org/sites/www.codajic.org/files/ABORTO%20objeci%C3%B3n%20de%20conciencia_0.pdf.

Morgan, Lynn Marie. "¿Honrar a Rosa Parks? Intentos de los sectores católicos conservadores a favor de los 'derechos' en la América Latina contemporánea". *Sex., Salud Soc., Río de Janeiro*, no. 17 (2014): 174–197. http://www.scielo.br/scielo.php?script=sci_arttext&pid=S1984-64872014000200174&lng=pt&nrm=iso.

Naciones Unidas. Comité de Derechos Económicos, Sociales y Culturales. "Observación General no. 14 – E/C.12/2000/4, CESCR: el derecho al disfrute del más alto nivel posible de salud". 11 de agosto de 2000. http://www.acnur.org/fileadmin/scripts/doc.php?file=fileadmin/Documentos/BDL/2001/1451.

Nino, Carlos Santiago. "¿Es la tenencia de drogas con fines de consumo personal una de las "acciones privadas de los hombres"?" *Revista Jurídica La Ley* (4 de octubre de 1979).

Nino, Carlos Santiago. *Fundamentos de derecho constitucional: análisis filosófico, jurídico y politológico de la práctica constitucional.* Buenos Aires: Astrea, 1992.

Oberman, Michelle. "Cristina's world: lessons from El Salvador's ban on abortion". *Santa Clara Univ. Legal Studies Research Paper no. 17-13 y Stanford Law & Policy Review* 24 (2013). https://papers.ssrn.com/sol3/papers.cfm?abstract_id=2304988##.

O'Donnell, Guillermo. "Polyarchies and the (Un)Rule of Law in Latin America: A partial conclusión". *Kellogg Institute,* working paper no. 254 (1998). https://kellogg.nd.edu/sites/default/files/old_files/documents/254_0.pdf.

Paraguay. Ley no. 3440. Que modifica varias disposiciones de la Ley no. 1160/97. Código Penal. Gaceta Oficial. 20 de agosto de 2008. http://srhr.org/abortion-policies/documents/countries/02-Paraguay-Law-that-Modifies-Penal-Code-2008.pdf.

Perú. Decreto legislativo no. 635 de 3 de abril de 1991. Código Penal. 10 de abril de 1991. https://apps.contraloria.gob.pe/unetealcontrol/pdf/07_635.pdf.

Perú. Ley no. 26842 de 9 de julio de 1997. Ley general de salud. 20 de julio de 1997. http://www.wipo.int/wipolex/es/text.jsp?file_id=203140.

Pitch, Tamar. *Un derecho para dos: la construcción jurídica de género, sexo y sexualidad.* Madrid: Trotta, 2003.

Prada, Elena, Isaac Maddow-Zimet y Fátima Juárez. "El costo de la atención postaborto y del aborto legal en Colombia". *Perspectivas Internacionales en Salud Sexual y Reproductiva* (2013): 2–12. Doi: 10.1363/SP00214.

Prada, Elena, Susheela Singh, Lisa Remez y Cristina Villarreal. *Embarazo no deseado y aborto inducido en Colombia: causas y consecuencias.* Nueva York: Guttmacher Institute, 2011. https://www.guttmacher.org/sites/default/files/report_pdf/embarazo-no-deseado-colombia_1.pdf.

Rawls, John. *Teoría de la justicia.* Ciudad de México: Fondo de Cultura Económica, 1978.

Rodríguez-Ruiz, Blanca. "Gender in constitutional discourses on abortion: looking at Spain from a comparative perspective". *Social & Legal Studies* 25, no. 6 (2016): 699–715. http://journals.sagepub.com/doi/abs/10.1177/0964663916668251.

Ruibal, Alba M. "Movilización y contra-movilización legal: propuesta para su análisis en América Latina". *Polít. gob, México* 22, no. 1 (2015): 175–198. http://www.scielo.org.mx/scielo.php?script=sci_arttext&pid=S1665-20372015000100006&lng=es&nrm=iso.

Sanger, Carol. *About abortion: terminating pregnancy in twenty-first-century America.* Cambridge: Harvard University Press, 2017.

Schulz, Mark; Tabitha M. King y Victoria Valencia. *Deber de incumplimiento: cuando a profesionales de la salud se les impide proteger a sus pacientes.* Washington, D. C.: Georgetown University Law Center, 2017.

Singh, Susheela, Lisa Remez, Gilda Sedgh, Lorraine Kwok y Tsuyoshi Onda. *Abortion worldwide 2017: uneven progress and unequal Access.* Nueva York: Guttmacher Institute, 2017. https://www.guttmacher.org/sites/default/files/report_pdf/abortion-worldwide-2017.pdf.

Soto, Clyde y Mirta Moraga. *Aborto, sistema penal y derechos humanos de las mujeres.* Asunción: Codehupy, 2013. http://www.clacaidigital.info:8080/xmlui/bitstream/handle/123456789/609/Aborto%2c%20sistema%20penal%20y%20DDHH-Paraguay.pdf?sequence=1&isAllowed=y.

Sydow, Evanize y Beatriz Galli. Isoladas: a história de oito mulheres criminalizadas por aborto. *SSRN Electronic Journal* (2011). https://dx.doi.org/10.2139/ssrn.2682533.

Tamayo Muñoz, Juliana, Clara María Restrepo Moreno, Laura Gil y Ana Cristina González-Vélez. *Violencia obstétrica y aborto: aportes para el debate en Colombia.* Bogotá: Grupo Médico por el Derecho a Decidir –GDC Colombia–, 2015. http://globaldoctorsforchoice.org/wp-content/uploads/GDC_Obstetric-Violence_ES.pdf.

Távara Orozco, Luis (coord.) *Disponibilidad y uso obstétrico del misoprostol en los países de América Latina y el Caribe.* Lima: Consorcio Latinoamericano Contra el Aborto Inseguro, 2017. http://clacaidigital.info/bitstream/handle/123456789/173/usomisoprostolenamericalatinaycaribe.pdf?sequence=5&isAllowed=y.

Tribunal de lo Contencioso Administrativo de Uruguay. Sentencia 586 del 11 de agosto de 2015. http://www.tca.gub.uy/visornew.php?numero=586&ano=2015.

Tribunal Supremo de Justicia de Bolivia. Sentencia Constitucional Plurinacional no. 0206/2014 del 05 de febrero de 2014 – 1. Gaceta Oficial. 2 de octubre de 2014. http://www.derechoteca.com/gacetabolivia/sentencia-constitucional-plurinacional-no-02062014-del-05-de-febrero-de-2014/.

United Nations. General Assembly. *National report submitted in accordance with paragraph 5 of the annex to Human Rights Council resolution 16/21 – Brazil.* Geneva: Universal Periodic Review – Human Rights Council, 2012. https://www.upr-info.org/sites/default/files/document/brazil/session_13_-_may_2012/ahrcwg.613bra1e.pdf.

United Nations. General Assembly. *Right of everyone to the enjoyment of the highest attainable standard of physical and mental health.* Nueva York: 2011. https://documents-dds-ny.un.org/doc/UNDOC/GEN/N11/443/58/PDF/N1144358.pdf?OpenElement.

Uruguay. Decreto no. 375/012 del 22 de noviembre de 2012. Reglamentación de la ley sobre interrupción voluntaria del embarazo. Ley del aborto. 29 de noviembre de 2012. https://www.impo.com.uy/bases/decretos/375-2012/17.

Uruguay. Ley no. 18987 de 22 de octubre de 2012. Ley sobre interrupción voluntaria del embarazo. Ley del aborto. 30 de octubre de 2012. https://www.impo.com.uy/bases/leyes/18987-2012.

Uruguay. Ley no. 9155 de 4 de diciembre de 1933. Código Penal. No fue publicado. http://www.oas.org/juridico/MLA/sp/ury/sp_ury-int-text-cp.pdf.

World Health Organization. *Global Abortion Policies Database.* Geneva, 2018. https://srhr.org/abortion-policies/.

Zordo, Silvia De. "The biomedicalisation of illegal abortion: the double life of misoprostol in Brazil". *História, Ciências, Saúde-Manguinhos* 23, no. 1 (2016): 19–36. http://www.scielo.br/scielo.php?script=sci_arttext&pid=S0104-59702016000100019.

CAPÍTULO 3

El papel de la biolegitimidad en la economía moral de las normas restrictivas sobre aborto en América Latina

El marco de la biolegitimidad funciona como una malla o matriz para entender las normas restrictivas. Una matriz a partir de la cual propongo una lectura de la economía moral sobre el aborto en la que se destacan: (1) la centralidad de la vida prenatal; (2) el valor de la vida biológica de las mujeres; (3) el valor de ciertas vidas; (4) la subvalorización de la vida de las mujeres como biografía cuando rehúsan el destino de la maternidad; (5) la subordinación de la que son objeto como resultado de las disposiciones y prácticas normalizadoras que se fundamentan en la heteronomía, el paternalismo legal y el tutelaje; (6) el valor del sufrimiento; (7) la interseccionalidad y la particular afectación que las normas restrictivas producen sobre ciertos grupos de mujeres; la (8) la inseguridad que deviene de las normas restrictivas y (9) la precarización que producen en la vida de las mujeres y en particular de ciertas mujeres. Este diálogo teórico entre la biolegitimidad y las normas restrictivas presentadas en el capítulo anterior recoge la noción de biolegitimidad propuesta por Fassin enriquecida con otras autoras.[1]

Se trata de un cuestionamiento al valor que estas normas les asignan a las vidas de las mujeres cuando estas rehúsan el destino de la maternidad, en estrecha vinculación con el mayor valor otorgado a la vida en cuanto biología, la menor centralidad de las desigualdades y la gran importancia del sufrimiento. Se verá cómo la biolegitimidad informa a las normas que operan como dispositivos de la moral patriarcal subordinando la vida de las mujeres, y en especial pero no solo, su vida como biografía. De esta manera se puede afirmar, despojan a las mujeres de su proyecto de vida, —y a veces también de la vida misma en un sentido físico— y de esta manera de su libertad y de la justicia, constituyendo un claro ejemplo de normas que violan la ética feminista.[2] [3] En el caso de las normas restrictivas, el Estado y sus representantes, mediante un doble poder de control —regulatorio y disciplinante— usan el derecho penal y otras formas de coacción, disponen de la vida de las mujeres en cuanto reproductoras, y hace suyo el poder de *hacer vivir* mediante el cual da preeminencia a la vida prenatal.

Como se explica en el Capítulo 1, la economía de la vida hace referencia a todo aquello que *puede o no puede* hacerse, a lo que es objeto de control y de debate en el contexto de las políticas de la vida.[4] Es decir, a todo aquello que es regulado en el orden de la vida y la existencia a partir de una determinada *asignación de valor* que tiene lugar en el campo de la moral.

El conjunto de normas restrictivas que rodean la práctica del aborto y que como se sostiene en este libro son informadas por la biolegitimidad, lo han convertido en un problema moral y más aún, en una pieza clave de la economía moral de la vida.

En esta particular economía moral —"en el sentido de ordenamiento de regularidades y de reglas—"[5] las normas restrictivas expresan el registro de la legalidad[6] de un orden moral patriarcal que subordina las vidas de las mujeres a una cadena de fenómenos, personas y hechos, revelando la menor legitimidad que se otorga en este sistema a la vida de las mujeres que rehúsan el destino de la maternidad.[7] Pero en esta particular economía moral, también, tiene lugar la práctica del aborto que realizan diariamente desde siempre las mujeres que ponen en juego sus vidas biológicas y biográficas, no importando cuál sea el orden legal que busca restringirlas. Así, estas normas operan cuando menos en dos mundos valóricos que parecen antagónicos. El de las mujeres embarazadas que deciden abortar y el de la sociedad patriarcal que las coacciona:

> "Los abortos ocurren casi con la misma frecuencia en los países con las normas más restrictivas (totalmente penalizado o permitido sólo para salvar la vida de las mujeres) que en los países con las menos restrictivas: 37 y 34 por 1000 mujeres respectivamente".[8] (traducción propia)

Como se puede apreciar en el Capítulo 2 que describe la evidencia, la economía moral del aborto en América Latina abarca un rango de prohibiciones variables, marcadas por la persistencia del uso del poder punitivo del estado —principal pero no exclusivamente a través del derecho penal—. Prohibiciones que incluyen regímenes de trimestres (lo permiten a demanda hasta una determinada edad gestacional y después de la misma según indicaciones relativas a la vida especialmente), regímenes de excepciones o indicaciones (lo permiten, por ejemplo, en casos de riesgo para salud o de malformación fetal), regímenes que lo permiten de manera excepcional para salvar la vida de la mujer y regímenes que lo prohíben de manera absoluta.

Todas estas prohibiciones operan simultáneamente con otro conjunto de normas que limitan la prestación de servicios para atender esta particular necesidad en salud que es el evento reproductivo del aborto, incluidas las tecnologías que se precisan para su práctica o ciertos contenidos de derechos directamente relacionados con el acceso al aborto. Y operan también mediante un conjunto variado de prácticas que imponen un cierto tipo de orden y buscan "normalizar" la vida reproductiva de las mujeres, a través por ejemplo del uso de la violencia obstétrica o el reclamo a la objeción de conciencia como práctica encubridora de desacuerdos morales frente a la legalización del aborto.

Según Penélope Deutscher a través de una particular configuración, la excepcionalidad ha devenido la forma en que ha tenido lugar la regulación legal y política del aborto:

> "[...] una práctica particular —el aborto legal o regular— es admitida como una excepción general a una norma legal que de hecho (excepto por la excepción) lo mantiene ilegal. Y de esta manera, la excepción se regulariza y es reguladora".[9] (traducción propia)

Las configuraciones legales del aborto han estado siempre enmarañadas en el lenguaje de la excepción como lo expresa el lenguaje de las indicaciones (violación, vida) o el lenguaje con que se consagra el delito de aborto, o como la que se estipula cuando la terminación del embarazo por la mera voluntad se ve limitada por el *interés legítimo* del estado de proteger la vida potencial (Argentina, Colombia, Perú, etc.). De hecho, en muchos regímenes las excepciones suceden a las leyes penales de aborto (Uruguay) y en algunos otros las mismas leyes que se promulgan para permitir el aborto reconfirman la criminalización (Paraguay). En la economía moral del aborto, las excepciones pueden constituir medios para reconfirmar, en una versión intensificada, el régimen de la regulación y de esta manera la soberanía de las mujeres es cuando menos, una zona en la que su autoridad es disputada con un poder soberano alternativo, que es el del estado y sus distintos representantes.[10]

La Ley que en Uruguay legalizó el aborto hasta la semana 12 (o 14 en casos de violación) por la sola voluntad de la mujer, de hecho contiene las cláusulas que a partir de ese límite confirman la existencia del delito. En Colombia por su parte, si bien la Corte Constitucional expresamente indica que bajo las indicaciones legales no se constituye el delito, toda la regulación tiene como telón de fondo, el delito de aborto.

De esta manera, las *normas* —y en particular las regulaciones formuladas desde el derecho positivo— funcionan como tecnologías de adscripción de valor en cuanto a la biolegitimidad que las fundamenta. Siguiendo este razonamiento, Michel Foucault[11] destaca la centralidad de la *norma*, a expensas del crecimiento de la importancia del sistema jurídico como una característica de las políticas de la vida, cuya tarea principal es tomar la vida bajo su potestad, distribuyendo "lo viviente en un dominio de valor y utilidad," mediante la operación de "cualificar, medir, apreciar y jerarquizar". Cada vez más, agrega Didier Fassin, al control sobre la vida le antecede el valor que a esta se le asigna y que en este caso se refleja en la biolegitimidad que informa las normas restrictivas sobre aborto.[12]

A partir de ese momento, la heteronomía —propia de las normas formales— sustituye la autonomía de las mujeres y la subordina, sobre la base de una menor valoración de sus vidas en cuanto reproducción, a un conjunto amplio de reglas, juicios y opiniones.

"La economía de la biolegitimidad en el aborto se caracteriza también porque las normas restrictivas están integradas en un 'continuum de aparatos' en donde médicos, administrativos, jueces, entre otros,[13] cuyas funciones son sobre todo reguladoras," operan como empresarios de la moral que traen a la escena sus propias valoraciones —como por ejemplo cuando interpretan las indicaciones— y utilizan su poder para imponerlas. Es decir, para normalizar a través del discurso y la práctica.[14]

Esta economía moral, por otro lado, supone un enorme andamiaje alrededor de la protección de la vida prenatal —que se ha abrogado el Estado— y que abarca el delito, las penas, la cárcel y la persecución. Un andamiaje que abarca también la oferta de servicios inseguros, la venta de medicamentos con sobrecosto en mercados clandestinos, y una multiplicidad de consecuencias entre las que se destacan la continuación forzada del embarazo —especialmente en aquellos contextos en los que su prohibición es absoluta—, la negación y dilación de servicios, la afectación de la salud e incluso el riesgo para la vida. Como han afirmado autores como Douglas Husak[15] las sanciones o castigos sirven para desalentar parcialmente a través de sus efectos de estigmatización. Pero además puede disuadir comportamientos legales en los márgenes de la conducta que intenta prohibir y en que, el caso de las normas restrictivas, conducen a la creación de servicios clandestinos e inseguros como la venta y compra de medicamentos por fuera de los circuitos comerciales legales.

Pese a que muchos autores: Luigi Ferrajoli,[16] Tamar Pitch[17] y Patricia Laurenzo Copello[18] reconocen que el aborto es un caso límite en el campo del derecho porque trata de "una relación de especial naturaleza de la que no hay paralelo en ningún otro comportamiento social,"[19] esto no explica ni justifica la persistencia de las restricciones en torno al aborto. Por el contrario, la tensión se produce a partir de las normas restrictivas porque convierten el aborto en una "guerra de absolutos".[20] En este sentido, y como fue planteado en el Capítulo 1, esta particular relación debería servir para que se les otorgue a las mujeres la responsabilidad moral y se les reconozca la competencia para decidir sobre la gestación —incluido el destino de esa vida prenatal que forma parte de ellas— mediante el ejercicio de "un derecho para dos".[21] Como afirma Ferrajoli se trata de un asunto de autonomía moral de la mujer en tanto la persona es el ser nacido o en todo caso "destinado por la madre a nacer".[22]

De esta manera la economía moral propia de las normas restrictivas sobre aborto que conviven con su práctica sin disuadirla ni eliminarla, es una economía moral sobre la legitimidad de la vida —y en particular sobre la menor biolegitimidad de las mujeres que transitan la reproducción—.[23] Esta economía, además de los aspectos generales aquí descritos, está caracterizada por un conjunto de rasgos que serán desarrollados en los siguientes apartados en las líneas que se presentan a continuación:[24]

> (1) Las normas restrictivas son informadas por la biolegitimidad al menos de tres maneras: por el mayor valor que se otorga a la vida biológica (zoe, la vida misma, la vida como tal) prenatal subordinando a éste las vidas de las mujeres y sirviendo de justificación a la protección que le otorga el estado reforzando la "heteronomía"[25] y no la autonomía; por el valor diferencial que se otorga a la vida biológica y biográfica (bios, vida política, vita activa) de las mujeres; y por el menor valor que se otorga a la vida de ciertas mujeres en tanto [las normas] crean, reproducen y sostienen las desigualdades entre mujeres; (2) las normas restrictivas operan en una lógica confrontacional entre la mujer y el producto del embarazo que ha servido para justificar las restricciones que erosionan la biolegitimidad de las mujeres; (3) el valor de la vida biológica prenatal se incrementa como resultado de su biovalor y del de las tecnologías en la creación del "personaje del feto" y se arraiga profundamente en la moral cristiana;[26] [27] (4) las normas restrictivas y la heteronomía que les es propia, subordinan la vida y el proyecto de vida de las mujeres, es decir, su biolegitimidad; (5) las normas restrictivas de alta intensidad —medida por el uso y aplicación del derecho penal y de la coacción física y moral— profundizan la menor biolegitimidad que se otorga a las mujeres; (6) las normas de intensidad moderada o baja en términos penales, operan con otros recursos como el tutelaje o el paternalismo legal que se orientan principalmente a subvalorar la capacidad moral de las mujeres para elegir su proyecto de vida; (7) el sufrimiento ocupa un lugar central como recurso para legitimar la vida biológica de las mujeres.

La preponderancia de la vida biológica y el valor del feto[28]

"El feto representa la zona de un intenso y controversial debate sobre el umbral entre lo que uno consideraría pre-vida ('prelife') y lo que sería identificable como una naciente

vida humana, una vida humana con significado, y/o una vida portadora de derechos"[29] (traducción propia).

Los regímenes de aborto en América Latina descritos en el Capítulo 2 de este libro, se ordenan a partir del valor que se asigna a la vida prenatal —que es vida biológica— que sustenta la existencia del delito de aborto en todos los países de la región, si bien este se presenta con grados variables de punición y se expresa en modelos legales distintos.[30] [31] Ahora bien, en todos los casos, el aborto en América Latina sigue siendo considerado un delito con excepciones y como tal recibe tratamiento en el código penal. Como afirma Laurenzo Copello[32]:

> [...] el tratamiento penal del aborto ha estado fuertemente condicionado por la valoración social que se ha concebido a la vida intrauterina en los diferentes períodos históricos [...] Está claro sea como sea que la historia de la regulación penal del aborto al menos en el derecho occidental, así como el debate a los límites de su punición, *han estado condicionados por la consideración del embrión y feto como persona*, dos presupuestos anclados en la deliberada confusión entre derecho y moral.[33] [34] (cursivas propias)

El tipo de delitos bajo los cuales se incorpora el aborto, refleja bien este hecho: *delitos contra las personas* (Argentina), *delitos contra la vida y la integridad personal* (Bolivia, Honduras), *delitos contra la inviolabilidad de la vida* (Ecuador), *delitos contra la vida del ser humano en formación* (El Salvador), *delitos contra la vida, el cuerpo y la salud* (Perú). Otros tipos incluyen *delitos contra el orden de las familias, contra la moralidad pública* y *contra la integridad sexual* (Chile) y *delitos de Comiso y privación de beneficios* (Paraguay). Pocos países lo desarrollan como un delito específico "*delitos de aborto*" (Colombia). Estas denominaciones y la propia existencia del delito reflejan no solo el "triunfo" del discurso de la protección fetal y su pretensión de reconocimiento del derecho a la vida, sino también la forma en que la vida de las mujeres está limitada por esta protección. Es importante anotar que, no obstante, esta protección se desvanece ligeramente cuando se trata de gestaciones deseadas o que están destinadas a llegar a término. Así, por ejemplo, en el caso de las mujeres más pobres, el cuidado prenatal es más difícil e indicadores sencillos como el número de controles prenatales muestran fácilmente las diferencias según estrato social o raza.[35] De la misma manera, la violencia contra las mujeres crece impunemente en nuestras sociedades,[36] no existiendo una protección real particular a la vida prenatal en estas condiciones. Todo lo anterior hace más evidente que la protección de la vida prenatal en los casos de aborto se presenta también como una cortina de humo frente al menor valor de la vida de las mujeres que resuelven abortar.

Muchos autores consideran que el problema del aborto como un asunto moral, queda establecido a partir del momento en que el Estado limita la capacidad de elección de las mujeres frente a un embarazo no deseado argumentando la protección de la vida prenatal. En este contexto, esta clase de vida se plantea como el límite frente a la libertad de las mujeres en lo que concierne a la definición de su proyecto de vida cuando se trata del embarazo. En este momento queda establecida en los códigos penales la protección de un "tercero," el feto, que mediante esa operación divide el cuerpo de las mujeres —ella y el feto—, introduciendo la acción del Estado en el ámbito de la moral privada. Si tales regímenes no existieran, la decisión sobre la continuación del embarazo sería asunto de las mujeres y ocurriría en el ámbito de la conciencia individual. Como se mostró en el capítulo sobre las normas restrictivas, la mayoría de los códigos fueron promulgados a principios del siglo XX y aunque algunos de ellos se modificaron parcialmente a lo largo de estos años, mantuvieron el delito.[37]

Pero la confusión deliberada entre vida y persona[38] ha venido a profundizar un debate que viene sucediendo desde el siglo XX, cuando a la luz de la incorporación del delito de aborto y los modelos de excepción, el debate sobre el valor de la vida fetal cobra fuerza justamente como resultado de tal confusión; haciendo con que por ejemplo en el caso de las normas restrictivas se haya logrado un giro decisivo que refleja la forma en que a esta se subordina la vida de las mujeres durante la reproducción. La maniobra para alcanzar el reconocimiento de un derecho a la vida —desde la vida prenatal— ha supuesto una transmutación en virtud de la cual, si solo las personas son sujetos de derecho, y al feto se le reconoce tal protección, entonces el embrión y el feto serían personas.[39]

La defensa por el inicio de la vida desde la concepción se convierte así en la defensa por la persona humana en que se ha transformado la vida prenatal en el imaginario y en la narrativa sobre aborto y que, trasladado a este debate, se podría decir que es un intento por encontrar "el bios de la zoe" dirigido a aumentar la biolegitimidad del feto.[40] [41] Como afirma Fassin,[42] la biolegitimidad se ha convertido en el valor más valioso sobre el cual el mundo contemporáneo fundamenta el pensamiento de derechos, que asigna a la *vida como tal* —a la vida biológica— el valor de bien supremo, aunque no sea este para el derecho, un bien absoluto.[43]

> "Puede concluirse que el bien jurídico protegido por el delito de aborto es la vida humana en su fase prenatal [...] y la embarazada el sujeto activo del delito".[44]

Si el "feto" se convierte en una entidad, —un individuo separado de la *madre*— y su protección —tanto como a veces su supervivencia por encima incluso de la voluntad de la mujer— en un objetivo *per se*, se asiste a la subordinación de la mujer al destino de la maternidad, sin importar que tanto la vida de este la afecte a ella.[45]

Simultáneamente a la defensa de la vida prenatal el movimiento feminista (especialmente a partir de los años 70), empezó a reivindicar el derecho sobre el propio cuerpo marcando el otro polo argumental del debate (véase el prólogo). De esta manera, entre la férrea defensa de la vida fetal, por un lado, y la de la autonomía de la mujer por el otro, el aborto devino un campo de batalla o una "guerra de absolutos" como le denominó Tribe.[46] Este campo, marcado por la confrontación, ha conducido a otra de las marcas distintivas derivadas de la valoración de la vida fetal a la que se viene haciendo referencia: la de una narrativa que ha convertido en criminales a la mujer y a quienes realizan los abortos.[47] Se encuentra así que el delito de aborto establece penas variables (de meses como es el caso de Uruguay o de años como es el caso en El Salvador) no solo para las mujeres sino también para quienes la asistan en el aborto consentido y, cuando estas penas se aplican, se afecta la vida de las mujeres en tanto biografía y biología.

El establecimiento de las penas y su aplicación en algunos países (Brasil) es una maniobra disuasoria a la práctica del aborto que luego se refleja en muchas de las prácticas restrictivas tras las cuales los profesionales se escudan para no prestar un servicio que los "marca" como cómplices de un crimen. Adicionalmente hay que destacar los casos en los que el propio proceso de búsqueda de servicios, la denuncia penal o la judicialización se convierten en un castigo (Paraguay). En este caso, aunque según los datos en comparación con las que abortan, las mujeres excepcionalmente terminan en condena, su paso por la justicia es una experiencia plagada de arbitrariedad y humillación pues es la propia actuación penal y el propio proceso el que opera como castigo y medida de "aleccionamiento" para las mujeres.[48] A este fenómeno se le identifica en el contexto de la ley penal, "el proceso como castigo" como explica Feely, citado por Carol Sanger,[49] haciendo referencia a cómo el tratamiento en un proceso judicial puede en sí mismo ser punitivo, que es lo que ocurre a muchas mujeres cuando intentan acceder a un aborto legal o cuando buscan atención en los servicios de salud y estos las denuncian.

Adicionalmente la protección del feto se ha visto reforzada por el biovalor[50] y en particular por tres eventos, —relativos a este— que acentúan su valor frente al de la vida de las mujeres: la viabilidad fetal, la llegada de la tecnología al proceso de embarazo y el valor económico de la vida prenatal.[51] En cuanto a la viabilidad, los modelos de plazos que existen en la región, como el de Ciudad de México y el de Uruguay, estipulan una permisión para el aborto por demanda hasta las 12 semanas de gestación (salvo en el caso de violación en Uruguay cuando se lo permite hasta la semana 14) no siendo claras las razones para permitirlo hasta distintos momentos de la gestación en uno u otro caso, reflejando la arbitrariedad que orienta los modelos.[52] Pero además, estos modelos establecen una serie de excepciones al delito a ser aplicadas después de que se ha pasado el plazo. Entre estas excepciones destacan la de la protección de la vida, que permiten su práctica hasta la semana 22, por ejemplo, por considerarlo el momento a partir del cual el feto podría sobrevivir fuera del útero.[53] En cuanto al primer límite, el de las 12 semanas que se encuentra en el derecho comparado (y la consideración expresada por algunos de que se trata un tiempo suficiente),[54] este supone responder más a la idea de que el feto pasado ese momento *parece* una persona y como tal se constituye en objeto de protección.[55] Estas políticas se asientan en representaciones sobre las vidas humanas (la primera foto de la sonografía) que es necesario defender, ligándolas por ejemplo al sufrimiento (el feto como criatura inocente), y esta representación contribuye significativamente a la selección sobre aquella vida a la que se ha de otorgar más legitimidad.[56]

En cuanto al segundo límite, si bien en algunos contextos la viabilidad fetal —la sobrevivencia fuera del útero— en efecto tiene lugar alrededor del número de semanas de gestación que algunos modelos establecen, este límite no puede generalizarse, pues es variable según los avances tecnológicos de los que se disponga en un contexto particular para asegurar la sobrevivencia del feto fuera del útero. Esto sin tener en cuenta que cuando una mujer procura un aborto, lo hace justamente porque no tiene la intención de llevar hasta el fin un embarazo, resultando comprensible el sentido de determinar tal viabilidad y hacerla "aceptable" por encima de la voluntad de la mujer. No solo porque este hecho revela nuevamente la preponderancia que tiene la vida biológica del feto en el debate sobre aborto, sino también porque ignora que con los avances tecnológicos el umbral entre la edad gestacional y la sobrevivencia fetal tiende a acortarse y con este, la posibilidad de que las mujeres lleven adelante una interrupción que sea legal con base en sus propias decisiones y no en las que de manera cada vez más estrecha le sean impuestas a partir de este límite. De hecho, como afirman autores como Rose,[57] el significado mismo de la vida está siendo alterado por la biología, la biomedicina y la biotecnología. En esta perspectiva, el aumento del valor de la vida del feto va en detrimento del valor de la vida de las mujeres. En el caso de las normas restrictivas este valor superior está apoyado en los exámenes diagnósticos como la sonografía, o las pruebas y cirugías genéticas por poner algunos ejemplos, que hacen crecer el valor de la vida biológica y con este, reducir el valor de las vidas de aquellas mujeres que rehúsan la maternidad como destino.

En esta misma línea, la ultrasonografía, un examen de rutina en nuestras regulaciones introdujo al feto como un personaje en la escena en que tiene lugar la disputa en torno del aborto.[58] La misma tecnología que no solo construye alrededor de imágenes a una persona, sino que tiene el potencial de adelantar la sobrevida del feto por fuera del cuerpo de la mujer, estrechando con esa distancia el tiempo en el cual la vida de la mujer todavía tiene valor.

La imposición de ese nuevo significado que otorgan a la vida prenatal los exámenes diagnósticos como la sonografía, hacen crecer su valor y con este, reducir el valor de las vidas de aquellas mujeres que rehúsan una determinada maternidad.[59]

> "La evolución del conocimiento, en el corazón de la actividad científica, es lo que guiará los cambios normativos [...] la consolidación de nuevos hechos en verdades y

> su traducción de los círculos científicos a la arena pública, serán reforzados mutualmente".[60] (traducción propia)

No queda más que preguntarse, ¿cuál es el sentido de la defensa del feto como un ente aislado? ¿Para qué un nacimiento si quien lo gesta no quiere ser partícipe de ese proceso? ¿Quién irá a cuidarle y sobre todo quién reparará a las mujeres que a partir del momento en que se les niegue la posibilidad de abortar han de transformar totalmente su vida y subordinarla al feto?

Por último, en esta conversación que ha convertido al feto en el personaje principal del debate sobre el aborto, las fuerzas económicas y en particular los laboratorios o los desarrollos tecnológicos que prometen la supervivencia temprana fuera del útero, fuera de la "vasija" —eso sí, siempre que se trate de una vida biológica de calidad— juegan un papel fundamental. En el biovalor existe una concepción de los seres humanos que equipara el valor humano a la vida biológica del feto tal como lo anticipan los desarrollos científicos.[61] Nuevos sujetos se construyen en la interfase entre biología y derecho y devienen *ciudadanos biológicos*, tornando al feto en una figura cada vez más central en función de la preponderancia de la vida biológica.[62]

Ahora bien, la biolegitimidad del feto y el triunfo del valor biológico de su vida, está asociada también con las consecuencias que produce el propio estatuto del delito de aborto. El aborto es un servicio excepcional en el ámbito de la prestación de los servicios de salud, por la ingente cantidad de prohibiciones que lo rodean y que, en una especie de espiral, confinan su práctica a la marginalidad y la clandestinidad. Por tratarse de un delito, es común que los profesionales de la medicina —y otros de la salud— se opongan a prestar servicios de aborto porque al operar como excepciones minimizan su certidumbre acerca de lo que pueden y no pueden hacer —los márgenes de lo legal—. Y es común que se opongan también porque se trata de servicios estigmatizados por la impronta del delito que, en consecuencia, los posiciona como servicios asociados a menor prestigio, a mayor hostilidad y a una mayor marginalidad en sus grupos de profesionales.[63] No importando que se trate finalmente de la prestación de un servicio que responde a una necesidad en salud, la imposición del delito opera como un elemento obstructor que en consecuencia profundiza la subvaloración de la vida de las mujeres y acentúa la sobrevaloración de la vida del feto que sustenta el delito.[64]

En resumen, las normas restrictivas expresan la preponderancia del valor de vida biológica del feto en la configuración de la biolegitimidad como un sustento central de la mismas, utilizando como argumento principal el derecho a la vida y el imperativo de evitar el "sufrimiento de una vida inocente" en una especie de marco discursivo de la "ciudadanía biológica"[65] que busca la adscripción a los derechos a partir de la mera constatación de información biológica asociada a una "vida humana".[66] Con respecto a los intereses económicos y el rol que han tenido en la biolegitimidad del feto, tanto la medicina como las empresas farmacéuticas o los grandes emprendimientos en torno al genoma humano, han sido actores clave en el desarrollo de un ethos, que determina cuáles entre las "vidas biológicas" son las más valiosas. Y es en nombre de esa forma de vida que este libro afirma la centralidad del valor de la vida biológica del feto y la consecuente menor legitimidad de las vidas de las mujeres.[67]

La vida de las mujeres: ¿una ciudadanía biológica?

El que la protección de la vida prenatal sea el punto de referencia para identificar los "intereses de más alto rango" en materia de normas sobre aborto, determina que en adelante todas ellas, formales e informales, limiten el contenido esencial de la protección de la vida de las mujeres —como biología y como biografía—.[68] [69] En este y en el siguiente apartado desarrollo la tesis según la cual esa prevalencia de la vida biológica se expresa no solo en relación a la vida prenatal, sino también en el valor asociado a la vida de las mujeres, a cuyas vidas biográficas se les asigna el menor valor. Esta valoración se deriva del orden de género patriarcal que produce las normas restrictivas, del hecho de que las mujeres rehúsen el destino de la maternidad, de la magnitud del riesgo que un embarazo suponga para sus vidas —en un sentido más o menos restrictivo— o por último de que tanto se incluya en la ecuación, la afectación de su proyecto de vida —es decir su vida como biografía—.

Se observa a continuación, el valor asignado a la vida de las mujeres como biología que se aprecia en la penalización total, en la despenalización parcial (modelo de indicaciones), o en otras normas como la obligación de quiebra de confidencialidad o la prohibición de entrega de información sobre medicamentos para el aborto.

El caso de la penalización total destaca por sobre todos. Cuando el aborto está totalmente prohibido se asiste ante la subvaloración más expresa de la vida de las mujeres que rehúsan el destino de la maternidad, siendo su única alternativa la búsqueda de servicios inseguros que pueden acarrear graves consecuencias para sus vidas, incluyendo el pago de costos más elevados por servicios de aborto que cuando son legales son sencillos, baratos y seguros. Pero esta menor valoración se expresa también cuando a las mujeres se las persigue por la "sospecha" de un aborto como a *Manuela* que murió en la cárcel como consecuencia de un linfoma después de haber sido condenada a 30 años de prisión.[70] En este caso, además, este menor valor asignado a la vida de las mujeres, no se distribuye por igual entre todas las mujeres como muestra la evidencia, afectando especialmente a las mujeres más pobres que son las que suelen ser perseguidas y judicializadas (Paraguay, Ecuador,

Brasil). Autores del derecho penal como Douglas Husak que defiende una teoría que establece límites (restricciones) a la sanción penal para enfrentar la sobrecriminalización, consideran que la injusticia se expande a través del dominio criminal en el que se resuelve que conductas punir o proscribir y que tan severo castigar. El sistema de justicia penal se ha utilizado, como afirma el autor, para "fines inmorales". Así, por ejemplo, sus investigaciones le permiten afirmar que la mayoría de quienes son castigados son aquellos que están social y económicamente en situación de desventaja (tanto como lo están las mujeres que sufren las consecuencias de las normas restrictivas de aborto). Adicionalmente, los castigos son a menudo, excesivos, e impuestos a conductas que no tendrían por qué ser criminales o a las que el propio proceso penal impone castigo, generando pérdida de derechos y estigma.[71]

La persecución y el castigo, además, conducen a una reducción en los abortos legales más no a una disminución general del fenómeno como se aprecia en el caso de Brasil revelando uno de los rasgos de esta economía moral en donde las decisiones de las mujeres que deciden abortar no acompañan los marcos normativos restrictivos ni siquiera cuando estos se les imponen con todo el peso desvalorando además de su vida física, su vida biográfica.

Esta subvaloración también se aprecia en la quiebra de la confidencialidad que suele observarse en estos contextos altamente restrictivos en los que los profesionales se convierten en el propio verdugo de las mujeres y no en quienes, como se esperaría en un servicio de salud, deberían atender sus necesidades a través de la prestación oportuna de servicios. En un sentido diferente, la prohibición de entrega de información sobre medicamentos para el aborto (como ocurre en el Brasil) lleva a las mujeres no solo a exponer su vida comprando medicamentos a través de redes de venta ilegal de drogas (que podrían por ejemplo estar alteradas) sino también a utilizarlas sin contar con la información necesaria incrementando los riesgos de complicaciones como se verá más adelante.

Por su parte, en los regímenes en que el aborto se permite exclusivamente para salvar la vida, revelan —casi tanto como los casos de penalización total— el exiguo valor otorgado a la vida de las mujeres, asociado exclusivamente a la vida biológica, pues esta permisión significa que ellas pueden abortar solamente cuando existe riesgo inminente de muerte (Costa Rica, Paraguay). Así por ejemplo en Paraguay, en donde el aborto está permitido solo si existe un peligro serio para la vida de las mujeres, y en donde además el aborto se trata de un delito de acción pública, esta situación genera una fuerte presión sobre el sector salud (sumada a la alta incidencia que el aborto inseguro tiene en la mortalidad de las mujeres que se ven obligadas a acudir a abortos inseguros) convirtiendo el aborto en una experiencia plagada de sufrimiento, arbitrariedad y humillación. Este como pocos es un claro ejemplo de la subvaloración de la vida de las mujeres que rehúsan la maternidad, a quienes se las alecciona o reeduca mediante por ejemplo la comparecencia obligatoria, la prohibición de cambiar el domicilio y la obligación de donaciones a comedores sociales para que "recuperen" la humanidad que solo les otorga la maternidad y que han "perdido" al abortar.

Pero además de la penalización total o el aborto terapéutico, las indicaciones, excepciones o causales que existen en la región con grados variables de permisión, están fundamentadas también en criterios asociados al valor de la vida como biología. Así, estas indicaciones se dan cuando existe un riesgo para la vida o un riesgo para la salud a veces física, a veces mental y más escasamente para la vida social de las mujeres; o cuando existe una malformación o anomalía fetal que le da al feto posibilidades de sobrevivencia o una vida "con calidad," o una anomalía que podría poner en riesgo la salud de la mujer. En este último caso, por ejemplo, la permisión de anencefalia expresa claramente el valor otorgado a la vida biológica pues se deduce de la ausencia del cerebro en el feto un menor valor para la vida de este, habilitando en estos casos un mayor valor a la vida de la mujer cuando se le permite abortar por esta razón. O están fundamentadas en consideraciones que como la causa violación introducen, si bien tenuemente, la vida de las mujeres en cuanto biografía pues consideran que haber sido víctimas de una violación les habilita para elegir parte de su proyecto de vida, la interrupción de ese particular embarazo.

Desde el punto de vista jurídico, y si bien en este trabajo, parto de la afirmación de que el aborto se encuentra ordenado —en todos los casos— como un sistema de excepciones, algunas autoras consideran que el modelo de indicaciones en particular o de manera más clara "está construido desde la perspectiva unilateral del alto valor reconocido por el ordenamiento jurídico a la vida prenatal que se sitúa como objeto de tutela preferente a cualquier otro, incluidos los intereses de la propia embarazada cuyas aspiraciones de respeto se ven relegados a la condición de excepciones".[72]

En estos casos, la aplicación de las causales o indicaciones, además, depende del juez que, por ejemplo, certifique o reciba la denuncia en los casos de violación —más no de la palabra de la propia mujer— o del médico que reconozca y de valor al relato de esta o que por el contrario se oponga con criterios científicos afirmando que no coinciden la información biológica de la edad gestacional y la fecha en que la mujer reporta la violación, o que no existe tal gravedad en el riesgo que afronta la mujer para su salud o su vida.[73] Así, el valor asignado a la vida —en grados variables entre la biología y la biografía— está sujeto al papel de un tercero que suele actuar como intérprete y que habrá de confirmar, certificar o autorizar si existe o no tal riesgo para la salud o para la vida.

En otras palabras, el valor de la vida de las mujeres queda condicionado al "reconocimiento" o confirmación, por parte de los profesionales, de una serie de requisitos y juicios de valor —técnicos y morales—. Demostrar la existencia de un riesgo, confirmar la violación o certificar los riesgos de vida o salud, son actos ligados en el régimen de excepciones a los problemas biológicos, al sufrimiento, al riesgo y al daño, y escasamente al proyecto de vida. De qué tan fuerte o profundo sea el riesgo, de qué tan latente sean el daño o la afectación a la salud o a la vida, de qué tan ampliamente el profesional interprete los alcances de una excepción y de qué tanto la víctima logre un relato conmovedor, depende que se la confirme dentro de alguna excepción. El certificado es también, entonces, una manera de acreditar o desacreditar la palabra de la víctima porque es el experto a quien, en lugar de la mujer, se le da preponderancia al momento de "elegir" la verdad. La sustitución de su palabra, le deslegitima.[74]

En el caso de las normas restrictivas este es un elemento crucial para entender de qué manera el modelo de indicaciones principalmente, convierte al experto en el vehículo mediante el cual la mujer podrá, o no, hacer valer su derecho, hacer valer su vida.

Como en los ejemplos presentados por Adriana Petryna,[75] citada por Fassin,[76] en el caso de Chernobyl sobre la biolegitimidad, el triunfo del reconocimiento del sufrimiento y la asignación de valor a la vida, quedan estrechamente más ligados a la biología (causal vida, salud, malformación fetal) que a la biografía. La biolegitimidad deviene el cimiento de la ciudadanía biológica en virtud de la cual las personas —o las víctimas— obtienen reconocimiento y derechos a partir del sufrimiento físico. Como afirma Fassin,[77] la razón en la que prevalece el valor de la vida como biología, instituye una especie de equivalencia entre la vida y su valor, y el sufrimiento. La enfermedad se convierte en un recurso movilizador al poner la existencia física en riesgo, contribuyendo a la separación artificial entre la vida biológica y la política o biográfica.[78]

El modelo de indicaciones —sujetas como se ve a la interpretación o a la adecuada aplicación de distintos requisitos— conlleva una suerte de inseguridad jurídica (para el profesional y para las mujeres que buscan abortar) que se deriva justamente de que están condicionadas al cumplimiento de un conjunto de exigencias materiales y formales cuya elusión podría llevar a acusaciones de aborto ilegal.[79] [80]

Las causales son ambiguas porque es el médico quien tiene que definir los estándares de interpretación sobre cuándo una vida está en riesgo por ejemplo o cómo se constituye una amenaza para la salud y si esta abarca la salud física, la mental o la social. Esto hace que las decisiones recaigan en estándares médicos ambiguos y variables o arbitrarios.

Como afirma Laurenzo Copello[81]:

> [...] está en la naturaleza del modelo elegido que responde al clásico modelo de regla-excepción que mantiene como principio general el carácter delictivo del aborto voluntario durante todas las fases de la gestación [...] y que sólo de modo excepcional cuando concurre alguna de las situaciones de conflicto expresamente definidas en la ley —indicaciones— aquella regla cede y autoriza la interrupción voluntaria del embarazo.[82]

Importa destacar que, como he explicado, los casos de indicaciones están significativamente ligados a la interpretación que resulta problemática en varios sentidos, en cuanto el valor asignado a las vidas de las mujeres depende del sentido y la amplitud de tales interpretaciones. Obtener un aborto por razones de salud ha sido posible en América Latina especialmente cuando se trata de una amenaza grave de muerte para la mujer, más que cuando se trata de impedir que se consolide un riesgo o se constituya una afectación para su salud, entendida esta su sentido más amplio.[83] Hasta hace poco menos de una década esta fue la interpretación preponderante sobre la causal salud ejercida por los médicos como un dispositivo de poder para resolver cuándo un daño es suficientemente grave como para justificar una interrupción del embarazo, utilizando para ello listas predeterminadas de "enfermedades" a partir de las cuales los profesionales confirman o no, la existencia de la excepción que sustente la aplicación de la causal.[84]

En este contexto, la iniciativas orientadas a avanzar en una interpretación amplia e integral sobre lo que significa la protección del derecho a la salud en su interrelación con otros derechos como el derecho a la vida (para cuya continuación la salud es un prerrequisito), a la información e incluso a la libertad, que han sido exitosas en países como Colombia llevando a incrementar el acceso a los servicios de aborto legal por la vía de la causal salud interpretada de manera amplia, confirman que la interpretación es cuando menos un elemento crítico porque la mayor o menor valoración de la vida de las mujeres —como mero dato biológico o como biografía— depende justamente de la amplitud de esa interpretación.[85] [86]

Adicionalmente, aun en los casos en que la interpretación es amplia y concordante con los derechos humanos, su práctica constituye como en los ejemplos de Fassin[87] un "espectáculo" en el que una mujer desesperada tiene que convertir su situación en sufrimiento, hacerse víctima y despertar el pesar, la lástima o la compasión del profesional que dará el veredicto, que confirmará su verdad sobre este sufrimiento y de paso la existencia o no, de un riesgo para la vida, —como biología o como biografía—. Es decir, que le otorgará o negará mediante un certificado por ejemplo, permiso para abortar.

Esta situación refleja que en la disputa por lograr un aborto legal termina por banalizarse el sufrimiento, pues no bastan los argumentos de necesidad ni el llamado a la compasión para que se tome una decisión a favor de la mujer. Cada vez más, el tema de la vida se repliega hacia "definiciones más somáticas de la enfermedad y apreciaciones más estrictas de la gravedad" como sucede en los casos de malformación fetal o riesgo de vida para la mujer.[88]

> "La experiencia del sufrimiento [...] es de una versión descarnada del cuerpo. Heridas íntimas, enfermedades latentes, dolores indecibles, violencias reprimidas [...] relatos de súplicas que se presentan como diagnósticos médicos [...] situación de vida o muerte y confrontación directa con el sufrimiento [...] decisiones patéticas [...] condicionando la existencia material y social de las personas afectadas".[89]

En estos casos, la vida de las mujeres termina al albur del experto, del especialista que las despoja del sentido que ellas prevén para su propia vida. En el sistema de indicaciones:

> [...] el papel de la embarazada queda reducido al de mera peticionaria de una intervención médica cuya oportunidad y posibilidad deciden otros: el propio legislador que decide las condiciones de conflicto, el médico que determina si las circunstancias descritas en el supuesto legal se dan, e incluso el juez que conserva la facultad de valorar en última instancia si la situación que llevó a la mujer a abortar tenía o no la trascendencia suficiente para justificar la intervención [...] *nublando la distinción* entre el hecho biológico del embarazo y el hecho personal y social de la maternidad".[90] (cursivas propias)

Es decir que cuando se trata de justificar la configuración de la causal salud o cuando existe *una víctima de violencia sexual*, no bastará con que la mujer lo haya vivido porque le queda por recorrer un tramo con dos obstáculos: (1) que alguien atestigüe y certifique el sufrimiento (certificado médico o judicial); y (2) que alguien coincida en una interpretación en derecho sobre la noción de salud,[91] o que apruebe o confirme la historia de su violación. Como dice Fassin, "aunque la ayuda a los necesitados se anuncie como un derecho [...] aunque la enfermedad abra el acceso al pleno derecho [...] es fácil constatar" que el encuentro sucede en términos de necesidad y no derechos. Tal como como sucede con el acceso al aborto.[92]

Pero el certificado es problemático también porque en algunas indicaciones su expedición está supeditada no solo a la interpretación del "experto" sino también a que dos o más profesionales coincidan (México, Perú) en tal interpretación, y a que no exista temor por parte del intérprete de que vaya a exceder, con su interpretación, los alcances de la causal.

En el caso de la malformación fetal por otra parte, el profesional deberá interpretar cuáles si y cuáles no, constituyen "malformaciones", —un término que no incorpora una buena parte de lo que podrían considerarse anomalías fetales—, y además determinar cuáles son incompatibles con la vida extrauterina o inviables.[93]

En los casos en que estas malformaciones son más graves, el sufrimiento de la mujer entra paulatinamente al escenario de la decisión marcando el tono del lenguaje con el que se comunica para intentar alcanzar alguna forma de reconocimiento a su vida.[94] En algunos países, además, la posibilidad de acceder a un aborto legal está sujeto a una autorización por parte del profesional de la salud y no solo a la mera certificación (Argentina) o está sujeto a que el profesional responsable de una determinada institución acepte como válido el certificado expedido por un psicólogo en los casos de afectación o riesgo para la salud.[95]

En este contexto, las controversias y disputas sobre las formas que debe tomar la vida humana terminan por la creación, desde una perspectiva de los expertos, de una determinada verdad.[96]

> "El sujeto debe exponerse frente al Estado [...] delante de sus representantes o expertos, debe contar su vida [...] los momentos más susceptibles de emoción [...] para de alguna manera obtener reconocimiento de derechos mediante la subjetivación y sujeción [...]"[97]

> "El biopoder, sugerimos acá, conlleva uno o más discursos verdaderos sobre el carácter 'vital' de los seres humanos vivientes; un abanico de autoridades consideradas competentes para hablar esa verdad; estrategias para las intervenciones sobre existencias colectivas en el nombre de la vida y la salud".[98]

Como afirma Deutscher, las excepciones reconfirman la ilegalidad del aborto y en este sentido, reafirman que la vida de las mujeres aparece subordinada a la vida prenatal, y en todo caso, cuando consigue entrar en escena es porque se le ha asignado valor a la dimensión biológica de su vida.[99]

La ausencia de la vida como biografía

Así como los casos de prohibición total del aborto reflejan con claridad el menor valor asignado a la vida de las mujeres, y los casos de indicaciones amplias expresan la forma en que este valor crece; cuando existen plazos durante los cuales las mujeres pueden decidir según su voluntad, se constata que existe un mayor valor asociado a la vida de las mujeres y a su proyecto de vida, es decir, a su biografía.

> "Ha habido que esperar hasta las postrimerías del Siglo XX para detectar un importante cambio de rumbo en la valoración jurídica y social del aborto [*en los casos en que existen modelos de plazos*], cuyo eje no parece situarse ya únicamente en el valor intrínseco de la vida intrauterina sino también y de forma cada vez más decisiva en el paulatino reconocimiento social de las mujeres como sujetos morales responsables, capaces de decidir de forma racional".[100] (cursivas propias)

El ingreso de la voluntad personal a las consideraciones para la permisión de aborto, marca en cierta manera el ingreso de la *vida* de las mujeres en cuanto biografía en la economía moral del aborto en América Latina, es decir, en el mercado de valores en que se han convertido los debates en torno al aborto. Ingreso que se crece en la medida en que la posibilidad de resolver sobre el futuro del embarazo está asociada al proyecto de vida —y por tanto a la biografía— que la mujer decida para ella. Se trata en otras palabras del reconocimiento, político, de la vida de las mujeres como existencia, más allá de su mero valor como vidas biológicas.[101]

No obstante lo anterior al menos tres elementos fragilizan ese mayor valor que se asigna a las mujeres y a su biografía en el modelo de plazos: (1) la tutela que instituyen, (2) la determinación arbitraria y variable de los plazos, y (3) la combinación de los plazos con el modelo de causales que se adopta comúnmente para cuando se han vencido los plazos. El aborto por plazos, al menos como hasta ahora se ha introducido en la región, está sujeto a una serie de requisitos que se observan también en otras partes del mundo,[102] todos los cuales dejan entrever que la intención de preservarles a las mujeres una zona de libertad para determinar su proyecto de vida, es sin embargo una zona intervenida por la tutela moral de los "profesionales" y expertos que comparten con ellas esa libertad, invistiendo su vida, de nuevo, con un menor valor.[103] [104]

Requisitos como la consulta con un equipo interdisciplinario (tres profesionales: un ginecólogo, un *especialista* en salud psíquica y otro en el área social); la obligatoriedad de recibir información sobre las *alternativas al aborto provocado incluyendo programas de apoyo social y económico* (o la adopción) o información para tomar una decisión *consciente y responsable*; o el de disponer de un período de *reflexión mínimo de 5 días* (todos los cuales se incorporaron en la Ley de Uruguay), expresan por sí solos que la valoración de la vida de las mujeres en cuanto biografía, sigue estando en cuestión.[105] Al establecer en forma simultánea un modelo de aborto más favorable a la autonomía de las mujeres y un conjunto de requisitos que operan como restricciones que sujetan las decisiones de las mujeres por ejemplo al tutelaje imponiéndoles períodos de reflexión, ofreciéndoles alternativas al aborto, y brindándoles apoyo psicológico, erosionan esa mayor valoración de la vida biográfica de las mujeres, a la que aspira el modelo de plazos.

Adicionalmente, una vez superado el plazo —fijado de un modo general en 12 semanas— estos regímenes introducen un modelo de causales creando modelos combinados de plazos e indicaciones.[106] Las indicaciones en este modelo combinado están limitadas por nuevos plazos, más amplios, esta vez vinculados con la "viabilidad" fetal que aunque en general depende de las condiciones tecnológicas propias de cada contexto, está establecida por convención entre las 22 y 24 semanas aunque la OMS afirma que más del 90% de los prematuros extremos (menos de 28 semanas) nacidos en países de ingresos bajos muere en los primeros días de vida.[107]

Estas excepciones están orientadas principalmente a proteger el estado de necesidad de las mujeres de "donde sigue que el fundamento de su impunidad reside en la existencia de un conflicto entre la vida prenatal y algún interés relevante de la mujer".[108] De un modo general estas excepciones o indicaciones se basan en la protección de la vida o la salud de la mujer, que en estas circunstancias se interpreta como se observó antes, en un sentido sobre todo biológico y se orientan a evitar un riesgo de muerte, entrando nuevamente en la ecuación una mayor valoración de la vida biológica y desplazando de nuevo la vida como biografía. Las mujeres podrán entonces abortar después del plazo de 12 semanas, cuando la gravidez implique un grave riesgo para su salud de la mujer (en el caso de Uruguay deberá tratarse de salvar la vida del embrión o feto) o cuando existan malformaciones incompatibles con la vida extrauterina. En todos los casos el médico tratante debe dejar constancia por escrito en la historia clínica sobre las circunstancias precedentes mencionadas.

En todo caso, como se ha dicho antes, mientras que en el modelo de plazos el aborto queda legalizado durante un período, y en el modelo de indicaciones están exceptuadas de la pena algunas permisiones, más allá de los modelos en todos los países de la región, el aborto sigue siendo considerado un delito. Este último hecho es el que impide, dificulta o limita, que el aborto se instaure como un servicio de salud pues permanece en el imaginario de los profesionales de la salud como un delito, entre otras porque las diferencias jurídicas entre modelos —si es legal o está despenalizado— no resuenan como distinciones significativas para los profesionales de la salud. Así, por ejemplo, la objeción de conciencia utilizada con frecuencia frente a esta situación, según datos del Ministerio de Salud Pública de Uruguay, abarcaba en 2016 el 40% de los médicos quienes se ampararon en la objeción de conciencia frente a los pedidos de interrupción del embarazo.[109]

En el caso de Ciudad de México, las excepciones después del plazo operan en una línea muy similar, con algunas particularidades, e incluyen el grave riesgo para la salud física o psíquica de la embarazada ("condición avalada por el juicio emitido por el médico especialista que la atienda y oyendo el dictamen de otro médico con la especialidad acorde con la patología que presente dicha persona"); la existencia de graves anomalías genéticas o congénitas que puedan dar como resultado daños físicos o mentales, que puedan poner en riesgo la sobrevivencia del mismo (avalados por dos dictámenes médicos emitidos por dos especialistas adscritos a unidades médicas del sector público, social o privado); y el delito de violación o de inseminación artificial no consentida,[110] siempre y cuando obre la autorización para la interrupción del embarazo emitida por el Agente del Ministerio Público, adscrito al Sistema de Auxilio a Víctimas en su carácter de representante social.[111] [112] Se observa así que tanto las indicaciones como los plazos obedecen a un alto margen de arbitrariedad.

Así que es posible afirmar que en general no existe en América Latina ningún modelo de tratamiento del aborto que de pre-eminencia a la vida de las mujeres —en cuanto biología y en cuanto biografía— y que los modelos existentes —con las diferencias y matices que han sido anotados— contienen distintos tipos de excepciones —en el sentido explicado por Deutscher—.[113] Estas excepciones se expresan en el lenguaje de las indicaciones, de las prohibiciones y de los requisitos, y coexisten con la penalización del aborto.

Las excepciones entonces terminan por convertirse en medios para reconfirmar, en una intensidad variable, el régimen de la prohibición que es regulado y regulariza un orden moral. Un orden en el que sistemáticamente la vida biográfica de las mujeres aparece subordinada a otros.

Estas regulaciones, en grados variables, expresan elecciones implícitas o a veces explícitas sobre cuáles mujeres deberían vivir, y también sobre el tipo de vida que valen la pena, aunque no sean formuladas expresamente de esta manera. Como explica Fassin,[114] las elecciones que están contenidas en las políticas —y agrego que esto incluye las normas que regulan el aborto— tienen efectos concretos y medibles sobre la expectativa de vida, el tipo y calidad de vida, que están ligados al valor que se asigna a tales vidas.

> "Mientras más restrictivo el contexto legal, mayor la proporción de abortos que son menos seguros, yendo de menos de un 1% en los países con las menores, a 31% en aquellos que tienen las más altas restricciones. Los abortos inseguros ocurren de manera desproporcionada en las regiones en desarrollo que es donde están los países que concentran las mayores restricciones frente al aborto".[115] (traducción propia)

La subordinación a los otros: heteronomía, paternalismo legal y tutelaje

En el campo de los derechos, el respeto a las decisiones y la autonomía individual tiene una dimensión heterónoma[116] en virtud de la cual los valores *compartidos* de una comunidad priman sobre las elecciones individuales. En general estos valores buscan la protección de un bien común, un interés público o una *determinada moralidad*, y están provistos de alguna forma de fuerza externa. En otras palabras, tratan de una construcción externa a la libertad individual, algo que moldea tal libertad.[117]

En el caso del aborto como se puede leer a lo largo del Capítulo 2, los efectos de esta "construcción externa" que constituyen las restricciones en materia de aborto, tienen impactos diversos sobre la vida biológica de las mujeres —como la enfermedad, la muerte o las complicaciones, por ejemplo— y en especial de algunas —las más pobres, las jóvenes o las menos educadas—. Y tienen también efectos sobre sus vidas como biografía —a veces imbricadas en los efectos sobre la vida física— como por ejemplo la cárcel, la marginación, la pobreza. En suma, tienen como efecto la imposibilidad de trazar un proyecto de vida autodeterminado.

Las normas sobre aborto de las que habla este libro son justamente, en virtud de las restricciones que crean, heterónomas. Y si bien la heteronomía es una condición inherente a la norma —en un sentido jurídico— tal condición es la que justamente convierte a las normas restrictivas sobre aborto en objeto de crítica.[118] Como se explicó antes en este capítulo, el aborto entra en el terreno de la moral una vez se instituyen sobre el mismo una cascada de prohibiciones que usando el poder punitivo del estado, convierten a las *normas* en el registro de la legalidad de una moral patriarcal que subvalora la vida de las mujeres. Normas que son, por un lado, disposiciones legales, y por el otro, prácticas que con fundamento en las prohibiciones formales o como consecuencia del estigma que estas producen y sobre todo de sus altos márgenes de arbitrariedad, buscan reproducir o instituir ese particular orden moral. Al operar en el registro de la heteronomía, las normas sobre aborto, informadas por el menor valor de la vida de las mujeres, subordinan sus vidas a *terceros* que van desde el feto hasta los profesionales (certificadores), el cura (Brasil) la jueza o la pareja (Uruguay); pasando por los plazos definidos por los legisladores (Ciudad de México), las causales definidas por las cortes (Colombia) o los requisitos contemplados en la ley (Paraguay).

Se trata aquí de la producción de un discurso que, utilizando el poder de control del aparato estatal, crea un orden en los distintos procedimientos que hacen parte del flujo burocrático[119] en torno al aborto mediante técnicas de poder que se ve, por ejemplo, en las prácticas o normas informales como el *Habeas Corpus*. Prácticas que están presentes "en todos los niveles del cuerpo social y que son utilizadas por instituciones muy diversas (la familia, el ejército, la escuela [...] la medicina individual o colectiva") con el fin de administrar la vida. En palabras de Foucault, son las "tecnologías de poder que determinan la conducta de los individuos, los someten a cierto tipo de fines o de dominación, y consisten en una objetivación del sujeto; [...] son tecnologías de dominación".[120]

Sin embargo, y como se observó en el apartado sobre la economía moral del aborto, estas prohibiciones coexisten con una práctica del aborto a la que acuden las mujeres sin importar cuál sea el régimen que pretende coaccionarlas. Con distintas consecuencias y efectos sobre sus vidas según los grados de coacción de tales regímenes, reflejando que, en todo caso, no existe con respecto al valor que se otorga a la vida de las mujeres, un acuerdo entre quienes promulgan las normas y quienes se ven obligadas a (in) cumplirlas.

Se puede destacar entre la larga serie de los "otros" ante quienes las normas subordinan las vidas de las mujeres, las figuras del juez, el médico, los grupos de profesionales, o el cura. Los tiempos de reflexión, las juntas deliberativas, la certificación o autorización, la interpretación o la conciencia del médico contrariando la de la mujer. Todos mecanismos que producen y potencian la subordinación y que como se verá a continuación —más allá de los rasgos que ya fueron mencionados en los apartados previos— se encuentran presentes, por ejemplo, en la objeción de conciencia, el uso del *Habeas Corpus*, la interferencia judicial, la violencia obstétrica o las obstrucciones deliberadas en la prestación del servicio de aborto.

Conviene aquí diferenciar entre el paternalismo legal y el tutelaje a través de los cuales, principalmente, opera la heteronomía de las normas que son objeto de crítica en este libro. La noción de paternalismo legal hace referencia a la *intromisión jurídica* en la conducta de una persona con el fin de que consiga un "bien" según lo estipula la norma y no la propia persona.[121] Según distintos autores el paternalismo es el principio que justifica la construcción de un derecho de libertad autorizando la coerción o prohibición para proteger a las personas de comportamientos —que suelen ser consentidos o autoinfligidos — que resultan prohibidos *porque son inmorales o causan mal a otros.*[122] Una ley paternalista es una ley dirigida a proteger los intereses de cierta gente *contra la voluntad de los mismos titulares de esos intereses.*[123] Formas de paternalismo legal entre los casos que contienen las normas restrictivas en América Latina, son la interferencia judicial de una Jueza en Uruguay, la prohibición sobre divulgación de información y la persecución judicial en casos de oferta de información virtual como la que tienen lugar sobre el misoprostol (Brasil), por no mencionar el establecimiento de penas, multas y medidas de reeducación que comprenden varias de las disposiciones legales antes analizadas (Ecuador, Paraguay).

De otro lado, distintas autoras feministas: Catharine Mackinnon,[124] Patricia Laurenzo,[125] Tamar Pitch[126] y María Luisa Balaguer,[127] han definido el sistema legal sobre aborto de la siguiente forma:

> "[…] sistema tutelar que presupone la falta de capacidad y de responsabilidad de las mujeres para valorar por sí mismas un conflicto altamente personal y de una singularidad sin parangón".[128]

El tutelaje presupone la afirmación de ciertos valores morales que en el caso paradigmático del aborto están conectados a un menor valor de la vida de las mujeres y a una preponderancia de la vida biológica fundamentados en una tácita aceptación de su menor capacidad moral. El tutelaje como se vio en el apartado anterior está contenido, en grados variables, en todos los requisitos que distintas normas establecen para "asegurar" que la decisión de las mujeres sea responsable y consciente, aunque se puede apreciar con más intensidad en el caso de la innecesaria complejización de la prestación de los servicios de aborto (Colombia) o en el de la norma informal que permitió la admisión del *Habeas Corpus* para la protección del feto (Brasil).

Con respecto a la figura del *Habeas Corpus*, una acción que se sitúa entre el paternalismo legal y el tutelaje, interesa destacar la forma en que una práctica individual (la jueza), propulsada por un representante de la iglesia, se engrana en el aparato del Estado —judicial y sanitario— para impedir un aborto legal.[129] En este caso la situación es particularmente compleja, entre muchas otras cosas, porque la admisión de un *Habeas Corpus* para proteger al feto, tuvo enormes efectos sobre la vida —biológica y biográfica— de una mujer de 19 años que se encontraba en el Hospital recibiendo medicamentos para interrumpir la gestación de un feto anencefálico. En el mismo Hospital donde se le informa que el procedimiento le iba a ser interrumpido para cumplir *otra* autorización judicial que mandaba la protección de la vida del *nasciturus*.[130]

De esta manera, una acción individual apalancada en el poder judicial y en el sistema sanitario termina subvalorando —en virtud de un paternalismo legal que quiere impedir un daño al feto— la vida de una joven de 19 años, y en particular su vida biológica y su proyecto de vida al verse obligada a llevar a término la gestación y dar a luz a un feto que muere de manera inmediata al nacer.

En esta misma línea, la cada vez más extendida práctica de la objeción de conciencia en nombre de la protección de los derechos fundamentales de los profesionales, se ha instalado —con frecuencia— como escudo para ocultar los desacuerdos morales con las normas que han despenalizado el aborto entre otras razones porque los profesionales siguen percibiéndolo como delito, porque no quieren sentirse marginados, porque no quieren ser subvalorados o porque consideran que su conciencia tiene un valor superior que la de las mujeres. En Brasil por ejemplo, la objeción de conciencia llega a ser de más del 40%, entre otras, por la incertidumbre que gran cantidad de profesionales dicen tener frente a la existencia o no de una violación.[131] Cuando se niega la prestación de un servicio legalmente establecido —como cuando el aborto está permitido por plazos o por causales— los efectos sobre las mujeres y sus vidas son previsibles y negativos: se dilata la atención, se la sujeta a riesgos para la salud o se la obliga a realizarse el aborto sin la debida atención profesional.

El caso de la interferencia judicial de la jueza Pura Concepción (Uruguay) y la complejización indebida de la prestación del servicio de aborto —con las violencias que produce— constituyen extremos de la heteronomía de las normas —en cuanto prácticas— restrictivas. La acción de suspensión del trámite de un aborto legal por parte de la Jueza constituye sin duda, un ejemplo paradigmático de interferencia individual. En este caso la acción suponía "suspender" la decisión de una mujer que había resuelto practicarse un aborto legal por su sola voluntad y cuyo fundamento era el amparo interpuesto por la pareja de la mujer, que pretendía que esta cambiara su decisión. La asignación de un abogado de oficio para el *feto*, autorizado para cuestionar las razones que llevaron a la mujer a decidir el aborto, refleja como pocas, la escasa valoración de la vida biográfica de las mujeres durante la reproducción. Adicionalmente, la fragilidad del servicio de aborto —que pese a los plazos en el Uruguay sigue siendo un delito— que queda exhibida con este caso confirma cuán vulnerable e ilegítima que puede ser en cualquier momento la decisión de una mujer que decide sobre su propio cuerpo y sobre su proyecto de vida.

Como en el caso del *Habeas Corpus*, la suspensión del aborto legal, se apoyó —aunque fuera de forma pasajera— en el andamiaje del Estado agravando las consecuencias de la heteronomía propia de las normas restrictivas.

Se observa por último el caso de la imposición de barreras desproporcionadas (Colombia) en la prestación de servicios de aborto, que constituye según el Grupo Médico por el Derecho a Decidir, una forma de violencia obstétrica si por esta se entiende "la apropiación del cuerpo y procesos reproductivos de las mujeres por parte del personal de salud, que se expresa en un trato deshumanizador o en un abuso de medicalización [...]"[132] En este caso, el cuidado subóptimo que se ve por ejemplo en el uso de tecnologías inadecuadas u obsoletas como el legrado cortante en lugar de aspiración endouterina, además de lesionar la salud y por tanto amenazar la vida en cuanto biología, tiene la pretensión de cambiar la decisión de las mujeres.[133]

Los procedimientos obsoletos y costosos (dilatación y curetaje) que siguen siendo la regla en las instituciones de salud de alta complejidad en Colombia, junto con el uso innecesario de anestesia, la hospitalización e incluso la administración subóptima de medicamentos para el dolor, —todas prácticas invasivas e ineficientes—, conducen a una atención más tardía y en edades gestacionales superiores, lo que los convierte no solo en servicios más costosos para el sistema de salud sino también para las propias mujeres en cuanto a lo que implica para su salud y para su vida en un sentido integral.[134] [135] El sufrimiento del cuerpo aparece, entonces, no solo a través de las pruebas que para confirmarlo se exigen en el modelo de causales sino también mediante las propias prácticas que buscan castigar a quienes resuelven practicarse un aborto.[136] Apareciendo así la imposición de prácticas que reflejan como en espejo, la coacción que es propia del delito de aborto.[137]

En todos estos casos la heteronomía de las normas sobre aborto se convierte en un elemento perjudicial para las mujeres, quienes no solamente ven expuesta su salud y su vida sino que al no poder decidir sobre su proyecto de vida de manera autónoma, ven perjudicadas un conjunto amplio de libertades, la más fundamental de todas la cual es la tutela del propio cuerpo, el *Habeas Corpus*.[138]

Como fue mencionado antes, "la verdad" sobre las circunstancias que ameritan un aborto en la vida de las mujeres y que al final determina el valor que a esta se le asigna, termina sujeta a una diversidad de autoridades —consideradas competentes— para hablar de esa "verdad" e instituir estrategias de intervención en nombre de la salud y la vida.[139] El poder sobre la vida al fin, ejercido por el jurista, el doctor, el experto, el científico, el cura.

Sin embargo, como afirma Fassin al final de su texto "Another politics of life is possible," la vida de las personas, y en nuestro caso la de las mujeres, no está moldeada solo por, ni su valor determinado exclusivamente por, las políticas, regulaciones y controles que vienen de fuera. Ellas y las feministas que luchan por conquistar todos los derechos para todas las mujeres desafían estas normas. Con sus acciones y con los sentidos que eligen para sus propias vidas.

En cualquier caso, toda vez que las mujeres en forma general no han sido las artífices principales de las normas restrictivas como resultado de la exclusión histórica que han sufrido de la vida y los asuntos políticos, es lógico pensar que tales normas no han servido para dar cuenta del hecho moral de que pese a todas las restricciones, las mujeres siguen abortando cada vez que lo necesitan.

De la reproducción como precariedad

La subordinación de las mujeres es resultado de un orden moral patriarcal,[140] que imbricado en otros sistemas de opresión agrava la situación de *ciertas* mujeres. De esta manera, los efectos que las normas antes descritas tienen sobre las vidas de las mujeres, tanto como el valor que mediante estas se asigna a sus vidas biológicas o biográfica, están atravesados por la raza, la etnia, la edad, el nivel de educación o la pobreza, entre otros, haciendo con que a la precariedad existencial de la vida,[141] en el caso de las mujeres, se le sume la precariedad que se deriva de la reproducción cuando esta aparece condicionada por las normas restrictivas sobre aborto.

De un modo general, he afirmado que en todos los modelos de prohibición de aborto —con intensidad variable— son las vidas de algunas mujeres las que se ven más frecuente y fuertemente afectadas y subvaloradas. Así, por ejemplo, si la prohibición es total, son las más pobres quienes se ven obligadas a poner en riesgo su vida cuando carecen de los recursos económicos necesarios para obtener un aborto seguro, aunque este sea ilegal. Como resultado de esto, el menor valor que las normas restrictivas asignan a la vida en su dimensión biológica convierte las vidas de las mujeres más pobres —con frecuencia en la región las negras, las indígenas, las menos educadas o las más jóvenes— en vidas aún menos legítimas.[142] Así, por ejemplo, la mayoría de los abortos incompletos e inseguros que son admitidos en los hospitales públicos en Brasil, afectan a las mujeres jóvenes, pobres y negras, o en países como Ecuador, las mujeres que están en la cárcel por aborto son de escasos recursos, afroecuatorianas, indígenas y mestizas. Las mismas que acuden sangrando al hospital en donde son denunciadas.[143]

Lo mismo sucede con *la doble vida*[144] del misoprostol en el Brasil, el cual, pese a ser un medicamento eficiente, de bajo costo y con bajos efectos secundarios, es escaso en los hospitales del país y su estatus médico y legal es ambiguo. Mientras que en los hospitales se obtiene y utiliza en una amplia gama de procedimientos obstétricos, en las calles su compra ilegal tiene lugar en el mercado negro o vía internet y las mujeres —especialmente las pobres, las jóvenes y las negras— lo utilizan sin información apropiada para inducirse sus propios abortos constituyéndose de esta manera un régimen de ciudadanía reproductiva dual.[145]

Adicionalmente, la regulación sobre misoprostol incluye también la obligación del registro para establecimientos hospitalarios que usan medicamentos con base misoprostol, la suspensión de toda publicidad y foros de discusión o incluso la aparición de mensajes en sitios de internet. Con base en esta prohibición, además, las mujeres y quienes proveen por medios virtuales el medicamento, han sido víctimas de persecución y castigo.

Así que son las mujeres más pobres o afro, entre otras, quienes no solo arriesgan la vida en un sentido físico —la vida misma— sino las que son perseguidas por la ley, las que sufren los efectos de la quiebra de confidencialidad por parte del profesional y las que han sido condenadas a la cárcel o a otro tipo de penas. Son ellas las que además de su condición de precariedad material, ven sus vidas precarizadas como consecuencia del menor valor que a estas les asignan, por ejemplo, las normas que limitan el acceso al misoprostol aun cuando se saben que van a utilizar el medicamento en los abortos autoinducidos.[146]

De tal manera que la biolegitimidad que fundamenta las normas restrictivas, está informada de manera diferencial por el valor que se asigna a las vidas de ciertos grupos de mujeres, reproduciendo las desigualdades que están en la trama básica de la vida de una enorme proporción de mujeres en América Latina. Así, además, en la economía moral de la biolegitimidad, la aspiración de justicia aparece subordinada al derecho a la vida —incluso en su acepción más reducida en cuanto biología— al invisibilizar las desigualdades. Como bien explica Fassin,[147] las políticas de la vida implican que algunas vidas sean "salvadas" o protegidas, llevando a que a través de esa elección se determinen las existencias que tienen más valor, las vidas que son más legítimas.[148] La idea de un patriarcado de alta intensidad que nos propone Segato, heredero del colonialismo y caracterizado por su letalidad —es decir por su subvaloración de las vidas de las mujeres— se expresa brutalmente en nuestros días a través de ciertas formas del derecho moderno —como las normas restrictivas sobre aborto[149]— que además se intersectan con otros regímenes de poder como el capitalismo, el racismo y el colonialismo para producir la subordinación de las mujeres.

La inseguridad de las normas restrictivas y la precarización de las mujeres. Según Butler existen al menos dos dimensiones de la precariedad.[150] Una primera —*precariousness*— se usa para distinguir la dimensión socio-ontológica de las vidas y los cuerpos, que es relacional y por tanto compartida con otras vidas —precarias—. Una segunda —*precarity*— que hace referencia a una categoría del orden, que designa los efectos que tienen diferentes situaciones políticas o legales (como en nuestro caso los que se derivan de las normas restrictivas desigualmente sobre las distintas mujeres) sobre la precariedad en su acepción más amplia. De esta manera, la precariedad se distribuye en el marco de relaciones de desigualdad, y producen la jerarquización del ser y de la vida.[151] En su acepción como categoría del orden, la precariedad abarca las relaciones naturalizadas de dominación, como las que se derivan de la condición reproductora de las mujeres, y a partir de las cuales, se las despoja de sus derechos.[152]

Las normas restrictivas como una forma de gobierno[153] sobre el cuerpo de las mujeres que es precario en función de la reproducción —que a su vez tiene algo precario en su naturaleza— producen una subvaloración de la vida de las mujeres que se expresa de manera desigual en distintos grupos.

> "[...] sin protección, sin seguridad, sin ciudad, no hay vida que sobreviva, está siempre expuesta al riesgo y a la amenaza de la muerte [...]"[154] (traducción propia)

En su conversación con Athanasiou, Butler relaciona estos dos niveles con la desposesión. En el primero, ontológico, inherente a la existencia humana relacional, se refiere a las formas en que el sufrimiento, el dolor o la pérdida, nos despojan de modo casi inevitable, por el mero hecho de existir. Y en el segundo que alude a un conjunto de regímenes (racistas, coloniales, poscoloniales, sexistas) y sus respectivos mecanismos (con dispositivos como las normas restrictivas) se refiere al despojo que sufren las personas de sus derechos, de sus vidas y de su existencia, material y simbólicamente hablando.

La legitimidad de ciertas vidas y las formas mediante las cuales unas tienen más valor que otras —y entonces son protegidas y/o nombradas— como se ha apreciado en el recuento de las normas restrictivas despojan a las mujeres de sus derechos. Y las despoja mediante un mecanismo circular, tanto porque les otorga menos legitimidad a sus vidas como porque al producir menos biolegitimidad, las precariza y les niega ciertos derechos.

> "Estar desposeído es un proceso por el cual a las personas se las desconoce y humilla a partir de las ideologías que se instauran a través de poderes normativos y normalizadores que definen lo intangible de la cultura y que regulan la distribución de

vulnerabilidad. [...] Aun cuando tengamos derechos, dependemos del modo de gobierno y del régimen legal que confiere y sostiene esos derechos".[155] (traducción propia)

Así pues, la supremacía de la vida biológica sobre la vida como biografía refleja no solo el triunfo del derecho a la vida —interpretado en su versión más estrecha, menos humana— sobre la justicia, sino la existencia de una economía moral del aborto que instaura el régimen de la precariedad.[156]

Este régimen, en lugar de ofrecer un mecanismo eficaz de justicia para las mujeres, produce una serie de enunciaciones —siempre delimitadas por el poder punitivo— acerca de aquello que el derecho promete defender en ciertas esferas (como la de la autonomía cuando las normas restrictivas permiten el aborto hasta las 12 semanas) o en ciertas circunstancias (como cuando se establece una causal).

En el primer caso, lo que se observa en el que es considerado el más liberal modelo de aborto legal, —el modelo de plazos—, es un poder punitivo que "autoriza" a las mujeres a interrumpir su embarazo (suspendiendo de forma temporal la mayor legitimidad de la vida biológica del feto) sin la obligación de brindar ninguna justificación. En el segundo caso, el de las indicaciones, lo que se observa es que, bajo ciertas condiciones, generalmente mediadas por una voz autorizada que las confirma (la denuncia judicial de violación) o las niega (la práctica según la cual los médicos descartan la causal porque no les coinciden las semanas de gestación con la fecha en que la mujer dice que tuvo lugar la violación), prevalece circunstancialmente el interés de la mujer. En ambos casos, el aborto sigue siendo un delito y el poder punitivo el marco de la conversación sobre la biolegitimidad de la mujer, reflejando la forma en que el ámbito de la reproducción exacerba la precariedad en la que ya viven muchas mujeres.

La precarización es un proceso que produce no solo sujetos que viven en condiciones de desigualdad y desventaja material y simbólica, sino también de inseguridad y de miedo a la inseguridad.[157] En el caso de las normas restrictivas sobre aborto, esta inseguridad se produce como se observó antes, cuando la justicia interfiere de manera arbitraria e impide el acceso al aborto aún en los casos considerados legales, o cuando como consecuencia del miedo al estigma los profesionales no cumplen con la prestación del servicio para evitar ser marginados, mal remunerados o incluso ser víctimas de violencia. Mientras que las mujeres que sí acuden a buscar un servicio, terminan por hacerlo de manera insegura o tardía para evitar ser juzgadas o doblemente victimizadas en el proceso de búsqueda de atención mediante el bien llamado "proceso como castigo".

Pero esta inseguridad se produce también como resultado de las interpretaciones de las causales que le corresponden al experto (por ejemplo la de riesgo para la mujer o la de la malformación fetal) que con frecuencia se centran en extraer la decisión del contexto biográfico y atenerse a la realidad biológica,[158] o del castigo que se impone para los profesionales en distintos regímenes de aborto, o de los múltiples estados de excepción en que se ha constituido el aborto, o del simple miedo a cometer un delito.[159]

Si la precarización se relaciona con la urgencia de transmitir un "estado de inseguridad," en el ámbito de la reproducción, esta se materializa en las normas restrictivas que devalúan la vida y el estatus general de las mujeres.

De esta manera, la precariedad reproductiva que producen estas normas genera inseguridad llevando a que las mujeres que viven en condiciones más desiguales —las que son de antemano precarias— tengan menos certidumbre frente al acceso a los servicios de aborto. Así, las normas formales e informales constituyen un aparato de poder normativo que opera en dos niveles: la distribución de las desigualdades (precariedad) y la distribución de los derechos (el triunfo de la vida biológica sobre la justicia). Al despojar a las mujeres de su biolegitimidad, al mismo tiempo que precarizan la reproducción y profundizan las desigualdades, las despojan de sus biografías.[160]

Notas

1. Como fue explicado en la introducción, más que dar cuenta del estado de la investigación sobre aborto en América Latina, este libro realiza una contribución teórica al debate sobre aborto, y lo hace en torno a una dimensión no explorada hasta ahora: la centralidad de la biolegitimidad en las normas restrictivas.
2. Alison M. Jaggar, *Feminist politics and human nature* (Totowa, NJ: Rowman & Allenheld, 1983); Iris Young, *Justice and the politics of difference* (Princeton, New Jersey: Princeton University Press, 1990); Celia Amorós, *Hacia una crítica de la razón patriarchal* (Barcelona: Anthropos Editorial, 1991); Rosemarie Tong y Nancy Williams, "Feminist Ethics", *The Stanford Encyclopedia of Philosophy* (2009), http://plato.stanford.edu/entries/feminism-ethics/; Débora Diniz, "Perspectivas e articulações de uma pesquisa feminista", en *Estudos feministas e de gênero: articulações e perspectivas*, coordinado por Cristina Stevens, Susane Rodrigues de Oliveira e Valeska Zanello (Isla de Santa Catarina: Mulheres, 2014), http://repositorio.unb.br/bitstream/10482/16349/1/LIVRO_EstudosFeministasedeGeneroArticula%C3%A7%C3%B5es.pdf.
3. Interesa aquí destacar la reflexión de Naara Luna, a propósito de un debate público en Brasil cuyo centro ha sido el debate sobre la vida. Esta autora discute la legitimidad otorgada a la vida, así como la capacidad que esta tiene para informar y determinar las batallas legales y el reconocimiento de derechos. Se refiere en especial a la formación de nuevos sujetos e identidades —en especial ligados a las nuevas formas de legitimidad que emergen de las tecnologías biomédicas— que han sido absorbidos por las tecnologías jurídicas, a través por ejemplo de la puesta en escena de los fetos anencefálicos. En este caso, la condición humana del feto es cuestionada y esta menor legitimidad utilizada, con éxito, para despenalizar el aborto en estos casos. Lo que en este caso está en cuestión es la biolegitimidad de los fetos anencefálicos: si no hay viabilidad, no hay valor en esa vida ni por tanto ciudadanía biológica (Naara Luna, "From abortion to

embryonic stem cell research: biossociality and the constitution of subjects in the debate over human rights", *Vibrant, Virtual Braz. Anthr* 12, no. 1 (2015): 167–203, http://www.scielo.br/scielo.php?script=sci_arttext&pid=S1809-43412015000100167).

4. Didier Fassin, *Humanitarian reason: a moral history of the present* (Berkeley: University of California Press, 2012).
5. Didier Fassin, *Por una repolitización del mundo: las vidas descartables como desafío del siglo XXI* (Buenos Aires: Siglo Veintiuno, 2018), 194.
6. Diniz, "Perspectivas e articulações".
7. Aunque el debate sobre la reproducción como un fenómeno económico no es el foco de ese libro, considerando que está profundamente imbricada en el poder patriarcal, conviene enfatizar en el hecho de que la reproducción de las mujeres y el control que sobre la misma suponen las normas restrictivas, se relaciona con un doble rasgo. Por un lado, mantiene a las mujeres a cargo de la reproducción social reforzando la maternidad, y por el otro las castiga cada vez que rehúsan la maternidad como destino. De esta manera se asegura su particular papel en el mundo de lo privado que al mismo tiempo que las responsabiliza de la reproducción social, las excluye del mundo de las decisiones públicas en donde se deciden las normas que las coaccionan.
8. Susheela Singh, Lisa Remez, Gilda Sedgh, Lorraine Kwok y Tsuyoshi Onda, *Abortion worldwide 2017: uneven progress and unequal Access* (Nueva York: Guttmacher Institute, 2017), 4, https://www.guttmacher.org/sites/default/files/report_pdf/abortion-worldwide-2017.pdf.
9. Penélope Deutscher, "The inversion of exceptionality: Foucault, Agamben, and 'Reproductive Rights'", *South Atlantic Quarterly* 107, no. 1 (2008): 60, https://read.dukeupress.edu/south-atlantic-quarterly/article-abstract/107/1/55/52619/The-Inversion-of-Exceptionality-Foucault-Agamben.
10. Deutscher, "The inversion of exceptionality", 65.
11. Michel Foucault, *Tecnologías del yo y otros textos afines* (Barcelona: Paidós, 1990).
12. Didier Fassin, "Another politics of life is possible", *Theory, Culture & Society* 26, no. 5 (2009): 44–60, http://journals.sagepub.com/doi/abs/10.1177/0263276409106349; Didier Fassin, "El irresistible ascenso del derecho a la vida: razón humanitaria y justicia social", *Revista de Antropología Social* 19 (2010): 191–204, http://revistas.ucm.es/index.php/RASO/article/view/RASO1010110191A.
13. Foucault, *Tecnologías del yo*, 134.
14. Didier Fassin, *When bodies remember experiences and politics of AIDS in South Africa* (Berkeley: University of California Press, 2007).
15. Douglas Husak, *Overcriminalization: the limits of criminal law* (Oxford: Oxford University Press, 2008).
16. Luigi Ferrajoli, "La cuestión del embrión entre derecho y moral", *Jueces para la democracia*, no. 44 (2002): 3–12, https://dialnet.unirioja.es/servlet/articulo?codigo=264121.
17. Tamar Pitch, *Un derecho para dos: la construcción jurídica de género, sexo y sexualidad* (Madrid: Trotta, 2003).
18. Patricia Laurenzo Copello, *Dogmática y política criminal del aborto* (Valencia: Tirant lo Blanch, 2012).
19. Laurenzo, *Dogmática y política criminal del aborto*, 103.
20. Laurence H. Tribe, *El aborto: guerra de absolutos*, traducción de Dubravka Suznjevic (México: Fondo de Cultura Económica, 2012).
21. Pitch, *Un derecho para dos*.
22. Ferrajoli, "La cuestión del embrión", 6.

23. En una línea similar, al final del trabajo de Deutscher, "The inversion of exceptionality," sugiere que el hecho de que el estatus de las mujeres sea potencialmente reductible a la nuda vida —la vida biológica— está asociado a su reductibilidad a la vida reproductiva.
24. Y es parte más general de un conjunto de políticas que en otros ámbitos otorgan un lugar central a la vida (Didier Fassin, "Gobernar por los cuerpos, políticas de reconocimiento hacia los pobres y los inmigrantes en Francia", *Cuad. antropol. soc.* 17, no. 1 (2003): 49–78, http://www.scielo.org.ar/scielo.php?script=sci_arttext&pid=S1850-275X2003000100004; Didier Fassin, "Ethics of survival: a democratic approach to the politics of life", *Humanity: An International Journal of Human Rights, Humanitarianism, and Development* 1, no. 1 (2010): 81–95, https://muse.jhu.edu/article/394855; Fassin, "El irresistible ascenso del derecho a la vida"; Nikolas Rose, "The politics of life itself", *Theory, Culture and Society*" 18, no. 6 (2001): 1–30, http://journals.sagepub.com/doi/pdf/10.1177/02632760122052020; Paul Rabinow y Nikolas Rose, "Biopower today", *BioSocieties* 1, no. 2 (2006): 195–217, https://link.springer.com/article/10.1017%2FS1745855206040014).
25. Si bien las normas del derecho positivo son por definición, heterónomas, justamente por ello resulta tan problemática la sobrerregulación del aborto, un asunto crucial para la vida de las mujeres.
26. Julieta Lemaitre, "El sexo, las mujeres y el inicio de la vida humana en el constitucionalismo católico", en *Abortion law in transnational perspective: cases and controversies*, editado por Rebecca J. Cook, Joanna N. Erdman y Bernard M. Dickens (Filadelfia: University of Pennsylvania Press, 2016); Laurenzo, *Dogmática y política criminal del aborto.*
27. Como se explica en el prólogo, entre los argumentos utilizados en nombre de la protección de la vida fetal para mantener la penalización del aborto, la noción de vida biológica prenatal está profundamente arraigada en una moral cristiana que sacralizó la vida del feto invistiéndola de criatura inocente. Ese reclamo, no obstante, opera hoy no solo a través de las autoridades eclesiásticas sino también de la propia estructura del estado desde donde se le promueve como parte del debate democrático, despojándolo de su naturaleza religiosa y arropándolo de las herramientas del discurso científico, logrando mediante una confusión semántica y de sentidos, que se reconozca de un modo significativo el derecho a la vida prenatal (Juan Marco Vaggione, "La 'cultura de la vida': desplazamientos estratégicos del activismo católico conservador frente a los derechos sexuales y reproductivos", *Religião e Sociedade, Rio de Janeiro* 32, no. 2 (2012): 57–80, http://www.scielo.br/scielo.php?pid=S0100-85872012000200004&script=sci_abstract&tlng=es; Laurenzo, *Dogmática y política criminal del aborto*; Lemaitre, "El sexo, las mujeres"; Alejandro Madrazo, "Narratives of prenatal personhood in abortion law", en *Abortion law in transnational perspective: cases and controversies*, editado por Rebecca J. Cook, Joanna N. Erdman y Bernard M. Dickens (Filadelfia: University of Pennsylvania Press, 2016)).
28. Utilizo el término feto no para resaltar los rasgos asociados a un particular momento de desarrollo de la vida prenatal, sino como referencia "simbólica" al personaje en que se ha constituido esta forma de vida en el debate sobre aborto (Monica J. Casper, *The making of the unborn patient: a social anatomy of fetal surgery* (New Brunswick, NJ: Rutgers University Press, 1988); Lisa M. Mitchell, *Baby's first picture: ultrasound and the politics of fetal subjects* (Toronto: University of Toronto Press, 2001)).
29. Deutscher, "The inversion of exceptionality", 58.
30. Ver enunciaciones de los códigos penales (Capítulo 2).
31. Entendiendo que existe una importante variabilidad, así como especificidades jurídicas entre los distintos modelos de regulación, pero para el argumento que se desarrolló sobre la preponderancia de la vida biológica del feto no es necesario explicarlos pues escapan a los alcances de

este texto. Adicionalmente, las diferencias entre modelos que mantienen el delito o lo exceptúan bajo algunas circunstancias (indicaciones) y aquellos que al establecer plazos para demandarlo por sola voluntad lo legalizan por un período determinado, suelen ser poco relevantes para los operadores sanitarios en cuyo imaginario y comprensión el hecho relevante es que como telón de fondo el aborto es un delito (Ana Cristina González-Vélez, "Objeción de conciencia, bioética y derechos humanos: una perspectiva desde Colombia", *Revista de Bioética y Derecho*, no. 42 (2018): 105–126, http://revistes.ub.edu/index.php/RBD/article/view/18590/23326).

32. Laurenzo, *Dogmática y política criminal del aborto*, 15, 17.
33. Esta confusión es la misma que plantea ya desde inicios de los 2000 Ferrajoli, "La cuestión del embrión".
34. Vale la pena recordar que en el derecho romano el aborto no era castigado penalmente y que fue a partir de la época imperial cuando se incorporó la punición. Sin embargo, no fue por "razones asociadas al valor intrínseco del embrión o feto sino por motivos esencialmente utilitaristas relacionados con argumentos demográficos o por considerarse una ofensa al padre legítimo" (Laurenzo, *Dogmática y política criminal del aborto*, 15).
35. "El mayor porcentaje de habitantes de Perú sin acceso a servicios de atención de salud tiene un idioma indígena por lengua materna; alrededor del 61% de todos los hablantes de quechua y el 80% de los hablantes de aimara no tienen acceso a estos servicios en forma regular. De igual modo, solo el 41% de las comunidades indígenas de la Amazonía tiene un centro de salud comunitario, que en muchos casos no está en condiciones operativas, y en estas comunidades alrededor del 90% de los nacimientos se produce sin asistencia institucional (Banco Mundial, 2015). Lo anterior implica que la menor atención profesional y menor control pre y post natal sea para las mujeres indígenas" (Silvia Salinas Mulder, *Mortalidad materna y desigualdades encubiertas: una mirada en profundidad desde el ISOMontevideo* (Montevideo: Articulación Feminista Marcosur, 2017), 57, http://www.mujeresdelsur-afm.org.uy/content/isomontevideo-mortalidad-materna-2017).
36. Rita Segato, *La crítica de la colonialidad en ocho ensayos y una antropología por demanda* (Buenos Aires: Prometeo Libros, 2015).
37. La introducción del delito de aborto fue incorporada de esta manera a partir del siglo XX, momento en el cual también, se plantea —a la luz de la preeminencia dada a la protección del feto— la necesidad de crear algunos modelos que permitieran su despenalización en ciertas circunstancias (Laurenzo, *Dogmática y política criminal del aborto*). Y momento a partir del cual también se intensifica la lucha entre quienes promueven su liberalización y aquellos que sostienen la prohibición y/o sus limitaciones, excepciones (Ana Cristina González-Vélez y Paola Bergallo, *Repertorios juridizados de la movilización por la liberalización del aborto en América Latina* (En prensa, 2018)).
38. Ferrajoli, "La cuestión del embrión"; Boltanski, *The foetal condition: a sociology of engendering and abortion* (Cambridge: Polity Press, 2013); Madrazo, "Narratives of prenatal"; Lemaitre, "El sexo, las mujeres"; Blanca Rodríguez-Ruiz, "Gender in constitutional discourses on abortion: looking at Spain from a comparative perspective", *Social & Legal Studies* 25, no. 6 (2016): 699–715, http://journals.sagepub.com/doi/abs/10.1177/0964663916668251.
39. Madrazo, "Narratives of prenatal".
40. Giorgio Agamben, *Homo Sacer: el poder soberano y la nuda vida* (Valencia: Pre-textos, 2013).
41. Adicionalmente, como explica Antonio Bascuñán Rodríguez, "en relación a la vida, el titular es el individuo y no la persona, aun cuando esta expresión [persona] se encuentra repetidamente utilizada en el mismo cuerpo jurídico en referencia a prácticamente, todos los otros derechos, que en él se declaran (en referencia a la Declaración Universal de los Derechos Humanos) [...] La

vida humana tiene en abstracto un peso superior a la libertad general de hacer y de no hacer lo que se quiera…" (Antonio Bascuñán Rodríguez, "La fecundación in vitro ante el derecho penal chileno", en *Técnicas de reproducción humana asistida. Desafíos del siglo XXI: una mirada transdisciplinaria*, coordinado por Maricruz Gómez de la Torre Vargas y Cristián Lepin Molina (Santiago, Chile: Abeledo Perrot, 2013)).

42. Fassin, "El irresistible ascenso del derecho a la vida".
43. Esto pese a que como se explicó antes, el derecho a la vida no es absoluto en el derecho (Corte Interamericana de Derechos Humanos, *Caso Artavia Murillo y otros (Fertilización in vitro) vs. Costa Rica*, 28 de noviembre de 2012, http://www.corteidh.or.cr/tablas/fichas/artaviamurillo.pdf).
44. Laurenzo, *Dogmática y política criminal del aborto*, 22, 26.
45. Como explica Laurenzo, "la especificidad del criterio de la vida prenatal reside precisamente en admitir que desde la fase embrionaria existe un objeto individualizado que es portador de vida humana en sentido biológico, de donde se sigue que estamos ante un bien de naturaleza estrictamente individual al que el ordenamiento concede un valor propio y autónomo" (Laurenzo, *Dogmática y política criminal del aborto*, 31).
46. Tribe, *El aborto: guerra de absolutos*.
47. Cabe anotar que este debate, además, ha estado profundamente influenciado —de forma decisiva— "por la concepción católica del embrión como portador de vida humana" que ha producido la más exitosa consigna a favor de esta línea argumental. La del feto como una criatura inocente y el aborto como un asesinato (Laurenzo, *Dogmática y política criminal del aborto*).
48. Paraguay, Ley no. 3440, que modifica varias disposiciones de la Ley no. 1160/97, Código Penal, 20 de agosto de 2008, http://srhr.org/abortion-policies/documents/countries/02-Paraguay-Law-that-Modifies-Penal-Code-2008.pdf.
49. Carol Sanger, *About abortion: terminating pregnancy in twenty-first-century America* (Cambridge: Harvard University Press, 2017).
50. Nikolas Rose, *The politics of life itself: biomedicine, power and subjectivity in the twenty-first century* (Princeton: Princeton University Press, 2007).
51. Importa indicar que el papel de las fuerzas económicas en el tema del aborto no obra exclusivamente, como se verá más adelante, en el valor de la vida del feto, sino que determina otras prohibiciones como por ejemplo la del misoprostol. Las restricciones para el uso de este medicamento —incluida la prohibición de la información relativa a su uso que tienen lugar en Brasil por ejemplo— se relacionan con el mayor potencial económico que tiene su venta clandestina desde que entró en el debate público su regulación (Silvia De Zordo, "The biomedicalisation of illegal abortion: the double life of misoprostol in Brazil", *História, Ciências, Saúde-Manguinhos* 23, no. 1 (2016): 19–36, http://www.scielo.br/scielo.php?script=sci_arttext&pid=S0104-59702016000100019).
52. El tiempo es una dimensión poco teorizada en los estudios sobre aborto pese a que los trimestres, y otras medidas temporales sobre el tiempo aparecen con frecuencia en los debates acerca de este. Como Joanna Erdman afirma en su trabajo sobre los plazos, la edad gestacional es una probada forma arbitraria de regular el aborto (Joanna N. Erdman, "Theorizing Time in Abortion Law and Human Rights", *Health and Human Rights Journal* 19, no. 1 (2017), https://cdn1.sph.harvard.edu/wp-content/uploads/sites/2469/2017/06/Erdman.pdf).
53. No deja de sorprender por qué alguien —y en particular un hombre como suele suceder en el caso de quienes han legislado en materia de aborto— querría que un feto sobreviva contra la voluntad de la madre. ¿Por qué se desconfía de su capacidad moral? Y por qué, sobre todo, a estas

mismas mujeres a quienes se les niega la decisión sobre el embarazo, ¿se les confía el cuidado y la reproducción social?

54. Laurenzo, *Dogmática y política criminal del aborto*.
55. Mitchell, *Baby's first picture*.
56. Didier Fassin, "Humanitarian as a politics of life", *Public Culture* 19, no. 3 (2007b): 499–520, https://www.sss.ias.edu/files/pdfs/Fassin/Humanitarianism-as-politics-life.pdf.
57. Rose, "The politics of life itself".
58. Mitchell, *Baby's first picture*.
59. Como afirma Rose, "de hecho, el laboratorio y la fábrica están intrínsecamente ligados —la industria farmacéutica— ha sido central para la investigación en neuroquímica por ejemplo [...]" con efectos sobre la potencial viabilidad del feto. "De este modo las políticas de la vida en sí, de las ciencias de la vida, están moldeadas por los que controlan los recursos humanos, técnicos y financieros necesarios para financiar tales emprendimientos [...] las ciencias de la vida han sido capitalizadas por los laboratorios y así la biopolítica se vuelve bioeconomía, y aparece el biovalor que altera nuestras ideas sobre la vida y las protecciones que vamos a otorgar a esta" (Rose, "The politics of life itself", 8). En el futuro, supongo, las protecciones estarán más inclinadas al feto por este valor económico pues es previsible que genere más ganancias salvar a un feto en cuidados intensivos que brindar a una mujer un aborto seguro.
60. Fassin, *When bodies remember*.
61. Rose, *The politics of life itself: biomedicine*.
62. "En este flujo de los significados biológicos y legales que establecen las identidades sociales, vemos claramente ejemplos del reclamo de Rabinow acerca de la forma en que la naturaleza es moldeada a través de la cultura, y de esta manera se vuelve artificial" (Luna, "From abortion to embryonic", 200). Traducción propia.
63. María Mercedes Vivas, Salomé Valencia y Ana Cristina González-Vélez, *El estigma en la prestación de servicios de aborto: características y consecuencias. Hacia la protección de los profesionales de la salud* (Bogotá: Grupo Médico por el Derecho a Decidir, 2016), https://globaldoctors-forchoice.org/es/recursos/gdc-colombia-publicaciones/.
64. Sin importar las diferencias jurídicas entre modelos de aborto, la prohibición y el delito son el telón de fondo del aborto que evocan los prestadores en la región, y la cortina de humo con que operan las obstrucciones en la prestación del servicio. Ana Cristina González-Vélez y Diana Guzmán, "La juridificación del campo de la salud sexual y reproductiva en Colombia", en *El aborto en América Latina: estrategias para luchar por su legalización y enfrentar las resistencias conservadoras*, compilado por Paola Bergallo, Isabel Cristina Jaramillo Sierra y Juan Marco Vaggione (Siglo Veintiuno Editores, 2018).
65. Adriana Petryna, citada por Rose, "The politics of life itself".
66. En el caso de América Latina hay que destacar la relación de los argumentos sobre la vida y el sufrimiento del feto inocente —que han sido históricamente parte del discurso religioso en contra del aborto— con las alianzas que los promotores de tales discursos establecieron con regímenes dictatoriales o totalitarios que llevaron a la penalización total del aborto en países como Chile en los años 80, o El Salvador a finales de los años 90 (Michelle Oberman, "Cristina's world: lessons from El Salvador's ban on abortion", *Santa Clara Univ. Legal Studies Research Paper no. 17–13 y Stanford Law & Policy Review* 24 (2013), https://papers.ssrn.com/sol3/papers.cfm?abstract_id=2304988##).
67. Todo ello pese a que somos humanas y somos más de la mitad de la población.
68. Laurenzo, *Dogmática y política criminal del aborto*, 105.

69. La eliminación del delito de aborto que será sugerida en este trabajo, implica que la protección de la vida prenatal se acentúe cuando se trata de embarazos deseados y que el aborto se consolide como un servicio regulado según las habilidades técnicas que se requieran para llevarlo a cabo en las distintas etapas de la gestación.
70. Center for Reproductive Rights, "Center for Reproductive Rights files case revealing the horrifying reality of El Salvador's ban on abortion", 21 de marzo de 2012, https://www.reproductiverights.org/press-room/center-for-reproductive-rights-files-case-revealing-the-horrifying-reality-of-el-salvador.
71. Husak, *Overcriminalization.*
72. Laurenzo, *Dogmática y política criminal del aborto*, 86.
73. Es importante llamar la atención sobre el caso del Brasil en donde para obtener un aborto por violación el único requisito exigible es la palabra de la mujer. Sin embargo allí, una gran cantidad de los profesionales de la salud, se niegan a creer lo que ellas dicen sobre la violación instituyendo una suerte de paternalismo legal, una noción que hace referencia a la intromisión jurídica en la conducta de una persona con el fin de que consiga un "bien" según lo estipula la norma y no la propia persona (Encarnación Fernández y José García Añón, "Derecho y otros órdenes normativos", en *Introducción a la teoría del derecho. 3 ed.*, coordinado por Javier de Lucas (Valencia: Tirant lo Blanch, 1997)).
74. Fassin, *Humanitarian reason.*
75. Adriana Petryna, *Life exposed: Biological citizenship after Chernobyl* (Princeton, NJ: Princeton University Press, 2002).
76. Fassin, "Another politics of life is possible".
77. Fassin, "Another politics of life is possible".
78. Fassin, "Ethics of survival".
79. En tanto las normas se encuentran sujetas a una serie de contingencias que abarcan desde interpretaciones de profesionales de la salud hasta interferencias y obstrucciones por parte del propio poder judicial, es esperable que produzcan inseguridad y que por tanto hagan más precaria la vida de las mujeres cuando se trata de la reproducción. Isabell Lorey, *State of insecurity: government of the precarious* Londres: Verso, 2015).
80. Esta misma inseguridad se puede apreciar en el caso de causales como la de la violación en Argentina en donde durante décadas su aplicación se restringió a los casos de mujeres idiotas o dementes, debiendo mediar la interpretación de la Corte para cambiar esta situación (Corte Suprema de Justicia de la Nación de Argentina, *Caso F., A.L. s/ medida autosatisfactiva. Centro de Información Judicial*, 13 de marzo de 2012, http://www.articulacionfeminista.org/a2/index.cfm?fuseaction=MUESTRA&codcontenido=2229&plcontampl=3&aplicacion=app003&cnl=3&opc=4).
81. Laurenzo, *Dogmática y política criminal del aborto*, 83.
82. Es importante anotar, como he sostenido en este trabajo, que las distinciones legales de esta naturaleza afectan poco el imaginario del delito de aborto. En el caso de Colombia por ejemplo, la Corte Constitucional expresamente indicó que en las tres excepciones en las que se permite el aborto, no se constituye ningún delito y sin embargo, de la interpretación que hagan los galenos depende en últimas el alcance de la excepción.
83. Ana Cristina González-Vélez, Viviana Bohórquez Monsalve, Laura Castro González, Line Bareiro y Catalina Ruiz-Navarro, *Las causales de la ley y la causa de las mujeres. La implementación del aborto legal en Colombia: diez años profundizando la democracia* (Bogotá: La Mesa por la Vida y la Salud de las Mujeres, 2016), https://www.rednacionaldemujeres.org/phocadownloadpap/causas_ley_.pdf.

84. Adicionalmente, la aplicación de la causal salud se ha visto restringida por la enseñanza de la medicina que en muchos textos clásicos enseña que la afectación de la salud se define a partir de listados cerrados y preestablecidos de enfermedades (Ana Cristina González-Vélez (coord.), *Causal salud: interrupción legal del embarazo, ética y derechos humanos* (Montevideo: FLASOG, 2008), https://despenalizaciondelaborto.org.co/wp-content/uploads/2019/04/2.-libroCausalSalud.pdf).
85. Ana Cristina González-Vélez, "The health exception: a mean for expanding access to legal abortion", *Reproductive Health Matters* 20, no. 40 (2012), http://www.tandfonline.com/doi/full/10.1016/S0968-8080(12)40668-1.
86. Las causales parecen justamente una manera de administrar la noción de riesgo para a través del mismo, darle legitimidad —autorizándolo— al aborto en ciertas circunstancias. Al tiempo las restricciones afectan sobre todo a las mujeres más pobres como veremos más adelante (Rose, *The politics of life itself: biomedicine*).
87. Didier Fassin, "Public health as culture: the social construction of the childhood lead poisoning epidemic in France", *British Medical Bulletin* 69, no. 1 (2004): 167–177, https://academic.oup.com/bmb/article/69/1/167/523369.
88. Esta situación refleja como dice Fassin que en la disputa por lograr un aborto legal termina por banalizarse el sufrimiento, pues no bastan los argumento de necesidad ni el llamado a la compasión para que se tome una decisión a favor de la mujer. Cada vez más, el tema se repliega "definiciones más somáticas de la enfermedad y apreciaciones más estrictas de la gravedad" como sucede en los casos de malformación fetal o riesgo de vida para la mujer (Fassin, "Gobernar por los cuerpos").
89. Fassin, "Gobernar por los cuerpos".
90. Laurenzo, *Dogmática y política criminal del aborto*, 86, 91.
91. Según la OMS la salud es un estado completo de bienestar físico, mental y social y no la mera ausencia de enfermedades y dolencias.
92. Esta misma situación se presenta hasta en las regulaciones por trimestre retornan a las causales que después del periodo que permite el aborto sin ninguna razón, establece las causales (Uruguay, Ciudad de México).
93. Tanto la categoría malformación como la de incompatibilidad están sujetas a interpretaciones.
94. Véase el Capítulo 2, Corte Suprema de Justicia en el caso de Anencefalia Brasil.
95. En el caso de Colombia por ejemplo, los médicos desconocen el certificado cuando es expedido por psicólogo pese a que la Corte Constitucional ha reiterado que se trata de un certificado tan válido como cualquier otro.
96. Rose, *The politics of life itself: biomedicine.*
97. Fassin, "Public health as culture".
98. Rabinow y Rose, "Biopower today", 195.
99. Deutscher, "The inversion of exceptionality".
100. Laurenzo, *Dogmática y política criminal del aborto*, 17.
101. Aunque en algunos contextos la introducción de una causal salud-vida amplia e integral, como la que estableció en el 2006 la Corte Constitucional de Colombia (y que ha ido precisando a través de una comprensiva jurisprudencia posterior), podría dar lugar en la práctica a una asignación mayor de valor a la vida biográfica de las mujeres, la inexistencia de la voluntad de la mujer en la ecuación, termina siempre por sujetar la indicación a un tercero lo que termina por erosionar la valoración de la vida de las mujeres en este modelo.

102. "Sin embargo, algunos países con algunas de las leyes más liberales, han incrementado de manera creciente, las restricciones que socavan el acceso a los procedimientos legales" (Singh et al., *Abortion worldwide 2017*, 4, traducción propia).
103. Ana Cristina González-Vélez, "Una mirada analítica a la legislación sobre interrupción del embarazo en países de Iberoamérica y el Caribe", *Serie Mujer y Desarrollo de la CEPAL*, no. 110 (2011), http://repositorio.cepal.org/bitstream/handle/11362/5837/S1100855_es.pdf?sequence=1&isAllowed=y.
104. El caso de Ciudad de México. que junto con Uruguay, Cuba y Guyana son los países de la región en donde el aborto está permitido por plazos, será considerado en el apartado sobre las desigualdades porque instituye al interior de un país federado, diferencias importantes entre mujeres poniendo en mayor ventaja a quienes viven en Ciudad de México y evidenciando la valoración desigual de las vidas de las mujeres.
105. "El equipo interdisciplinario deberá constituirse en un ámbito de apoyo psicológico y social a la mujer para contribuir a superar las causas que puedan inducirla a la interrupción del embarazo [...]" (Uruguay, Ley no. 18987, Sobre interrupción voluntaria del embarazo —Ley de aborto— 22 de octubre de 2012, artículo 3, https://www.impo.com.uy/bases/leyes/18987-2012).
106. Este plazo se amplía, en algunos países (Uruguay) hasta las 14 semanas si el embarazo es el producto de una violación acreditada con la "constancia de la denuncia judicial".
107. La Organización Mundial de la Salud, considera "prematuro extremo" cualquier nacimiento por debajo de las 28 semanas. Sin embargo, en los países de ingresos altos muere menos del 10% de los bebés de la misma edad gestacional. A nivel mundial, la prematuridad es la primera causa de mortalidad en los niños menores de cinco años (Organización Mundial de la Salud –OMS–, "Nacimientos prematuros. Datos y cifras", 19 de febrero de 2018, https://www.who.int/es/news-room/fact-sheets/detail/preterm-birth).
108. Laurenzo, *Dogmática y política criminal del aborto*, 98.
109. Cristina Lustemberg, Exviceministra de salud de Uruguay en el coloquio organizado por Cotidiano Mujer el 16 de mayo de 2017. Presentación de la Memoria del II Seminario Regional sobre objeción de conciencia (Ana Cristina González-Vélez y Carolina Melo Arévalo, *¿Objeción de conciencia institucional? Impacto en la prestación de servicios de interrupción voluntaria del embarazo. Segundo Seminario Regional Latinoamericano. Memorias* (Bogotá: La Mesa por la Vida y la Salud de las Mujeres, Profamilia, 2017), http://www.codajic.org/sites/www.codajic.org/files/ABORTO%20objeci%C3%B3n%20de%20conciencia_0.pdf).
110. Esta indicación se encuentra contenida en otras regulaciones (Colombia), indicando que en materia de aborto el criterio comparado ha primado sin tener en cuenta la realidad pues no se conocen reportes de mujeres que hayan sido inseminadas artificialmente contra su voluntad y en todo caso la fertilización artificial es cuando menos un tema controversial escasamente reconocido por los sistemas de salud (Ministerio de Salud y Protección Social de Colombia, *Compilación analítica de las normas sobre salud sexual y reproductiva en Colombia*, coordinado por Ana Cristina González-Vélez (Bogotá: UNFPA, 2014), https://www.minsalud.gov.co/sites/rid/Lists/BibliotecaDigital/RIDE/VS/PP/compilado-normativa-salud-sexual-reproductiva.pdf).
111. México, Reglamento de la Ley de Salud del Distrito Federal, Gaceta Oficial del Distrito Federal, 7 de julio de 2011, https://srhr.org/abortion-policies/documents/countries/03-Mexico-DF-Rules-on-health-law-Mexico-DF-2011.pdf.
112. "Las indicaciones previstas en la ley pueden clasificarse en dos grupos: la tradicional indicación terapéutica que contempla los casos de grave riesgo para la vida o salud de la embarazada y la

embriopática que presenta distintas exigencias en función de las características y gravedad de las anomalías fetales" (Laurenzo, *Dogmática y política criminal del aborto*, 104).

113. Deutscher, "The inversion of exceptionality".
114. Fassin, "Another politics of life is possible".
115. Singh et al., *Abortion worldwide 2017*, 5.
116. Luís Roberto Barroso, "'Here, there and everywhere': human dignity in contemporary law and in the transnational discourse", *Boston College International & Comparative Law Review* 35, no. 2 (2012): 331–393, http://www.luisrobertobarroso.com.br/wp-content/uploads/2017/09/aqui_em_todo_lugar_dignidade_humana_direito_contemporaneo_discurso_transnacional_en.pdf; Luís Roberto Barroso, "Legitimidade da recusa de transfusão de sangue por testemunhas de Jeová: dignidade humana, liberdade religiosa e escolhas existenciais", *Revista Trimestral de Direito Civil* 42 (2010): 49–91, https://www.conjur.com.br/dl/testemunhas-jeova-sangue.pdf; Ronald Dworkin, *Sovereign virtue: the theory and practice of equality* (Cambridge, Londres: Harvard University Press, 2000); Joel Feinberg, *Harm to others: the moral limits of the criminal law* (Nueva York: Oxford University Press, 1984).
117. Barroso, "'Here, there and everywhere'"; Barroso, "Legitimidade da recusa".
118. La Crítica a la heteronomía de las normas sobre aborto no es en la tesis que propongo una crítica a la teoría legal ni una crítica jurídica. Al contrario, se trata de una crítica desde la ética feminista que considera que en esta virtud de las normas del derecho positivo es problemática justamente porque limita y restringe la autonomía de las mujeres que voluntariamente deciden realizarse un aborto.
119. Foucault, *Tecnologías del yo*.
120. Foucault, *Tecnologías del yo*, 48.
121. Fernández y García Añón, "Derecho y otros órdenes normativos".
122. Dworkin, *Sovereign virtue*; Feinberg, *Harm to others*.
123. Carlos Santiago Nino, "¿Es la tendencia de drogas con fines de consumo personal una de las 'acciones privadas de los hombres'?" *Revista Jurídica* (1979).
124. Catharine A. Mackinnon, *Are women human? And other international dialogues* (Cambridge, Mass.: Belknap Press of Harvard University Press, 2006); Catharine A. Mackinnon, *Hacia una teoría feminista del Estado* (Madrid: Cátedra, 1995).
125. Laurenzo, *Dogmática y política criminal del aborto*.
126. Pitch, *Un derecho para dos*.
127. María Luisa Balaguer, *Mujer y constitución: la construcción jurídica del género* (Madrid: Cátedra, 2005).
128. Laurenzo, *Dogmática y política criminal del aborto*, 86.
129. Paulo José de Lara Dante Neto, "Judiciário, aborto e laicidade: análise das entrelinhas de um habeas corpus" (Tesis de Maestría en Derecho, Universidade de Brasília, Brasilia, 2017), http://repositorio.unb.br/handle/10482/24359.
130. Para ampliar la información, véase el Capítulo 2.
131. Es decir, en el caso de Brasil, uno de los rasgos destacables de la práctica de la objeción que la tornan en un tipo de restricción informal de mediana y a veces alta intensidad, es la asociación entre objeción y causal violación. Para ampliar: véase el Capítulo 2.
132. Juliana Tamayo Muñoz, Clara María Restrepo Moreno, Laura Gil y Ana Cristina González-Vélez, *Violencia obstétrica y aborto: aportes para el debate en Colombia* (Bogotá: Grupo Médico por el Derecho a Decidir –GDC Colombia–, 2015), 9, http://globaldoctorsforchoice.org/wp-content/uploads/GDC_Obstetric-Violence_ES.pdf.

133. Tamayo et al., *Violencia obstétrica y aborto*, 11.
134. Elena Prada, Susheela Singh, Lisa Remez y Cristina Villarreal, *Embarazo no deseado y aborto inducido en Colombia: causas y consecuencias* (Nueva York: Guttmacher Institute, 2011), https://www.guttmacher.org/sites/default/files/report_pdf/embarazo-no-deseado-colombia_1.pdf.
135. En el ámbito hospitalario el legrado, en contra de las recomendaciones de la OMS, sigue siendo un método altamente empleado. Datos sobre estos costos se encuentran en el estudio de: Elena Prada, Isaac Maddow-Zimet y Fátima Juárez, "El costo de la atención postaborto y del aborto legal en Colombia", *Perspectivas Internacionales en Salud Sexual y Reproductiva* (2013): 2–12, Doi: 10.1363/SP00214.
136. Fassin, "Another politics of life is possible".
137. Fassin explica la intersección que existe entre los hábitos (body techniques) de los que hablaba Marcel Mauss y la experiencia de los cuerpos de los que hablaba Merleau-Ponty y que da origen al cuerpo socialmente informado (Didier Fassin, "Embodied history: uniqueness and exemplarity of South African AIDS", *African Journal of AIDS Research African Journal of AIDS Research* 1, no. 1 (2002): 63–68, http://www.tandfonline.com/doi/abs/10.2989/16085906.2002.9626545).
138. Pitch, *Un derecho para dos*; Ferrajoli, "La cuestión del embrión".
139. Rabinow y Rose, "Biopower today".
140. Jaggar, *Feminist politics and human nature*; Alison M. Jaggar, "Feminist ethics", en *Encyclopedia of ethics*, editado por L.C. Becker y C.B. Becker (Nueva York: Garland Press, 1992); Sylvia Walby, "Theorising patriarchy", *Sociology* 23, no. 2 (1989): 213–234, http://journals.sagepub.com/doi/abs/10.1177/0038038589023002004; Mackinnon, *Hacia una teoría feminista del Estado*; Segato, *La crítica de la colonialidad*.
141. Judith Butler, *Precarious life: the power of mourning and violence* (Londres: Verso, 2004); Lorey, *State of insecurity*.
142. Oberman, "Cristina's world".
143. Comissão de Cidadania e Reprodução –CCR–, "Misoprostol and violation of the right to health and the right to information on sexual and reproductive health", *Periodic Universal Review*, cycle 2 (2012), http://www.sxpolitics.org/wp-content/uploads/2012/01/ccr-un-hrc2011.pdf; Centro de Apoyo y Protección de los Derechos Humanos SURKUNA, *Códigos patriarcales construyendo desigualdades: realidades sobre criminalización y judicialización de las mujeres en Ecuador* (Quito: 2016), https://www.dropbox.com/s/5g7wycvd5fjv77z/resolucion-Imprenta.pdf?dl=0.
144. Zordo, "The biomedicalisation".
145. Zordo, "The biomedicalisation".
146. En el apartado siguiente se discuten las nociones de precarización.
147. Fassin, "Humanitarian as a politics of life".
148. A estas desigualdades entre vidas, Fassin sugiere denominar como biodesigualdades (bio-inequalities) (Fassin, "Another politics of life is possible").
149. Segato, *La crítica de la colonialidad*, 7.
150. Lorey, *State of insecurity*.
151. Butler, *Precarious life*.
152. Judith Butler y Athena Athanasiou, *Dispossession: the performative in the political. Conversations with Athena Athanasiou* (Cambridge: Polity, 2013).
153. Lorey, *State of insecurity*.
154. Lorey, *State of insecurity*.
155. Butler y Athanasiou, *Dispossession*.
156. Butler, *Precarious life*; Lorey, *State of insecurity*.

157. Lorey, *State of insecurity*.
158. Fassin, "Gobernar por los cuerpos".
159. Precariedad significa vivir con la contingencia, como la que producen las normas restrictivas o bien a través de una jueza, de un cura, o de un médico que interpreta el sufrimiento y determina el daño. Si la precarización se relaciona centralmente con el estado de inseguridad, esta inseguridad para las mujeres se materializa en la reproducción y especialmente en la devaluación de sus vidas. Como afirma Butler, *Precarious life*, lo que cuenta como vida vivible y cuál es una muerte *llorable* expresa concepciones normativas sobre lo humano, que como las contenidas en las normas restrictivas expresan el menor valor de las vidas de las mujeres.
160. Fassin, "Gobernar por los cuerpos".

Bibliografía

Agamben, Giorgio. *Homo Sacer: el poder soberano y la nuda vida*. Valencia: Pre-textos, 2013.

Amorós, Celia. *Hacia una crítica de la razón patriarcal*. Barcelona: Anthropos Editorial, 1991.

Balaguer, María Luisa. *Mujer y constitución: la construcción jurídica del género*. Madrid: Cátedra, 2005.

Barroso, Luís Roberto. "'Here, there and everywhere': human dignity in contemporary law and in the transnational discourse". *Boston College International & Comparative Law Review* 35, no. 2 (2012): 331–393 http://www.luisrobertobarroso.com.br/wp-content/uploads/2017/09/aqui_em_todo_lugar_dignidade_humana_direito_contemporaneo_discurso_transnacional_en.pdf.

Barroso, Luís Roberto. "Legitimidade da recusa de transfusão de sangue por testemunhas de Jeová: dignidade humana, liberdade religiosa e escolhas existenciais". *Revista Trimestral de Direito Civil* 42 (2010): 49–91. https://www.conjur.com.br/dl/testemunhas-jeova-sangue.pdf.

Bascuñán Rodríguez, Antonio. "La fecundación in vitro ante el derecho penal chileno". En *Técnicas de reproducción humana asistida. Desafíos del siglo XXI: una mirada transdisciplinaria*. Coordinado por Maricruz Gómez de la Torre Vargas y Cristián Lepin Molina. Santiago, Chile: Abeledo Perrot, 2013.

Boltanski, Luc. *The foetal condition: a sociology of engendering and abortion*. Cambridge: Polity Press, 2013.

Butler, Judith. *Precarious life: the power of mourning and violence*. Londres: Verso, 2004.

Butler, Judith y Athena Athanasiou. *Dispossession: the performative in the political. Conversations with Athena Athanasiou*. Cambridge: Polity, 2013.

Casper, Monica J. *The making of the unborn patient: a social anatomy of fetal surgery*. New Brunswick, NJ: Rutgers University Press, 1988.

Center for Reproductive Rights. "Center for Reproductive Rights files case revealing the horrifying reality of El Salvador's ban on abortion". 21 de marzo de 2012. https://www.reproductiverights.org/press-room/center-for-reproductive-rights-files-case-revealing-the-horrifying-reality-of-el-salvador.

Centro de Apoyo y Protección de los Derechos Humanos SURKUNA. *Códigos patriarcales construyendo desigualdades: realidades sobre criminalización y judicialización de las mujeres en Ecuador*. Quito: 2016. https://www.dropbox.com/s/5g7wycvd5fjv77z/resolucion-Imprenta.pdf?dl=0.

Comissão de Cidadania e Reprodução –CCR–. "Misoprostol and violation of the right to health and the right to information on sexual and reproductive health". *Periodic Universal Review*, cycle 2 (2012). http://www.sxpolitics.org/wp-content/uploads/2012/01/ccr-un-hrc2011.pdf.

Corte Interamericana de Derechos Humanos. *Caso Artavia Murillo y otros (Fertilización in vitro) vs. Costa Rica*. 28 de noviembre de 2012. http://www.corteidh.or.cr/tablas/fichas/artaviamurillo.pdf.

Corte Suprema de Justicia de la Nación de Argentina. *Caso F., A.L. s/ medida autosatisfactiva. Centro de Información Judicial*. 13 de marzo de 2012. http://www.articulacionfeminista.org/a2/index.cfm?fuseaction=MUESTRA&codcontenido=2229&plcontampl=3&aplicacion=app003&cnl=3&opc=4.

Dante Neto, Paulo José de Lara. "Judiciário, aborto e laicidade: análise das entrelinhas de um habeas corpus". Tesis de Mestrado em Direito, Universidade de Brasília, Brasilia, 2017. http://repositorio.unb.br/handle/10482/24359.

Deutscher, Penélope. "The inversion of exceptionality: Foucault, Agamben, and 'Reproductive Rights'". *South Atlantic Quarterly* 107, no. 1 (2008): 55–70. https://read.dukeupress.edu/south-atlantic-quarterly/article-abstract/107/1/55/52619/The-Inversion-of-Exceptionality-Foucault-Agamben.

Diniz, Débora. "Perspectivas e articulações de uma pesquisa feminista". En *Estudos feministas e de gênero: articulações e perspectivas*. Coordinado por Cristina Stevens, Susane Rodrigues de Oliveira e Valeska Zanello. Ilha de Santa Catarina: Mulheres, 2014. http://repositorio.unb.br/bitstream/10482/16349/1/LIVRO_EstudosFeministasedeGeneroArticula%C3%A7%C3%B5es.pdf.

Dworkin, Ronald. *Sovereign virtue: the theory and practice of equality*. Cambridge, Londres: Harvard Universtiy Press, 2000.

Erdman, Joanna N. "Theorizing Time in Abortion Law and Human Rights". *Health and Human Rights Journal* 19, no. 1 (2017). https://cdn1.sph.harvard.edu/wp-content/uploads/sites/2469/2017/06/Erdman.pdf.

Fassin, Didier. "Another politics of life is possible". *Theory, Culture & Society* 26, no. 5 (2009): 44–60. http://journals.sagepub.com/doi/abs/10.1177/0263276409106349.

Fassin, Didier. "El irresistible ascenso del derecho a la vida: razón humanitaria y justicia social". *Revista de Antropología Social* 19 (2010): 191–204. http://revistas.ucm.es/index.php/RASO/article/view/RASO1010110191A.

Fassin, Didier. "Embodied history: uniqueness and exemplarity of South African AIDS". *African Journal of AIDS Research African Journal of AIDS Research* 1, no. 1 (2002): 63–68. http://www.tandfonline.com/doi/abs/10.2989/16085906.2002.9626545.

Fassin, Didier. "Ethics of survival: a democratic approach to the politics of life". *Humanity: An International Journal of Human Rights, Humanitarianism, and Development* 1, no. 1 (2010): 81–95. https://muse.jhu.edu/article/394855.

Fassin, Didier. "Gobernar por los cuerpos, políticas de reconocimiento hacia los pobres y los inmigrantes en Francia". *Cuad. antropol. soc.* 17, no. 1 (2003): 49–78. http://www.scielo.org.ar/scielo.php?script=sci_arttext&pid=S1850-275X2003000100004.

Fassin, Didier. "Humanitarian as a politics of life". *Public Culture* 19, no. 3 (2007): 499–520. https://www.sss.ias.edu/files/pdfs/Fassin/Humanitarianism-as-politics-life.pdf.

Fassin, Didier. *Humanitarian reason: a moral history of the present.* Berkeley: University of California Press, 2012.

Fassin, Didier. *Por una repolitización del mundo: las vidas descartables como desafío del siglo XXI.* Buenos Aires: Siglo Veintiuno, 2018.

Fassin, Didier. "Public health as culture: the social construction of the childhood lead poisoning epidemic in France". *British Medical Bulletin* 69, no. 1 (2004): 167–177. https://academic.oup.com/bmb/article/69/1/167/523369.

Fassin, Didier. "The embodiment of inequality". *European Molecular Biology Organization –EMBO–* 4 (2003): 4–9. Doi:10.1038/sj.embor.embor856.

Fassin, Didier. *When bodies remember experiences and politics of AIDS in South Africa.* Berkeley: University of California Press, 2007.

Feinberg, Joel. *Harm to others: the moral limits of the criminal law.* Nueva York: Oxford University Press, 1984.

Fernández, Encarnación y José García Añón. "Derecho y otros órdenes normativos". En *Introducción a la teoría del derecho. 3. ed.* Coordinado por Javier de Lucas. Valencia: Tirant lo Blanch, 1997.

Ferrajoli, Luigi. "La cuestión del embrión entre derecho y moral". *Jueces para la democracia*, no. 44 (2002): 3–12. https://dialnet.unirioja.es/servlet/articulo?codigo=264121.

Foucault, Michel. *Tecnologías del yo y otros textos afines.* Barcelona: Paidós, 1990.

González-Vélez, Ana Cristina (coord.) *Causal salud: interrupción legal del embarazo, ética y derechos humanos.* Montevideo: FLASOG, 2008. https://despenalizaciondelaborto.org.co/wp-content/uploads/2019/04/2.-libroCausalSalud.pdf.

González-Vélez, Ana Cristina. "Objeción de conciencia, bioética y derechos humanos: una perspectiva desde Colombia". *Revista de Bioética y Derecho*, no. 42 (2018): 105–126. http://revistes.ub.edu/index.php/RBD/article/view/18590/23326.

González-Vélez, Ana Cristina. "The health exception: a mean for expanding access to legal abortion". *Reproductive Health Matters* 20, no. 40 (2012). http://www.tandfonline.com/doi/full/10.1016/S0968-8080(12)40668-1.

González-Vélez, Ana Cristina. "Una mirada analítica a la legislación sobre interrupción del embarazo en países de Iberoamérica y el Caribe". *Serie Mujer y Desarrollo de la CEPAL*, no. 110 (2011). http://repositorio.cepal.org/bitstream/handle/11362/5837/S1100855_es.pdf?sequence=1&isAllowed=y.

González-Vélez, Ana Cristina, Viviana Bohórquez Monsalve, Laura Castro González, Line Bareiro y Catalina Ruiz-Navarro. *Las causales de la ley y la causa de las mujeres. La implementación del aborto legal en Colombia: diez años profundizando la democracia.* Bogotá: La Mesa por la Vida y la Salud de las Mujeres, 2016. https://www.rednacionaldemujeres.org/phocadownloadpap/causas_ley_.pdf.

González-Vélez, Ana Cristina y Carolina Melo Arévalo. *¿Objeción de conciencia institucional? Impacto en la prestación de servicios de interrupción voluntaria del embarazo. Segundo Seminario Regional Latinoamericano. Memorias.* Bogotá: La Mesa por la Vida y la Salud de las Mujeres, Profamilia, 2017. http://www.codajic.org/sites/www.codajic.org/files/ABORTO%20objeci%C3%B3n%20de%20conciencia_0.pdf.

González-Vélez, Ana Cristina y Diana Guzmán. "La juridificación del campo de la salud sexual y reproductiva en Colombia". En: *El aborto en América Latina: estrategias para luchar por su legalización y enfrentar las resistencias conservadoras.* Compilado por Paola Bergallo, Isabel Cristina Jaramillo Sierra y Juan Marco Vaggione. Siglo Veintiuno Editores, 2018.

González-Vélez, Ana Cristina y Paola Bergallo. *Repertorios juridizados de la movilización por la liberalización del aborto en América Latina,* 2018. En prensa.

Husak, Douglas. *Overcriminalization: the limits of criminal law.* Oxford: Oxford University Press, 2008.

Jaggar, Alison M. *Feminist politics and human nature.* Totowa, NJ: Rowman & Allenheld, 1983.

Laurenzo Copello, Patricia. *Dogmática y política criminal del aborto.* Valencia: Tirant lo Blanch, 2012.

Lemaitre, Julieta. "El sexo, las mujeres y el inicio de la vida humana en el constitucionalismo católico". En *Abortion law in transnational perspective: cases and controversies.* Editado por Rebecca J. Cook, Joanna N. Erdman y Bernard M. Dickens. Filadelfia: University of Pennsylvania Press, 2016.

Lorey, Isabell. *State of insecurity: government of the precarious.* Londres: Verso, 2015.

Luna, Naara. "From abortion to embryonic stem cell research: biossociality and the constitution of subjects in the debate over human rights". *Vibrant, Virtual Braz. Anthr* 12, no. 1 (2015): 167–203. http://www.scielo.br/scielo.php?script=sci_arttext&pid=S1809-43412015000100167.

Madrazo, Alejandro. "Narratives of prenatal personhood in abortion law". En *Abortion law in transnational perspective: cases and controversies.* Editado por Rebecca J. Cook, Joanna N. Erdman y Bernard M. Dickens. Filadelfia: University of Pennsylvania Press, 2016.

Mackinnon, Catharine A. *Are women human? And other international dialogues.* Cambridge, Mass.: Belknap Press of Harvard University Press, 2006.

Mackinnon, Catharine A. *Hacia una teoría feminista del Estado.* Madrid: Cátedra, 1995.

México. Reglamento de la Ley de Salud del Distrito Federal. Gaceta Oficial del Distrito Federal. 7 de julio de 2011. https://srhr.org/abortion-policies/documents/countries/03-Mexico-DF-Rules-on-health-law-Mexico-DF-2011.pdf.

Ministerio de Salud y Protección Social de Colombia. *Compilación analítica de las normas sobre salud sexual y reproductiva en Colombia.* Coordinado por Ana Cristina González-Vélez. Bogotá: UNFPA, 2014. https://www.minsalud.gov.co/sites/rid/Lists/BibliotecaDigital/RIDE/VS/PP/compilado-normativa-salud-sexual-reproductiva.pdf.

Mitchell, Lisa M. *Baby's first picture: ultrasound and the politics of fetal subjects.* Toronto: University of Toronto Press, 2001.

Nino, Carlos Santiago. "¿Es la tenencia de drogas con fines de consumo personal una de las 'acciones privadas de los hombres'?" *Revista Jurídica* (1979).

Oberman, Michelle. "Cristina's world: lessons from El Salvador's ban on abortion". *Santa Clara Univ. Legal Studies Research Paper no. 17-13 y Stanford Law & Policy Review* 24 (2013). https://papers.ssrn.com/sol3/papers.cfm?abstract_id=2304988##.

Organización Mundial de la Salud –OMS–. "Nacimientos prematuros. Datos y cifras". 19 de febrero de 2018. https://www.who.int/es/news-room/fact-sheets/detail/preterm-birth.

Paraguay. Ley no. 3440. Que modifica varias disposiciones de la Ley no. 1160/97, Código Penal. Gaceta Oficial, Asunción, 20 de agosto de 2008. http://srhr.org/abortion-policies/documents/countries/02-Paraguay-Law-that-Modifies-Penal-Code-2008.pdf.

Petryna, Adriana. *Life exposed: Biological citizenship after Chernobyl.* Princeton, NJ: Princeton University Press, 2002.

Pitch, Tamar. *Un derecho para dos: la construcción jurídica de género, sexo y sexualidad.* Madrid: Trotta, 2003.

Prada, Elena, Isaac Maddow-Zimet y Fátima Juárez. "El costo de la atención postaborto y del aborto legal en Colombia". *Perspectivas Internacionales en Salud Sexual y Reproductiva* (2013): 2–12. Doi: 10.1363/SP00214.

Prada, Elena, Susheela Singh, Lisa Remez y Cristina Villarreal. *Embarazo no deseado y aborto inducido en Colombia: causas y consecuencias.* Nueva York: Guttmacher Institute, 2011. https://www.guttmacher.org/sites/default/files/report_pdf/embarazo-no-deseado-colombia_1.pdf.

Rabinow, Paul y Nikolas Rose. "Biopower today". *BioSocieties* 1, no. 2 (2006): 195–217. https://link.springer.com/article/10.1017%2FS1745855206040014.

Rodríguez-Ruiz, Blanca. "Gender in constitutional discourses on abortion: looking at Spain from a comparative perspective". *Social & Legal Studies* 25, no. 6 (2016): 699–715. http://journals.sagepub.com/doi/abs/10.1177/0964663916668251.

Rose, Nikolas. *The politics of life itself: biomedicine, power and subjectivity in the twenty-first century.* Princeton: Princeton University Press, 2007.

Rose, Nikolas. "The politics of life itself". *Theory, Culture and Society* 18, no. 6 (2001): 1–30. http://journals.sagepub.com/doi/pdf/10.1177/02632760122052020.

Salinas Mulder, Silvia. *Mortalidad materna y desigualdades encubiertas: una mirada en profundidad desde el ISOMontevideo.* Montevideo: Articulación Feminista Marcosur, 2017. http://www.mujeresdelsur-afm.org.uy/content/isomontevideo-mortalidad-materna-2017.

Sanger, Carol. *About abortion: terminating pregnancy in twenty-first-century America.* Cambridge: Harvard University Press, 2017.

Segato, Rita. *La crítica de la colonialidad en ocho ensayos y una antropología por demanda.* Buenos Aires: Prometeo Libros, 2015.

Singh, Susheela, Lisa Remez, Gilda Sedgh, Lorraine Kwok y Tsuyoshi Onda. *Abortion worldwide 2017: uneven progress and unequal Access.* Nueva York: Guttmacher Institute, 2017. https://www.guttmacher.org/sites/default/files/report_pdf/abortion-worldwide-2017.pdf.

Tamayo Muñoz, Juliana, Clara María Restrepo Moreno, Laura Gil y Ana Cristina González-Vélez. *Violencia obstétrica y aborto: aportes para el debate en Colombia*. Bogotá: Grupo Médico por el Derecho a Decidir –GDC Colombia–, 2015. http://globaldoctorsforchoice.org/wp-content/uploads/GDC_Obstetric-Violence_ES.pdf.

Tong, Rosemarie y Nancy Williams. "Feminist Ethics". *The Stanford Encyclopedia of Philosophy* (2009). http://plato.stanford.edu/entries/feminism-ethics/.

Tribe, Laurence H. *El aborto: guerra de absolutos*. Traducción de Dubravka Suznjevic. México: Fondo de Cultura Económica, 2012.

Uruguay. Ley no. 18987. Sobre interrupción voluntaria del embarazo —Ley de aborto— 22 de octubre de 2012. https://www.impo.com.uy/bases/leyes/18987-2012.

Vaggione, Juan Marco. "La 'cultura de la vida': desplazamientos estratégicos del activismo católico conservador frente a los derechos sexuales y reproductivos". *Religião e Sociedade, Río de Janeiro* 32, no. 2 (2012): 57–80. http://www.scielo.br/scielo.php?pid=S0100-85872012000200004&script=sci_abstract&tlng=es.

Vivas, María Mercedes, Salomé Valencia y Ana Cristina González-Vélez. *El estigma en la prestación de servicios de aborto: características y consecuencias. Hacia la protección de los profesionales de la salud*. Bogotá: Grupo Médico por el Derecho a Decidir, 2016. https://globaldoctorsforchoice.org/es/recursos/gdc-colombia-publicaciones/.

Walby, Sylvia. "Theorising patriarchy". *Sociology* 23, no. 2 (1989): 213–234. http://journals.sagepub.com/doi/abs/10.1177/0038038589023002004.

Young, Iris. *Justice and the politics of difference*. Princeton, New Jersey: Princeton University Press, 1990.

Zordo, Silvia De. "The biomedicalisation of illegal abortion: the double life of misoprostol in Brazil". *História, Ciências, Saúde-Manguinhos* 23, no. 1 (2016): 19–36. http://www.scielo.br/scielo.php?script=sci_arttext&pid=S0104-59702016000100019.

CAPÍTULO 4

Precariedad y despojo: o de cuando la propia norma es la violación

> *En el curso de una generación, la tecnología ha transformado el embarazo en un proceso gerenciable, el hijo esperado en un feto, la madre en un ecosistema, el no nacido en una vida, y la vida en un valor supremo.*
>
> Sarah Franklin (traducción propia)[1]

En los capítulos precedentes he desarrollado la tesis a partir de la cual el amplio conjunto de *normas restrictivas* sobre aborto que existen en América Latina es informado por la biolegitimidad según un orden de género patriarcal que las instituye como normas morales.[2]

En virtud de esta particular biolegitimidad afirmo que las consideraciones sobre la vida en materia de aborto dan preeminencia a la vida biológica por sobre la vida biográfica a partir de un interés preferente —la vida del feto—, y de la construcción de una potencial criminal —la mujer— y se fundamentan en la existencia de regímenes variables de *excepcionalidad*. Con base en estos hechos es posible constatar la existencia de una economía moral de la biolegitimidad del aborto que subvalora la vida biográfica de las mujeres —y en especial la de ciertas mujeres—, cuando ellas se rehúsan al destino de la maternidad. Una economía en la que el dispositivo que son las *normas restrictivas* se convierte en el registro de la legalidad de dicha moral patriarcal.

En este capítulo se resaltan, a manera de conclusión, tres grandes elementos de la tesis desarrollada a lo largo del libro: la centralidad de la biolegitimidad en las normas restrictivas sobre aborto, la precarización que produce esta particular economía moral del aborto, y derivado de todo lo anterior, la falta de justicia que producen las normas restrictivas sobre aborto que, al despojar a las mujeres de su proyecto de vida, se convierten ellas mismas, en la propia violación de una ética feminista. Por último, y a partir de estas afirmaciones, el libro esboza una solución que permita recobrar el valor que se asigna a la vida de las mujeres en el debate sobre aborto.

La idea de concebir el tipo de normas restrictivas estudiadas en este libro como una violación a la ética desde una perspectiva feminista surge de la lectura de un viejo artículo cuyos contenidos y la denuncia allí plasmada dieron origen a una de las más importantes transformaciones en la investigación con humanos: la definición de un código de ética en la investigación.[3] Henry Beecher,[4] médico anestesiólogo, llevó a esa transformación. En este artículo el autor relata 22 ejemplos de investigaciones cuyos *nulos estándares éticos*, las *autorretratan —a las investigaciones— como violaciones a la ética*. Es decir, como violaciones a ciertas reglas morales, a ciertos valores. Y si bien el artículo no propone una noción de lo que sería una violación a la ética, si evidencia un conjunto de patrones que en suma no obedecen al mínimo de la moralidad.[5] [6] La alusión de Beecher a estos trabajos como violaciones a la ética, me hizo pensar que de un modo similar, las normas restrictivas, —por las razones que he explicado largamente en los capítulos anteriores—, están claramente inmersas en el campo de la moral y son informadas por la menor biolegitimidad que se concede a las mujeres que abortan. En este sentido, desde una ética feminista que define como inmorales todas aquellas prácticas que subvaloran a las mujeres como consecuencia de un determinado orden moral, las normas constituyen, ellas mismas, la propia violación.[7]

El triunfo de la biolegitimidad en la economía moral del aborto: precariedad y despojo

La tesis desarrollada en este libro puede resumirse en una simple secuencia: (1) el feto representa el interés preferente en las normas restrictivas sobre aborto; (2) su legitimidad es otorgada a partir de una sobrevaloración de la vida biológica —la vida misma, la vida tomo tal, el *zoe* —; (3) la vida de las mujeres que se rehúsan a la maternidad emerge con un menor valor con respecto al feto y cuando aparece, su valor está asociado a la vida biológica y supeditado a la heteronomía propia de las restricciones; y (4) la vida biográfica —la vida política, la *bios*, la vida activa— es la última dimensión a la que se le asigna valor.

De esta manera, las políticas sobre aborto reflejan lo que ha sido constatado en otros campos sociales en disputa: el triunfo de la vida biológica sobre la justicia.[8]

Con respecto a la tutela del embrión, vale la pena insistir en que estas normas reflejan una profunda implicación entre derecho y moral a partir de la cual parecen afirmar que, si hacer *daño al feto* es un asunto inmoral, entonces hay que prohibir y castigar el aborto. Hecho que contradice la cultura jurídica moderna, según la cual debería primar la libertad individual y por tanto no bastaría que algo "esté prohibido jurídicamente para que sea ilícito moralmente". Además, la sanción que establece una norma debería impedir daños en lugar de producirlos so pena de terminar generando "despotismo y estigmatización moral," además de injusticia.

Pero las distintas restricciones reunidas como evidencia en el libro no existen de manera espontánea, sino que responden a un orden moral y actúan como sus dispositivos. La matriz producida en este orden es una en la cual las relaciones entre los hombres y las mujeres son jerárquicas a partir del momento en que unos y otros son *sexados*, produciendo sobre ellos valoraciones diferenciales. En las sociedades contemporáneas este sistema configura un tipo de relación en virtud de la cual las mujeres, sujetos determinados biológicamente por el sexo femenino, se construyen socialmente para responder a ciertos roles y expectativas sociales, una de las cuales es la reproducción —social y biológica—. La construcción de una manera particular de *ser mujer* define un orden de cosas en el que los atributos que se asignan a lo femenino suelen ser subvalorados en la cultura, y dan lugar a formas de exclusión, marginación u opresión. En este modelo, además, se limita —de un modo general— el ejercicio de la sexualidad a la pareja y a la heteronormatividad, con la mujer como reproductora, bajo una división sexual del trabajo que las confina a ellas al ámbito de lo privado, —a la reproducción social—, manteniéndose así una serie de estructuras que reproducen la opresión y dominación de las mujeres.

La reproducción social de la cual son tributarias en forma única e indiscutible las mujeres, además de ser invisible en la economía política, es una tarea que ellas ejercen de manera casi exclusiva y sobre cuyo trabajo no remunerado se estructuran las sociedades capitalistas actuales, haciendo que tácitamente se espere que ellas ocupen ese lugar y cumplan esa tarea, a la cual es inherente la reproducción biológica como parte de la denominada división sexual del trabajo, y para la cual la práctica del aborto resulta antagónica.

El aborto se convierte así en una pieza clave de la economía moral del género, —del patriarcado—, y el clásico dilema que ha mantenido el aborto en el ámbito de la punición, se funda en una narrativa que contrapone a un feto inocente ("persona inocente") con una mujer que contraría el orden que le impone el deber reproductivo. Una mujer que es *irresponsable, mentirosa, asesina e inmoral*, especialmente si es pobre, indígena, negra o joven. Una mujer a la que, sin embargo, la sociedad le confía el cuidado de los otros incluidos los menores, reflejando la gran ambigüedad que se plantea entre la subordinación a la que la somete para elegir su proyecto de vida y la sobrevaloración con que le otorga una confianza moral absoluta para el cuidado.[9]

De tal suerte que las normas restrictivas hacen parte de una matriz de estructuras patriarcales entre las cuales se ha destacado, además de las relativas al ámbito de la reproducción y lo doméstico, las que tienen lugar en el Estado, y entre las que sobresalen el derecho y la medicina como campos normalizadores de las restricciones sobre aborto.

Así, en el sedimento de la interacción entre estas distintas estructuras se encontró la menor legitimidad de la vida de las mujeres que sostiene la persistencia y variabilidad —según cada contexto sociocultural— de las normas restrictivas sobre aborto, que se arraigan en un orden moralizado por estas diversas instituciones y estructuras.

Estas restricciones, además, acarrean consecuencias para la salud y los sistemas de salud, incluidos los prestadores de servicios, entre quienes la prohibición y el estigma asociado a la misma, conducen —y a la vez refuerzan— el distanciamiento moral propio de la atención del aborto.[10] Se podría afirmar después de repasar los múltiples efectos de las normas restrictivas, que no corresponde —y es de hecho contraria al ejercicio de las profesiones de la salud— ni a la sociedad ni a sus instituciones, restringir el acceso a la salud y, particularmente, a la salud y los derechos reproductivos de los cuales el aborto es una pieza central.

Las formas que asume la biolegitimidad informan las políticas sobre aborto en América Latina y producen un desplazamiento del proyecto de vida de las mujeres a través del cual se las despoja de la autodeterminación. De esta manera, y siendo que la libertad femenina está profundamente ligada con la reproducción, la única forma de hacerlas libres sería liberarlas de las restricciones y reconocer de esta manera el valor que tienen sus vidas como biografías.[11]

El derecho de la mujer a decidir no es solo una "libertad positiva (abortar) sino negativa de no ser constreñida contra su voluntad a una maternidad impuesta". Por ello, las prohibiciones y normas restrictivas en general, no se limitan a un "hacer (no abortar) sino que obligan a una opción de vida que es la maternidad". La penalización del aborto se trata de una prohibición que genera una obligación: la de ser madre y esta punición "sustrae su autonomía, su cuerpo," un principio básico en la ética contemporánea[12] que es ignorado por las normas restrictivas.

Adicionalmente, tal como se explicó en el capítulo anterior, si la subordinación de las mujeres es resultado de un orden moral patriarcal que está imbricado en otros sistemas de opresión, es esperable que sus efectos sean más profundos y notorios en la vida de *algunas* de ellas. El patriarcado de alta intensidad,[13] heredero del colonialismo y caracterizado por su letalidad —*es decir por su subvaloración de las vidas de las mujeres*— se expresa brutalmente en nuestros días a través de ciertas formas del derecho moderno —como las normas restrictivas sobre aborto— que además se intersectan con otros regímenes de poder erosionando la biolegitimidad de las mujeres.

En efecto, las consecuencias de las normas restrictivas sobre aborto, tanto como el valor que aparece vinculado a la vida biológica o biográfica de las mujeres, están atravesadas por la raza, la etnia, la edad, el nivel de educación o la pobreza. Son ellas también, las más pobres, las más precarias, quienes no solo arriesgan la vida en un sentido físico —la vida misma— sino las que se son perseguidas por la ley, las que sufren los efectos de la quiebra de confidencialidad por parte del profesional y las que han sido condenadas a la cárcel o a otro tipo de penas. Son ellas las que además de su condición de precariedad material, ven sus vidas precarizadas como consecuencia del menor valor que se le asigna a sus vidas.[11 15]

Así que si la biolegitimidad que fundamenta las normas restrictivas está informada de manera diferencial por el valor que se asigna a las vidas de ciertos grupos de mujeres aún en su acepción más reducida en cuanto biología, reproduciendo las desigualdades, termina por desplazar cualquier aspiración de justicia.

Vidas biográficas, justicia y ética feminista. La necesidad de un derecho para dos[16]

Como he venido afirmando, las normas restrictivas sobre aborto que existen en América Latina son injustas, y en este sentido no son éticas, primordialmente por dos razones. La primera, porque se basan en la subordinación de la vida biográfica de las mujeres a la mera vida biológica; y la segunda, porque al hacerlo, despojan a las mujeres, y en especial a algunas mujeres, de la potestad de determinar su proyecto de vida, y por ende de su libertad. En este sentido coincido con las tesis de Fassin en otros campos de la salud y de la ayuda humanitaria, cuando afirma que las políticas de la vida informadas por la biolegitimidad, se basan principalmente en el valor asignado a la vida biológica, y no tanto a la justicia que se revela de esta manera como el valor ausente en una importante cantidad de debates contemporáneos.[17]

Este conjunto de normas de intensidad variable, enmarañadas en el lenguaje de las excepciones, aparecen como códigos generales y abstractos, que contribuyen a sostener el orden moral de la subvaloración de las mujeres tanto más si estás rehúyen la reproducción y la maternidad. Al despojarlas de la autodeterminación ignoran también sus intereses y el proyecto de vida que cada mujer prevé para sí misma en el momento en que decide si una vida prenatal estará destinada por ella a nacer.

Lo que hasta ahora es posible apreciar del conjunto de normas restrictivas que prevalecen en la región, es que existe en la economía moral del patriarcado, de la cual el aborto es una pieza central, un conjunto de reglas y principios en torno a la biolegitimidad, que en suma subordinan las vidas y biografías de las mujeres, sus voces y su estatus de humanas, impidiéndoles ser las autoras principales de su propio proyecto de vida, al menos, en relación con el ejercicio de su reproducción.

Todo ello hace que, desde una perspectiva moral, estas normas sean contrarias a la ética pues les impiden a las mujeres guiar su conducta por medio de la razón —de su propia razón— o sea, de hacer algo para lo cual existan las mejores razones.[18] Y son contrarias también en cuanto a la calidad y la lógica de los raciocinios morales que las soportan así como en cuanto la calidad moral de las acciones que de ellas se derivan.[19] Así, por ejemplo, en cuanto al raciocinio moral, no hay como sustentar la menor legitimidad otorgada a la vida de las mujeres que subyace a las normas; y en cuanto a la razón práctica, se trata de normas contraintuitivas toda vez que por ejemplo obligan a las mujeres a arriesgar su vida o su salud, y toda vez que se ha demostrado que el uso del poder punitivo no impide la práctica que prohíbe.

En este sentido, si a la ética feminista le corresponde la crítica del "*régimen político de género*" y de la moral patriarcal que le es correlativa, —a partir de una acepción de la moralidad que considere a las mujeres como actoras centrales de su propio proyecto de vida—, el cuestionamiento sobre la subvaloración de la vida de las mujeres propio de la biolegitimidad de las normas restrictivas sobre aborto en América Latina, es indudablemente subsidiario de una crítica ética desde el feminismo.

Según esta crítica, la centralidad de la biología y del sufrimiento[20] *como justificación para asignarle valor a la vida biológica, junto con el desplazamiento de la vida biográfica de las mujeres, el tutelaje y el paternalismo moral que las despoja de su libertad y autodeterminación, al informar a las normas restrictivas sobre aborto las convierten en normas que violan la ética.* En otras palabras, al regular la vida y la existencia sobre la base de la subvaloración de la biolegitimidad de las mujeres que transitan la vida reproductiva, las normas restrictivas operan ellas mismas como formas de violación.[21]

La justicia en clave feminista parece lejana en el horizonte y por ende parece lejano el tratamiento del aborto en un marco ético mientras persistan las normas restrictivas que despojan a las mujeres de la autodeterminación para prefigurar su proyecto de vida, que las precarizan al negarles la competencia moral para tomar decisiones frente a un embarazo y que subvaloran su vida biográfica.

Finalmente corresponde, llegada a este punto, plantear una alternativa de solución frente a los problemas que acarrean las normas restrictivas sobre aborto. Un camino que permita a nuestras sociedades recobrar el valor de la vida de las mujeres, respetar sus decisiones reproductivas y devolverles su libertad completa. En todas las facetas de su vida, y en especial, en lo que concierne a la más básica de todas las dimensiones en torno a la cual, si no, seguirá estructurándose su precariedad: la libertad reproductiva.

Pero revertir la subordinación de la vida biográfica de las mujeres, supone un ejercicio inverso:

> "Lo coherente para pensar sobre el aborto sería tomar como punto de referencia los intereses de más alto rango, es decir, los derechos fundamentales de la mujer —para desde ahí evaluar hasta donde es posible limitarlos—, sin que se vea afectado su contenido esencial".[22]

Esto supone confiar "la persona del embrión a la autonomía moral de la mujer en tanto la persona es el ser nacido y en todo caso 'destinado por la madre a nacer.'"[23] Si se reconoce que el aborto aborda como ningún otro, un tipo especial de problema, y que ninguna como la libertad femenina está tan ligada, directa o indirectamente con el cuerpo y la reproducción, "tal libertad es la inmunidad del cuerpo frente a restricciones".[24] Y como dice Tamar Pitch: el derecho que lo castiga pone en conflicto a la madre con el feto, en lugar de reivindicar que "el acontecimiento de la concepción e incluso su eventual deseo no implica un proyecto y menos aún un deseo de maternidad".[25] Si la maternidad es una experiencia de las mujeres, a ellas corresponde desde su "subjetividad moral" el destino del embarazo (la misma con que han abortado históricamente y siguen abortando pese a las prohibiciones y el castigo con que se las amenaza).[26]

Un *derecho para dos* sería aquel que permita la protección de la vida fetal que ha sido destinada por la mujer a nacer —reforzando las protecciones para que todo embarazo deseado sin importar el nivel socioeconómico ni educativo de la mujer embarazada, ni su lugar de residencia, sea valorado seria y coherentemente— y que permita también la protección de la vida de las mujeres tanto como su libertad. Un derecho sin derecho penal.

Eliminar el delito de aborto del código penal y todas las restricciones que usan el poder punitivo del estado, —haciendo de este un caso paradigmático—, supone restablecer la biolegitimidad en la economía moral del aborto, de manera que la vida tenga valor tanto como biología —de una manera comprensiva— como biografía. Que la consideración de la vida haga posible la justicia y también la libertad para las mujeres. Sin el delito de aborto, sin la excepción como régimen de regulación, sin el estigma, sin las disposiciones legales coercitivas ni las prácticas que coaccionan y con la normalización de la atención del aborto como un servicio más de salud debidamente regulado y garantizado, se habrán de transformar para empezar, los términos del debate.

Según las ideas planteadas en este libro, no es posible sostener, en el campo de la fundamentación moral, un conjunto de normas que se informan a partir de la subvaloración de la vida de las mujeres y que además producen injusticia.[27]

Mientras que en muchos casos es positivo y deseable que los derechos reproductivos sean acogidos por las leyes, a fin de darles fuerza, mediante medidas razonables que permitan la realización de la libertad de las personas, en otros —como en el del aborto— las normas restrictivas limitan los derechos.

La dimensión moral que sustenta las normas que castigan el aborto, prescribe a las mujeres: hagan esto, no hagan aquello. Las obliga a actuar privadas de la autodeterminación, y la libertad; la confina a un modelo de sociedad que las oprime en virtud de su potencial para la reproducción. Un modelo que las limita a un ideal único de feminidad. En suma, que las obliga a arriesgar su vida, su bienestar o su salud, porque al no contar con las condiciones básicas para acceder a un aborto seguro y al convertir el aborto en un crimen, las conmina a contrariar su proyecto y amenazar su propia vida.

Los limites morales del derecho penal, como la legitimidad moral y el principio de limitación de la libertad o ausencia de coerción legal, resultan contrariados por los efectos de las normas restrictivas y en especial por el daño que estas producen.

Y son justamente las razones en las que se asienta el uso del poder punitivo del estado de las normas restrictivas que buscan castigar a las mujeres que intentan decidir sobre la continuación de un embarazo con base en su propia conciencia, las que han sido cuestionadas en este trabajo.

Por esto, las legislaciones ideales en países democráticos deberían proveer una serie coherente de principios morales que orienten al regulador, el primero de los cuales tiene que ser sin lugar a duda, la vida de las mujeres, contadas en primera persona.[28] La biolegitimidad podría convertirse en una alternativa no explorada hasta ahora en las disputas por la liberalización del aborto, para traer al centro del debate la vida de las mujeres no solo como biología sino también como biografía, y con ello traer el reconocimiento de su proyecto de vida y de todas las razones que pueden motivarla para realizarse un aborto,[29] eliminando las normas restrictivas y creando un marco de justicia.[30]

Notas

1. Sarah Franklin, "Life itself: global nature and the genetic imaginary", en *Global nature, global culture*, editado por Sarah Franklin, Celia Lury y Jackie Stacey (Londres: Sage Publications, 2000), 196, http://sk.sagepub.com/books/global-nature-global-culture/n7.xml.
2. Normas no solo en su acepción jurídica sino también en su acepción sociológica.

3. "En su ensayo [...] Beecher identificó fallos éticos en las investigaciones conducidas por médicos —científicos— de reconocidas universidades, y que publicaban en las revistas de la época [...] El artículo de Beecher fue el puntapié para que se reconsideraran las prácticas de investigación y sentó las bases de los códigos de ética existentes hoy [...]" (Jon Harkness, Susan E. Lederer y Daniel Wikler, "Laying ethical foundations for clinical research", *Bulletin of the World Health Organization* 79, no. 4 (2001): 365, https://www.ncbi.nlm.nih.gov/pmc/articles/PMC2566394/). Traducción propia.
4. Henry K. Beecher, "Ethics and clinical research", *New England Journal of Medicine* 274, no. 24 (1966): 1354–1360, http://dx.doi.org/10.1056/NEJM196606162742405.
5. James Rachels, *Os elementos da filosofia da moral. 4. Ed*, traducción de Roberto C. Filho (Barueri: Manole, 2006).
6. En los estudios relatados por Beecher se pueden apreciar, tras una lectura detallada y transversal, los siguientes eventos que él identifica como violaciones a la ética: la búsqueda de evidencias que ya estaban reportadas en la literatura, la ausencia sistemática del consentimiento informado, el uso de poblaciones vulnerables, el ensañamiento médico y el sufrimiento derivado de las propias técnicas empleadas en las investigaciones, entre otras prácticas *no éticas*.
7. No sobra recordar que no obstante la situación actual de las normas restrictivas, es posible reconocer que las disputas en torno al aborto en América Latina han movido paulatinamente el debate, hacia el reconocimiento de derechos de las mujeres, y que los cambios que las favorecen existen justamente porque el movimiento feminista —junto con otros actores— se ha preocupado de levantar preocupaciones sobre la injusticia, la desigualdad y la discriminación que están vinculadas a las prohibiciones. La afirmación sobre el triunfo de la biolegitimidad en la economía moral del aborto, a expensas de la vida biográfica de las mujeres, no significa que ellas sean sujetos pasivos, sino más bien que sus luchas están incrustadas en un orden moral que sigue imponiéndose de manera preponderante.
8. Didier Fassin, *Humanitarian reason: a moral history of the present* (Berkeley: University of California Press, 2012).
9. Véase datos de: Observatorio de Igualdad de género de América Latina y el Caribe de la CEPAL, "Tiempo total de trabajo", https://oig.cepal.org/es/indicadores/tiempo-total-trabajo.
10. La distancia moral (*moral disengagement*) es un proceso por el cual las personas realizan actos que son inmorales mientras que al mismo tiempo se consideran así mismo morales. Si bien son pocos los estudios en el campo médico en los que se ha utilizado esta teoría (Kelly K. Dineen, "Moral Disengagement of Medical Providers: Another Clue to the Continued Inadequate Treatment of Pain", *ExpressO* (2012), https://works.bepress.com/kelly_dineen/1/) la misma se propone como una explicación de ciertas acciones que son moralmente incorrectas tales como las barreras y prácticas en el proceso de atención del aborto (Albert Bandura, *Moral disengagement: how people do harm and live with themselves* (Nueva York: Worth Publishers, 2016)).
11. Tamar Pitch, *Un derecho para dos: la construcción jurídica de género, sexo y sexualidad* (Madrid: Trotta, 2003).
12. Luigi Ferrajoli, "La cuestión del embrión entre derecho y moral", *Jueces para la democracia*, no. 44 (2002): 11–13, https://dialnet.unirioja.es/servlet/articulo?codigo=264121.
13. Rita Segato, *La crítica de la colonialidad en ocho ensayos y una antropología por demanda* (Buenos Aires: Prometeo Libros, 2015).
14. Judith Butler, *Precarious life: the power of mourning and violence* Londres: Verso, 2004); Isabell Lorey, *State of insecurity: government of the precarious* (Londres: Verso, 2015).

15. Para la distinción entre las dos dimensiones de la precariedad, véase el apartado "La inseguridad de las normas restrictivas y la precarización de las mujeres".
16. Tomado del título del libro de Pitch, *Un derecho para dos.*
17. Didier Fassin, "Gobernar por los cuerpos, políticas de reconocimiento hacia los pobres y los inmigrantes en Francia", *Cuad. antropol. soc.* 17, no. 1 (2003c): 49–78, http://www.scielo.org.ar/scielo.php?script=sci_arttext&pid=S1850-275X2003000100004.
18. Rachels, *Os elementos da filosofía.*
19. Fermin Roland Schramm, "Acerca de los métodos de la bioética para el análisis y la solución de los dilemas morales", en *Jornadas Nacionales de Bioética y Derecho* (Buenos Aires: Asociación de Abogados de Buenos Aires, 2000), http://www.protectora.org.ar/bioetica/acerca-de-los-metodos-de-la-bioetica-para-el-analisis-y-soluciones-de-los-dilemas-morales/16243/.
20. Sufrimiento que ha servido para que las personas, y las víctimas en las que se transfiguran, encuentren un lugar en la economía moral de nuestros tiempos que privilegia el valor de la vida como tal (Didier Fassin y Richard Rechtman, *The empire of trauma: an inquiry into the condition of victimhood*, traducido por Rachel Gomme (Princeton: Princeton University Press, 2009)).
21. Como afirmara hace 30 años, Iris Young, no es posible la libertad sin condiciones para realizarla y no es posible la justicia sin condiciones sociales e institucionales que impidan la dominación, la opresión y la subvaloración que les es correlativa (Iris Young, *Justice and the politics of difference* (Princeton, New Jersey: Princeton University Press, 1990)).
22. Patricia Laurenzo Copello, *Dogmática y política criminal del aborto* (Valencia: Tirant lo Blanch, 2012), 105.
23. Ferrajoli, "La cuestión del embrión", 6.
24. Pitch, *Un derecho para dos*, 13.
25. Pitch, *Un derecho para dos*, 83.
26. Pitch, *Un derecho para dos*, 97.
27. Injusticia que es el resultado también de que las decisiones sobre las vidas que valen terminan siendo arbitrarias en función del mayor valor que se asigna a la vida biológica, y que depende de que tanto el sufrimiento sea considerado válido por parte del intérprete (Didier Fassin, "Justice Principles and Judgment Practices in Allotting Emergency State Financial Aid in France", *Revue Française de Sociologie* 44 (2003): 109–146, https://www.cairn.info/revue-francaise-de-sociologie-1-2003-5-page-109.htm).
28. Este libro se esbozó en muchos lugares pero encontré la calma suficiente para poder escribirlo en su totalidad en Donostia, Niembru, Northampton y Manantiales.
29. Aunque la atención segura del aborto se considere un evento reproductivo y por tanto una necesidad frente a la cual el sector salud debe responder con servicios oportunos y seguros, no significa esto que las razones para el aborto se limitan a la protección de la salud ni son todas razones de salud.
30. La protección de la salud, y especialmente de la salud física ha sido una consideración importante de las regulaciones que usan el modelo de indicaciones, en tanto de su protección depende también la protección de la vida, sin que esto haya significado que en la construcción del discurso público ni en los argumentos proliberalización, el valor de la vida de las mujeres y su menor legitimidad se hayan planteado de manera expresa (Ana Cristina González-Vélez (coord.), *Causal salud: interrupción legal del embarazo, ética y derechos humanos* (Montevideo: FLASOG, 2008), https://despenalizaciondelaborto.org.co/wp-content/uploads/2019/04/2.-libroCausalSalud.pdf). El argumento sobre el sufrimiento de las mujeres como resultado de la continuación forzada de un embarazo si ha estado en la construcción argumental por la defensa de la legalización

del aborto en particular en la disputa por la despenalización en los casos de anencefalia (Débora Diniz, "Aborto na Suprema Corte: o caso da anencefalia no Brasil", *Rev. Estud. Fem., Florianópolis* 16, no. 2 (2008): 647–652, http://www.scielo.br/scielo.php?script=sci_arttext&pid=S0104-026X2008000200019).

Bibliografía

Bandura, Albert. *Moral disengagement: how people do harm and live with themselves.* Nueva York: Worth Publishers, 2016.

Beecher, Henry K. "Ethics and clinical research". *New England Journal of Medicine* 274, no. 24 (1966): 1354–1360. http://dx.doi.org/10.1056/NEJM196606162742405.

Butler, Judith. *Precarious life: the power of mourning and violence.* Londres: Verso, 2004.

Dineen, Kelly K. "Moral Disengagement of Medical Providers: Another Clue to the Continued Inadequate Treatment of Pain". *ExpressO* (2012). https://works.bepress.com/kelly_dineen/1/.

Diniz, Débora. "Aborto na Suprema Corte: o caso da anencefalia no Brasil". *Rev. Estud. Fem., Florianópolis* 16, no. 2 (2008): 647–652. http://www.scielo.br/scielo.php?script=sci_arttext&pid=S0104-026X2008000200019.

Fassin, Didier. "Gobernar por los cuerpos, políticas de reconocimiento hacia los pobres y los inmigrantes en Francia". *Cuad. antropol. soc.* 17, no. 1 (2003): 49–78. http://www.scielo.org.ar/scielo.php?script=sci_arttext&pid=S1850-275X2003000100004.

Fassin, Didier. *Humanitarian reason: a moral history of the present.* Berkeley: University of California Press, 2012.

Fassin, Didier. "Justice Principles and Judgment Practices in Allotting Emergency State Financial Aid in France". *Revue Française de Sociologie* 44 (2003): 109–146. https://www.cairn.info/revue-francaise-de-sociologie-1-2003-5-page-109.htm.

Fassin, Didier y Richard Rechtman. *The empire of trauma: an inquiry into the condition of victimhood.* Translated by Rachel Gomme. Princeton: Princeton University Press, 2009.

Ferrajoli, Luigi. "La cuestión del embrión entre derecho y moral". *Jueces para la democracia*, no. 44 (2002): 3–12. https://dialnet.unirioja.es/servlet/articulo?codigo=264121.

Franklin, Sarah. "Life itself: global nature and the genetic imaginary". En *Global nature, global culture.* Editado por Sarah Franklin, Celia Lury y Jackie Stacey. Londres: Sage Publications, 2000. http://sk.sagepub.com/books/global-nature-global-culture/n7.xml.

González-Vélez, Ana Cristina (coord.) *Causal salud: interrupción legal del embarazo, ética y derechos humanos.* Montevideo: FLASOG, 2008. https://despenalizaciondelaborto.org.co/wp-content/uploads/2019/04/2.-libroCausalSalud.pdf.

Harkness, Jon, Susan E. Lederer y Daniel Wikler. "Laying ethical foundations for clinical research". *Bulletin of the World Health Organization* 79, no. 4 (2001): 365–366. https://www.ncbi.nlm.nih.gov/pmc/articles/PMC2566394/.

Laurenzo Copello, Patricia. *Dogmática y política criminal del aborto.* Valencia: Tirant lo Blanch, 2012.

Lorey, Isabell. *State of insecurity: government of the precarious*. Londres: Verso, 2015.

Observatorio de Igualdad de género de América Latina y el Caribe de la CEPAL. "Tiempo total de trabajo". https://oig.cepal.org/es/indicadores/tiempo-total-trabajo.

Pitch, Tamar. *Un derecho para dos: la construcción jurídica de género, sexo y sexualidad.* Madrid: Trotta, 2003.

Rachels, James. *Os elementos da filosofia da moral*. 4.ª ed. Traducción de Roberto C. Filho. Barueri: Manole, 2006.

Segato, Rita. *La crítica de la colonialidad en ocho ensayos y una antropología por demanda*. Buenos Aires: Prometeo Libros, 2015.

Schramm, Fermin Roland. "Acerca de los métodos de la bioética para el análisis y la solución de los dilemas morales". En *Jornadas Nacionales de Bioética y Derecho*. Buenos Aires: Asociación de Abogados de Buenos Aires, 2000. http://www.protectora.org.ar/bioetica/acerca-de-los-metodos-de-la-bioetica-para-el-analisis-y-soluciones-de-los-dilemas-morales/16243/.

Young, Iris. *Justice and the politics of difference*. Princeton, New Jersey: Princeton University Press, 1990.

www.ingramcontent.com/pod-product-compliance
Ingram Content Group UK Ltd.
Pitfield, Milton Keynes, MK11 3LW, UK
UKHW021858290926
8980IPUK00005B/906